长白山区系
考古与民族要论

王绵厚 著

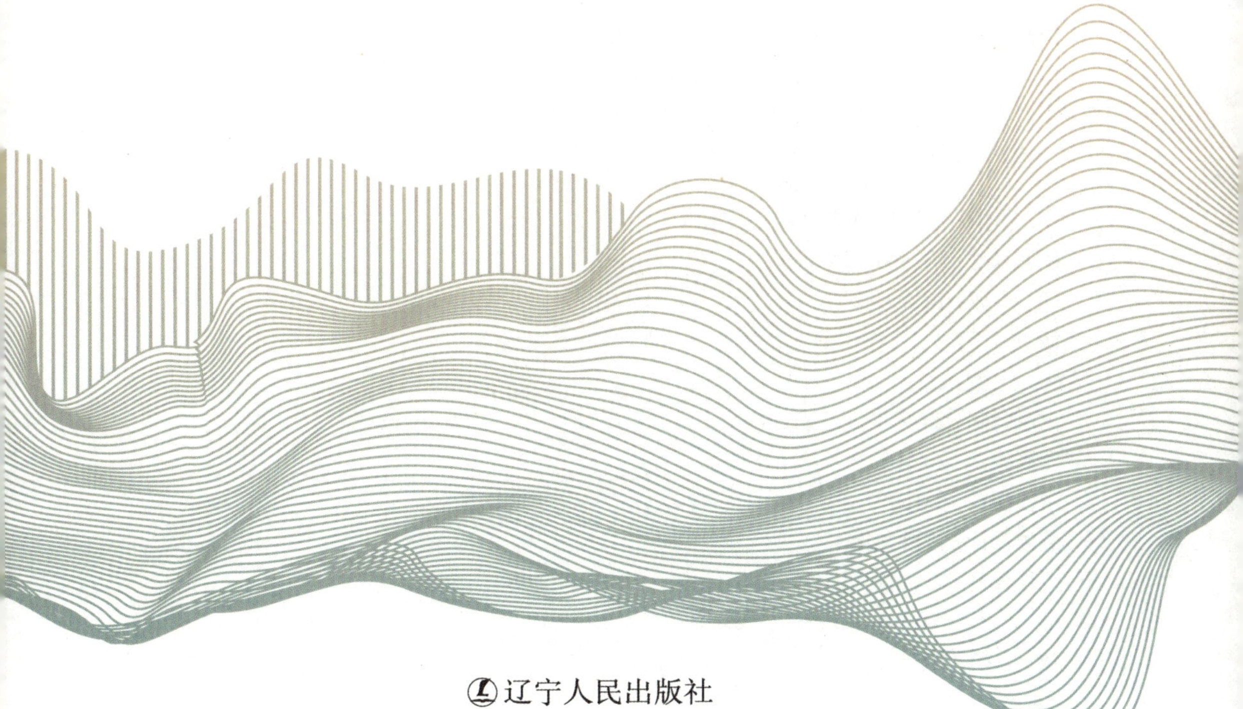

辽宁人民出版社

©王绵厚　2022

图书在版编目（CIP）数据

长白山区系考古与民族要论 / 王绵厚著. — 沈阳：辽宁人民出版社，2022.2
ISBN 978-7-205-10375-0

Ⅰ.①长… Ⅱ.①王… Ⅲ.①长白山—文物—考古—研究②长白山—少数民族—研究 Ⅳ.① K872.34 ② K280.34

中国版本图书馆 CIP 数据核字（2021）第 268861 号

出版发行：辽宁人民出版社
地　址：沈阳市和平区十一纬路25号　邮编：110003
电　话：024-23284321（邮　购）　024-23284324（发行部）
传　真：024-23284191（发行部）　024-23284304（办公室）
http：// www.lnpph.com.cn
印　　　刷：沈阳市昌达印刷有限公司
幅面尺寸：170mm×240mm
印　　张：13
插　　页：8
字　　数：236千字
出版时间：2022年2月第1版
印刷时间：2022年2月第1次印刷
责任编辑：阎伟萍　孙　雯
装帧设计：留白文化
责任校对：冯　莹
书　　号：ISBN 978-7-205-10375-0
定　　价：80.00元

● 考察长白山主峰（2003 年）

● 长白山瀑布前（2003 年）

● 与李健才先生考察集安好太王碑（2002年）

● 考察营口石棚峪石棚（2010年）

● 2004年接待联合国教科文组织审查五女山山城申报"世界文化遗产"的考察专家、日本著名学者西谷正先生（左起：西谷正、刘文艳、辛占山、王绵厚）

● 与李国强（右）、刘子敏（中）考察集安五女峰（2002年）

● 考察长白山南系辽阳燕州城（2008年）

● 考察辽东半岛大黑山山城（1999年）

● 作者及同仁在编写《中国长白山文化》期间考察镜泊湖（左起：张璇如、王绵厚、刘厚生、刘子敏、田子馥、孟广跃）（2003年）

● 考察集安国内城

● 夫余故地吉林东团山山城

● 五女山城申遗时与社科院同仁等考察上古城子（右起：王绵厚、王俊辉、薛海、吕超）(2004年)

● 在俄境远东"双城子"调查（2001年）

● 在与李健才、王侠调查吉林市东团山等地夫余王城史迹后在松花江考察水道交通（1985年）

● 沈阳青桩子城址附近出土的秦始皇"廿六年"陶量残件(沈抚新区供图)

● 青桩子城址断面文化层出土文物(王绵厚摄,2013年4月4日)

●千山南盖州石棚山石棚（2008年调查）

●辽东"二江"流域大石盖墓之一（王绵厚摄）

◉与本溪博物馆副馆长梁志龙考察渤海上京龙泉府(2012年8月6日)

◉长白山天池(取自《中国长白山文化》)

前言
Preface

献给读者的这本《长白山区系考古与民族要论》，是以长白山区系考古与民族若干焦点问题的讨论为核心，总结提炼出来的十二个重点问题。从2018年开始，笔者在已出版的《中国长白山文化》（执笔考古编）基础上，承担了国家社会科学基金重点专项"长白山区系考古与民族论纲"。按照课题的最初规划，我们出版了《长白山区系考古与民族论纲》的简本——《长白山区系考古与民族要论》。该书集中了《长白山区系考古与民族论纲》第七、八编的内容，文字量约占《长白山区系考古与民族论纲》的二分之一。与《长白山区系考古与民族论纲》其他各编不同的是，第七、八编尽可能不重复其他编已详细介绍的长白山区系考古与民族资料以及研究和分析的过程，而着重于提炼国内外在长白山区系考古与民族研究中存在争议的焦点和重点问题，进行专题性的归纳与阐释，为无暇通读《长白山区系考古与民族论纲》的读者，提供相对精要和简明的读本。因此该书的内容，按专题共列为十二章。

为了便于读者对内容的理解，现将各章的要点稍作介绍以为导读。

第一章：长白山区系是东北亚区域具有原生型特点的独立文化区。这是全书的三个基点之一。另两个基点，一是从地域文化的视角研究长白山区系的考古与民族学，二是长白山区系考古学文化与族系的对应问题。这三个理论命题，既是全书研究的平台，又是全书立论的基础。但并不等同于长白山区系是封闭型文化区，而构成长白山区系独立文化区的经济形态基础，是本地区纵贯从新石器时代到青铜时代并延续到整个铁器时代，以渔猎采集为主的生产方式。这一基本理论框架，是全书和要论的内涵基础。

第二章：长白山南系考古与民族的核心问题是辽东青铜文化与高句丽起源和早期建国五部。这是分区研究长白山四系考古与民族的首篇。其中包括前后两个时段。前段为青铜时代，其核心问题为辽东青铜文化与高句丽起源在文化上的演进关系。后段为早期铁器时代，其中心问题是西汉后高句丽的建国和早期五部问题。这两个问题与以下各章内容一样，是长白山南系诸多考古与民族问题中在这两个时段内牵动全局研究的根本问题。其中围绕高句丽起源，国内外即有近十种不同观点。

第三章：长白山北系考古与民族研究的要点问题，是张广才岭和牡丹岭的文化分区意义。从山系文化分区的视角考察长白山北系的肃慎、橐离、夫余、沃沮等民族文化遗存，凸显了张广才岭和牡丹岭在长白山北系文化中纵、横两个方位的分区意义。

第四章：长白山东系考古与民族研究的要点，是狼林山脉在文化分区中的意义。这也是以西北朝鲜狼林山脉为分区坐标，研究古朝鲜、汉乐浪郡与东濊和沃沮民族文化关系的具有跨世纪、跨国域争议的东北亚考古与民族的重要问题。

第五章：长白山西系考古与民族研究的要点，是北濊橐离国与夫余的关系。这一问题涉及北濊系统的庆华文化、西团山文化和东团山文化的先后继承演进关系，也是长白山区系最早建立民族政权的夫余王国研究的重要问题。同时还是确认长白山区系存在"南貊"与"北濊"考古学文化定位的关键问题。

第六章："东濊"所在苍海郡的地理方位及单单大岭的分区意义。自本章以下诸篇，不再归纳长白山四系的文化要点，而是选取百年来整个长白山区系从青铜时代到早期铁器时代，考古与民族研究领域中国内外争议较大且具有创新思考的关键问题，进行专项讨论。如本章对"东濊"与"苍海郡"问题提出了与以往国内外学术界不同的新见，即"苍海郡应设于日本海西岸的东濊"。

第七章：长白山区系中的北濊、东濊和北夫余、东夫余。这也是长白山区系考古与民族研究中具有世纪之争的问题。本章立足北濊的西团山文化，为夫余先世，而与之衔接的东团山文化为西汉以后的夫余王国文化。两者中心都在松花江中游。与之相对应，所谓"东濊"和"东夫余"，都在狼林山脉以东的日本海西岸，即汉武帝初期的苍海郡旧地。这也是长白山区系民族研究谱系分布中长期争议殊无定论的问题。同时涉及笔者提出的存在"南貊"与"北濊"的考古学文化定位。

第八章：长白山区系考古中马城子文化与西团山文化的关系。这是进入21世纪，考古学界对"长白山—千山文化带"中，两支有代表性考古学文化的重新定位。本章明确定位：这两支土著文化，虽然存在共同因素，但从源头、流向、本质属性等多元内涵看，应分别代表长白山区系中"南貊"和"北濊"两支土著的主体文化。

第九章：长白山南系青铜短剑文化的源头和族属。这是涉及东北亚青铜器时代考古与民族的又一热点问题。本章梳理以往讨论，立足青铜短剑文化的源头在辽东。进一步从六个方面，论析与辽东石构墓葬和火葬习俗共存的青铜短剑，并以双砣子三期文化为重点剖析，指出其最早的发现地应属辽东貊系。

第十章：长白山南系高句丽山城的结构分类与文化内涵。这是围绕长白山区系中最具地域文化特点的各类高句丽山城而进行的专题研究。辨析各家说法，提出了"盆谷式、山险式、复合式"三大分类法。此法不仅适用于高句丽山城研究，对东北亚地区其他存在山城文化传统的民族聚落形态进行的分析，也有一定的参考价值。

第十一章和第十二章是在以往研究基础上，从长白山考古和民族研究的视角，对长白山文化与汉郡文化关系及东北民族谱系进行文化解读。

总结以上十二章内容，实际上涵盖了长白山区系考古与民族研究的几十个焦点和要点问题，故谓之"要论"。该"要论"，针对长白山区系考古与民族问题中的两大主题内容。前者的中心是考古学文化，涉及长白山区系跨国区域几乎已确认的所有考古学文化。其中有长白山区系已知有代表性考古学文化，如双砣子文化、马城子文化、大石盖墓文化、西团山文化、东团山文化、庆华文化、小营子文化、莺歌岭文化。后者则尽可能对应已知的考古学文化，进行各自族系的讨论。如考古学家张忠培先生提出"亲族考古学文化区"概念。本书认为，"亲族文化区"是张先生对当代考古学与地域文化学与民族谱系问题三者关系的新的理论框架。《长白山区系考古与民族论纲》即是对这一理论构架在中国长白山区系考古与民族研究中从地域文化视角的实践探索。所以从《长白山区系考古与民族要论》到《长白山区系考古与民族论纲》，在不同学科内涵和语境中出现的"谱系""区系""族系"等不同表述，识者可以感悟到的是分别侧重考古学文化、地域文化、民族文化的学术用语。基于此，在《长白山区系考古与民族论纲》和《长白山区系考古与民族要论》中，分别涉及以民族命名的南貊、北濊、肃慎、东濊、夫余、沃沮等几乎全部东北亚除日本列岛外，在本书主述的青铜时代和早期铁器时代对应考古学文化的主要部族。而就理论体系看，本书新提出的立论基石包括"三纵"（医巫闾山、张广才岭和狼林山脉）、"三横"（龙岗、千山和牡丹岭）山系文化分区，长白山区系为独立文化区，以山系、水系、族系、考古学文化四位结构为依托的多元一体的地域文化基础，以及南貊、北濊与东濊的民族关系和对应考古学文化的定位等。从这个意义讲，说《长白山区系考古与民族要论》是《长白山区系考古与民族论纲》的纲中之纲，似不为过。它将在探索长白山区系这一跨度约两千年的考古与民族研究中，起到"抛砖引玉"的作用。

目录
Contents

前言 001

总论 001
    一、对"长白山区系考古与民族"命题的再认识 002
    二、长白山区系考古学文化的四系分布谱系 005
    三、长白山区系民族谱系的形成、分布与文化表征 008
    四、长白山区系地域文化在东北亚区域文化中的地位 010

第一章　长白山区系是东北亚具有原生型特点的独立文化区 012
    一、山系 012
    二、水系 015
    三、族系 018
    四、考古学文化 019

第二章　辽东青铜文化与高句丽起源及早期建国五部 025
    一、关于高句丽起源的国内外代表性观点 025
    二、关于长白山南系高句丽民族起源与考古学文化研究的回顾 032

三、关于高句丽早期建国史迹及与西汉玄菟郡的关系 ……………………… 034

　　四、关于高句丽建国初期五部的形成及史迹 ……………………………… 037

第三章　张广才岭和牡丹岭在长白山北系文化分区上的意义 …………… 041

　　一、橐离文化与肃慎文化在张广才岭东西两侧分区中的意义 …………… 041

　　二、牡丹岭在肃慎文化和北濊文化分区中的意义 ………………………… 042

　　三、岗子遗址的考古发现及诸文化要素讨论 ……………………………… 045

　　四、关于长白山北系青铜文化分区特征的几点小结 ……………………… 051

第四章　狼林山脉在西北朝鲜文化分区上的意义 …………………………… 057

　　一、古朝鲜与东濊时期的文化分区 ………………………………………… 057

　　二、长白山东系若干重要地名的考证 ……………………………………… 058

　　三、乐浪郡与第一玄菟郡仍以狼林山脉分界 ……………………………… 061

第五章　北濊、北夫余与橐离、南貊的关系 ………………………………… 063

　　一、夫余先世北夷橐离国存在的考古发现始末及其学术分歧 …………… 063

　　二、对古橐离国研究有关文献依据的进一步分析 ………………………… 066

　　三、由北夷橐离国南下夫余立国的三个重要地理坐标 …………………… 068

　　四、北濊之夫余与辽东之南貊的文化异同和考古调查回顾 ……………… 071

第六章　汉代苍海郡地望与狼林山脉的文化分区 …………………………… 076

　　一、对濊人与苍海郡先贤及时隽诸说的再辨析 …………………………… 077

　　二、从文献记载分析狼林山脉在朝鲜半岛文化分区中的标志意义 ……… 078

　　三、狼林山脉是古朝鲜方国（汉乐浪郡）与东濊部族的分界线 ………… 080

第七章　长白山区系中的北濊、东濊与北夫余、东夫余 ················ 084

一、北濊、东濊与北夫余、东夫余学界一直存有争论 ················ 084

二、确认北濊、北夫余历史定位的文献与考古学依据 ················ 086

三、简要结论 ················ 090

第八章　长白山区系考古中马城子文化与西团山文化的关系 ················ 092

一、两支文化各有独立的土著文化源头 ················ 096

二、两者有不尽相同的主体文化内涵 ················ 097

三、两支考古文化具有不同的流向传承 ················ 099

第九章　长白山南系的辽东青铜短剑文化源头与族属问题 ················ 102

一、对长白山南系青铜短剑问题涉论的简要回顾 ················ 102

二、对中国东北青铜短剑文化族属研究主流意见的分析 ················ 104

三、对林沄先生提出东北系铜剑"濊貊—真番—朝鲜说"
　　的修改和补充 ················ 108

第十章　高句丽山城的考古学分类及其文化内涵 ················ 111

一、研究缘起 ················ 111

二、以往学术界关于高句丽古城布局分类的主要看法 ················ 112

三、高句丽古城的三大类型疏论 ················ 114

四、关于高句丽山城布局分类蕴含的三大考古学特质 ················ 117

第十一章　长白山区系在汉郡文化影响下趋同汉制的历史进程 ················ 120

一、长白山区系文化进入汉郡时代的标志 ················ 120

二、长白山区系文化与汉四郡依托地缘关系的历史溯源 ················ 123

三、汉昭帝后第二玄菟郡领属高句丽的历史文献和考古发现 ············ 130

四、汉郡文化与高句丽关系的又一交通地理坐标 ···················· 133

五、长白山区系民族从部族聚邑向汉郡、属部、侯国制度的演变 ········ 137

第十二章　先秦时期中国东北三大土著族系及考古遗存再论
——从长白山区系视角重看东北古代民族分布 ················ 142

一、辽河中上游的先燕之"燕亳"集团 ···························· 143

二、长白山南系环黄渤海北岸的东北夷濊貊集团 ···················· 150

三、长白山北系的肃慎挹娄集团 ·································· 153

附录 ··· 156

附录1：作者历年主要从业经历和重要论著年表（1964—2022）········ 156

附录2：高句丽渤海研究学人简介 ································ 185

附录3：新世纪以来参与三项国家重大文化遗产研究保护工程的二十年

　　　 回忆 ·· 194

三古研究六十年沧海拾贝（后记） ································ 198

总论

本书立论的长白山区系是东北亚核心区域的一个独立文化区，它的宏观地理范围可以界定为医巫闾山以东的黄海、渤海北岸与黑龙江以南、日本海西岸之间的广大地区。长白山区系能够成为独立的地域文化区，是由山系、水系和族系三大要素交织作用的结果。长白山区系作为独立的文化区，它的主要特点在于民族文化的土著性和原生性。根据目前的考古发现和对应的民族谱系，从青铜时代至早期铁器时代长白山区系的考古学文化可分为南、北、东、西四系。长白山区系文化的底蕴与内涵及其在中国东北三大地域文化中的地位，是一座尚待深入发掘的"学术冰山"。从地域文化的角度研究长白山区系考古与民族，具有重要的理论与现实意义。

2018年4月3日的《中国文物报》上，刊登了董学增先生《对中国东北考古民族与文化问题颇有创见的著作——读〈东北亚走廊考古民族与文化八讲〉》一文。①董先生在评论中，将拙著《东北亚走廊考古民族与文化八讲》一书的内容要点归纳为15字，即"二江二河、二纵二横、三大廊道、三三论"。看过拙著的读者可知，其中"三大廊道"分别指辽西大凌河古道、辽东高句丽南北二道和橐离—夫余—契丹古道；而"三三论"，则分别指中国东北三大地域文化、辽西三大考古问题和长白山区系考古与民族。这"三三论"中的前两论，在《东北亚走

---

① 董学增：《对中国东北考古民族与文化问题颇有创见的著作——读〈东北亚走廊考古民族与文化八讲〉》，《中国文物报》2018年4月3日第6版。

廊考古民族与文化八讲》中已有较明确的立论和阐述。[①]如：中国东北三大地域文化主要为辽河文明、长白山文化、草原文化；辽西三大考古问题则分别指红山文化玉料主要产地为大凌河古道本地说、夏家店下层文化为燕亳方国说、大凌河流域窖藏青铜器为战国燕王喜埋藏说。而第三论，即关于"长白山区系考古与民族"问题，当时仅仅停留在浅层次的学术层面上。这里有主客观两方面的原因。主观上，在撰写《东北亚走廊考古民族与文化八讲》时，时间比较紧促，对此问题笔者基本上如董学增在《对中国东北考古民族与文化问题颇有创见的著作——读〈东北亚走廊考古民族与文化八讲〉》（《中国文物报》2018年4月3日第6版）上所指出，在东北亚走廊考古民族中是对《中国长白山文化》一书所执笔的"考古编"内容基础上进行的提炼。自谓没有更深的、更新的立论。[②]客观上，当年《东北亚走廊考古民族与文化八讲》一书，是应邀为渤海大学师生所作讲座的讲稿，按照统一体例，每一讲的文字都在2万字左右，在这样有限的字数内，对如"长白山区系考古与民族"这样一个涉及东北亚跨国区域和跨国民族的庞杂学术问题，显然只能是"蜻蜓点水"。所以从2018年春节后，笔者在重新反思这一至今广为国内外关注且颇存争议的学术问题时，萌生了应对这一重大课题再做新的覃思的想法。这就是撰写《长白山区系考古与民族论纲》的起因。数年来，笔者对这一课题进行了宏观的理论思考，并形成了以下初步看法。

一、对"长白山区系考古与民族"命题的再认识

对"长白山区系考古与民族"课题的思考，如笔者发表在2015年5月1日《中国文物报》上的《〈中国长白山文化〉"考古编"书后》所称，实缘起于2002年应邀参与东北师范大学刘厚生先生主编《中国长白山文化》一书的写作，并受命执笔"考古编"。[③]在2002年出版《高句丽古城研究》以后，笔者就把"长白山区

---

① 王绵厚：《东北亚走廊考古民族与文化八讲》，黑龙江人民出版社，2017年，第1—46、184—202页。
② 刘厚生主编：《中国长白山文化》，吉林出版集团有限责任公司，2014年，第39—135页。
③ 王绵厚：《〈中国长白山文化〉"考古编"书后》，《中国文物报》2015年5月1日第4版。

系考古与民族"作为与夫余、高句丽关系密切的东北亚区域历史与文化的重大课题，纳入到新的研究视野。因为此前（20世纪）笔者虽然已对东北古地理、古民族、古文化"三古研究"有所涉猎，但"长白山区系考古与民族"这个专门领域却没有进行过深入的研究。这里要感谢已经作古的吉林省文物考古研究所李健才先生和黑龙江省文物考古研究所朱国忱先生。两位师友当时无私地将他们掌握的吉、黑两省有关考古学、民族学资料提供于笔者，使笔者能在以后大约两年时间里完成近10万字的《中国长白山文化》一书"考古编"的写作。[①]在此基础上，当笔者十年后再撰写《中国东北与东北亚古代交通史》和《东北亚走廊考古民族与文化八讲》两书时，对"长白山区系考古与民族"的认识得到了进一步的升华。[②]如果说21世纪初撰写《中国长白山文化》"考古编"时，还只是把"长白山区系考古与民族"看作是长白山文化体系中地域文化的组成部分，那么在最近二十年考古新发现和认识深化的基础上，笔者认为应当把"长白山区系考古与民族"问题，提升到东北亚地区具有跨国性质的独立文化区这样一个更大的视域来看待。这个文化区，可以暂且命名为"长白山文化区"。尽管这一看法可能暂时未得到国内外学术界的完全共识，本书即愿作为探索这一"学术冰山"带有抛砖引玉性质的铺路石。

（一）内容要点

读过《东北亚走廊考古民族与文化八讲》的师友可能了解，笔者在该书第八讲的"中国东北三大地域文化"一节中，重新提及了"长白山区系考古与民族"这一命题。其实，这一学术命题涉及的内容，除参与撰写的《中国长白山文化》外，自21世纪初以来先后出版的五部专著——2002年出版的《高句丽古城研究》、2004年出版的《高句丽与濊貊研究》、2009年出版的《辽宁文化通史·秦汉卷》、2016年出版的《中国东北与东北亚古代交通史》、2017年出版的《东北

[①] 刘厚生主编：《中国长白山文化》，吉林出版集团有限责任公司，2014年，第39—135页。

[②] 王绵厚、朴文英：《中国东北与东北亚古代交通史》，辽宁人民出版社，2016年，第26—28页；王绵厚：《东北亚走廊考古民族与文化八讲》，黑龙江人民出版社，2017年，第1—46、184—202页。

亚走廊考古民族与文化八讲》等都曾或多或少地谈到。[①]此次撰写《长白山区系考古与民族论纲》，就是在旧著基础上，把分散在上述各书中所提及的有关"长白山区系考古与民族"的若干问题，在"长白山文化区"这一视域下，聚焦考古和民族两个学术层面，集中地进行讨论。所以在文献和考古资料的引用上，本书与上述著作可能有些重复。但与旧著的区别是更注重其中焦点、要点问题的解读和规律性观点的总结，并增加最近二十年相关考古发现与研究成果，故谓之"论纲"。本论纲的立论基础有三：一是从地域文化的视角，研究长白山区系的考古与民族；二是将张忠培先生的"亲族考古学文化区"理论运用到长白山区系研究实践；三是在上述前提下，以文献对应考古发现界定其族系文化分区和性质。

（二）时空范围

本书记述的"长白山区系考古与民族"的时空范围，即指这一文化区的时间和空间两个坐标。时空与物质文化的关系，是世界性考古研究的基本内容。

本书的时空范畴，从时间上看，拟限定为从东北亚历史时期的青铜时代到早期铁器时代，即大体从公元前20世纪（主要是公元前10世纪）到公元3世纪（东汉末）。这样来考虑其时间断限，主要有以下两点原因：

其一，本书所指的"考古与民族"是一个整体文化系统概念，所以时间上限把握在学术界一般认同的"民族"确立和形成以后。而考古学上的旧、新石器时代，一般不被认为已形成了真正意义上的民族，因此不作为本书研究的重点，并以区别于单纯的"长白山考古学"一类著作。

其二，其下限之所以截止在公元3世纪（东汉末），如同笔者在《中国长白山文化》"考古编"中所说，本书内容旨在体现长白山文化的奠基时期，即与早期

[①] 刘厚生主编：《中国长白山文化》，吉林出版集团有限责任公司，2014年，第39—135页；王绵厚：《高句丽古城研究》，文物出版社，2002年，第6—20页；王绵厚：《高句丽与濊貊研究》，哈尔滨出版社，2004年，第352—411页；王绵厚：《辽宁文化通史·秦汉卷》，大连理工大学出版社，2009年，第256—284页；王绵厚、朴文英：《中国东北与东北亚古代交通史》，辽宁人民出版社，2016年，第26—28页；王绵厚：《东北亚走廊考古民族与文化八讲》，黑龙江人民出版社，2017年，第1—46、184—202页。

民族形成同步的两汉时代及以前（个别延至晋）。①故本书内容主要涉及与长白山区系有关的濊貊、肃慎、夫余、高句丽、沃沮、挹娄、靺鞨等早期民族，并以区别于一般的地方史，如下限可延至明清时期的"长白山地区民族史"一类著作。

本书所述的"长白山文化区"，其地域范围一直缺乏明确认定。《中国长白山文化》一书对长白山文化区的东、南、西、北四系是这样认定的：南系以吉林哈达岭、龙岗山脉以南的辽东千山山脉为中心；北系以图们江以西的牡丹岭、哈尔巴岭、张广才岭、老爷岭为中心；东系以鸭绿江东岸的狼林山脉（包括盖马高原）为中心；西系以吉林哈达岭、龙岗山脉以北的山地为中心。②以此为基础可进一步确认长白山区系的地理范围。从山系这一宏观地理区系看，中国东北地区主要有三大山系：西部是连接华北燕山山脉的努鲁儿虎山和医巫闾山；东部是松辽平原以东，即本书主述的长白山区系；西北部则是黑龙江中上游的大、小兴安岭。这三大山系文化区中长白山文化区的四至应为：南起黄海、渤海北岸的辽东半岛山地，北至吉林、黑龙江两省的牡丹岭和张广才岭一带，西起松辽平原东缘的松辽分水岭，东达日本海西岸和大同江东北的北朝鲜半岛狼林山脉（含盖马大山）南北。这一纵贯千余公里的跨国地理区域，正处在东北亚地区的中心地带。从文化地理（含考古和民族因素）的角度看，本书拟以长白山南北源出的鸭绿江和图们江干流为南北轴线来界定大长白山区系，即将鸭绿江右岸的辽东纳入南系，将图们江西北纳入北系，将鸭绿江和图们江中轴以东（含部分南）统纳入东系。这样界定长白山文化区有别于传统旧志，如《长白山志》列鸭绿江为"南"、图们江为"东"（以白头山为坐标）。③而本书这样做，则能够更好地兼顾自然水系以外的文化地理。

二、长白山区系考古学文化的四系分布谱系

关于长白山区系考古学文化的分布谱系，本书拟仍按《中国长白山文化》

---

① 刘厚生主编：《中国长白山文化》，吉林出版集团有限责任公司，2014年，第39—138页。
② 刘厚生主编：《中国长白山文化》，吉林出版集团有限责任公司，2014年，第39—138页。
③ 吉林省地方志编纂委员会编：《长白山志》，吉林人民出版社，2002年，第14页。

"考古编"和《高句丽与濊貊研究》的做法,将其分为南、北、东、西四系。①应当说明的有以下两点:

第一,本书对各地相关考古发现的举证,不再如《中国长白山文化》"考古编"那样具细和系统介绍各个遗址,而是选取同类文化中有代表性的典型遗存进行综合分析。如长白山南系的"卒本夫余"史迹,本书主要以桓仁望江楼积石墓为例。

第二,本书的考古学文化分区,如前述主要着眼于长白山区域文化的人文地理区划,而不是采用自然地理和考古学上通用的文化类型分区法。

本书的这种文化分区法,不是否认文化类型分区法的科学性,而是基于以下两个因素的考量:一是考古学上的文化类型学是以首先考古发现地和其文化内涵的代表性来立论,其之所以存在不足,是因为考古发现的偶然性和时段性所决定的文化链条上的不确定性(或者说存在缺环)。二是如开篇所述,本书试图将长白山区系的考古与民族作为一个统一体来研究,所以它区别于纯粹的考古学著作(特别是考古报告),即本书在本质上从地域文化的视角来研究考古和民族。以此,本书对长白山区系考古学文化拟与民族谱系对应,分为四个区系进行论述。

(一)长白山南系考古学文化

长白山南系考古学文化,可分为青铜时代、早期铁器时代两个时段和以龙岗、千山山脉为界的南北两个分区。

一是青铜时代千山以南的辽东半岛沿海区,以大连地区的双砣子文化为代表。其显著的考古学特色是既起源于辽东半岛本地,又受到山东半岛同期稍早的岳石文化的较大影响。

二是青铜时代千山以北至龙岗山脉以南之间的辽东腹地。正如《高句丽古城研究》"绪论"等指出的,千山以北至龙岗山脉以南之间的辽东腹地属于辽东"二江"(鸭绿江、浑江)和"二河"(太子河、苏子河)上游一带高句丽起源的核心地区。其考古学文化特点是以太子河上游的马城子文化为起源,以辽东大石盖墓(积石墓)文化(即所谓的继马城子文化后分布更广的新城子文

---

① 刘厚生主编:《中国长白山文化》,吉林出版集团有限责任公司,2014年,第40、41页;王绵厚:《高句丽与濊貊研究》,哈尔滨出版社,2004年,第353页。

化）为代表。从文化性质来看，该区属于前高句丽时代辽东土著"南貊"之考古学文化区。

长白山南系的早期铁器时代考古学文化，可分为早、晚两期。其早期大体从战国末秦开却胡、开辽东五郡并筑辽东长城开始，以沿早期辽东长城线内分布的抚顺莲花堡等战国至汉初的铁器文化为代表。这一时期的早期铁器文化遗存往往与青铜文化遗存相混杂，仍表现出高句丽建国前貊系土著文化的较多特征。晚期由西汉中晚期至东汉末，以辽东郡和玄菟郡腹地的"二江""二河"流域为主要区域，即高句丽早期五部土著文化分布的核心地区。其中桓仁和集安两地，是高句丽早期五部的两个中心。

（二）长白山北系考古学文化

长白山北系考古学文化，以南北走向的张广才岭为界，分为东、西两支。其岭东的青铜文化，应以牡丹江流域的莺歌岭上层文化为代表。而早期铁器文化的下限，因该地处于秦汉东北边疆民族区，发展多晚于长城以内的郡县地区，故可延至魏晋时期。岭东的早期铁器文化的主要代表为牡丹江流域的东康类型和图们江流域的小营子文化、团结文化。其岭西地区，则以黑龙江省境内东流松花江流域的索离沟文化（即橐离文化或庆华文化）为代表，属于长白山北系的北濊文化。

（三）长白山东系考古学文化

长白山东系青铜时代和早期铁器时代考古学文化，涉及朝鲜半岛和俄罗斯远东地区，其分布、时代、类型和族属等问题均较复杂。按自然地理划分，有一部分属于南系。根据这一区域的特殊性，本书以汉武帝设立朝鲜四郡为时间坐标，划分为早、晚两期。其早期涉及箕氏朝鲜和卫氏朝鲜，土著民族涉及早期东濊；其晚期以乐浪郡文化为主，土著民族涉及文献中记载的"韩濊""沃沮"和"东夫余"。[①] 对于长白山东系早、晚两期考古学文化，拟分别选择青铜时代的支石墓文化和早期铁器时代的乐浪文化为主要代表来分析。对长白山东系考古学文化的研究，应当引起关注的新问题是：在朝鲜半岛北部的咸镜南、北道及俄罗斯濒日

---

① 耿铁华、李乐营：《好太王碑拓本研究》，吉林大学出版社，2017年，第11、12页；范晔：《后汉书》卷85《东夷列传》，中华书局，2013年，第2807—2827页；陈寿：《三国志》卷30《乌丸鲜卑东夷传》，中华书局，2013年，第831—863页。

本海地区,因海洋文化影响而带来了哪些海洋文化的特殊性,如俄罗斯滨海区波尔采文化的海洋性。

(四)长白山西系考古学文化

长白山西系考古学文化,仍以青铜时代和早期铁器时代为时间坐标划分为早、晚两段。其早期以西团山文化为代表,晚期则以继西团山文化之后的吉林东团山(南城子)和帽儿山等地西汉时期的考古学文化为代表,即历史文献中所反映的夫余文化。

三、长白山区系民族谱系的形成、分布与文化表征

与上述各考古学文化分区相对应,长白山区系的民族谱系宏观上亦从四系着眼。本书关于长白山区系民族谱系文献、考古资料的基本看法,形成在21世纪初《中国长白山文化》"考古编"编写时。[①]其中,考古学资料多载于当时的"考古编"。而民族则多见于"考古编"以外,属于新的研究成果。但历史上民族的形成和迁徙具有动态化的性质,而本书对长白山区系民族谱系的分析,则重在突出从青铜时代到早期铁器时代即民族起源奠基期土著的形成、分布与文化表征——多记述在两汉以前。因此如肃慎系民族,从肃慎到挹娄、勿吉、靺鞨、女真等历代的变迁,则不在本书考察之列。另外,由于长白山区系古代各民族都起源于青铜时代(甚至更早)且发展在早期铁器时代,并有着千百年的族系演变渊源,如夫余民族就至少经历了从青铜时代的西团山文化晚期到西汉时期东团山文化的连续发展过程。因此在考察民族谱系时,本书按照地区和族系一并介绍,以便从总体上全面反映该族系历史演变的连续性。这样,长白山区系的古代民族谱系分布,则大体可分为如下各系。

(一)长白山南系民族文化区

长白山南系民族,在《中国长白山文化》中总称为南貊系统。[②]对应文献记载,又可分为三支:千山以南辽东半岛沿海地区,对应于双砣子文化,为青丘民

---

① 刘厚生主编:《中国长白山文化》,吉林出版集团有限责任公司,2014年,第39—138页。
② 刘厚生主编:《中国长白山文化》,吉林出版集团有限责任公司,2014年,第41页。

族文化区;千山以北至龙岗山脉以南的辽东"二江""二河"腹地山区,为诸貊系和西汉以后高句丽民族起源的核心文化区;而龙岗山脉与吉林哈达岭衔接处,即辽宁北部、吉林南部之间的过渡带,则对应考古学文化上以高把豆和石棺墓为特征的凉泉类型和宝山类型等,应属文献记载中的"北发"即北貊民族文化区。

（二）长白山北系民族文化区

长白山北系民族文化区,与前述考古学文化分区对应,仍以南北走向的张广才岭为分界。其岭东主要为肃慎文化区,这是《山海经》等早期文献最早记录的有代表性的"不咸山"民族;两汉以后则为挹娄和勿吉文化区。[①]从考古发现和文献记载来看,岭西应属古橐离文化区（索离沟文化）,西汉以后则为"弱水"（东流松花江）以南的夫余（北界）文化区。

（三）长白山东系民族文化区

长白山东系的民族,如在《中国长白山文化》"考古编"中所说,主要是以朝鲜半岛南北走向的狼林山脉（含盖马大山）为分界的古朝鲜和东濊民族。而朝鲜半岛东北部的民族则以分布于日本海西岸的南、北沃沮为代表。[②]进入两汉以后,文献和碑志中记载的"东夫余""韩濊"等,则是古朝鲜和东濊、沃沮民族的遗绪。[③]而鸭绿江左岸本书统归于东系。

（四）长白山西系民族文化区

长白山西系的民族,从新石器时代晚期经整个青铜时代到汉魏时期,其考古遗存是与西团山文化的早、中、晚三期相对应的,其后续的东团山文化和榆树老河深文化代表了夫余及其先世文化。从汉魏时期的文献记载看,松花江流域自古应属北濊和北夫余文化区。

---

① 郭璞注:《山海经》,中国书店,2019年,第444页。
② 刘厚生主编:《中国长白山文化》,吉林出版集团有限责任公司,2014年,第99、103、107页。
③ 耿铁华、李乐营:《好太王碑拓本研究》,吉林大学出版社,2017年,第11、12页;范晔:《后汉书》卷85《东夷列传》,中华书局,2013年,第2807—2827页;陈寿:《三国志》卷30《乌丸鲜卑东夷传》,中华书局,2013年,第831—863页。

四、长白山区系地域文化在东北亚区域文化中的地位

长白山区系考古学文化与民族谱系所形成的人文基础或者说文化基因,是山系、水系、族系"三位一体"交织作用的结果。从前文论定的宏观地域范围看,无论从上述三系的哪一角度分析,长白山区系地域文化均处在东北亚区域文化的核心地位。以下分别稍作分析。

(一)长白山山系的重要地位

本书所指的"长白山山系",其分布范围是:医巫闾山、松辽平原以东,吉林、黑龙江两省的牡丹岭、张广才岭一带以南,日本海西岸、北朝鲜半岛大同江东北以西,辽东半岛黄渤海沿岸、西朝鲜湾沿岸地区以北,即前文所界定的长白山文化区四至。可以说,无论自然地貌、海拔高程、资源特色,还是人文历史诸因素,长白山都是其他相邻山脉所无法比拟的。尤其在人文历史方面,它是东北亚除燕山山脉东支的辽西医巫闾山外最具底蕴的名山。对于东北亚核心区域的土著民族——肃慎(女真)系统和濊貊系统(包括古朝鲜)的文化起源和发展演变具有决定性的影响。

(二)长白山水系的重要地位

关于长白山区系地域文化中的水系,在《中国长白山文化》"考古编"中也曾提及。①需要指出,本书对长白山各水系的定位,与《长白山志》等以主峰白头山为坐标不尽相同。②在此确认为四大水系:西南系为鸭绿江水系,包括辽东浑河、太子河水系;东北系以图们江水系为主,包括发源于长白山北麓的牡丹江和乌苏里江水系;东南系以源出狼林山脉的大同江水系为主,包括清川江和昌城江等;西北系则以松花江上游为主,包括东辽河和伊通河水系。从自然地理角度审视长白山区系的诸水系可以看出,在东北亚区域内,除日本列岛外的大陆地区,若排除黑龙江以北和上辽河以西,长白山区系可以说汇集了包括松花江上游以及辽河上游(东辽河)等几乎所有东北亚的主要水系。其与前述"山系"一道,构成了长白山区系独具地域文化特色的自然基础和资源优势。

---

① 刘厚生主编:《中国长白山文化》,吉林出版集团有限责任公司,2014年,第40页。
② 吉林省地方志编纂委员会编:《长白山志》,吉林人民出版社,2002年,第14页。

(三)长白山族系文化的重要特征

关于长白山区系的各族系,前文已经论及。需要补充说明的是,长白山区系各民族,无论从地域文化还是考古学文化看,都表现出了鲜明的土著性和原生性。根据国内外考古学界迄今已确认的东北亚地区诸考古学文化类型特点,并对应有明确记载的历史文献可知:无论是濊貊系、肃慎系还是沃沮系等,都是根植于长白山区系内的土著民族(对没有明确文献记载或未确认的考古学文化,本书不求一一对号)。这一区系只有大同江流域的古朝鲜受到商末周初时"箕子东迁"所带来的某些中州文化的影响。在其他地区,中原汉郡文化的教化和传布都在战国以后。就青铜器和陶器这两种最有文化标识意义遗物的制造而言,直至战国末,长白山区系本土的青铜器制造工艺都没有达到能冶铸青铜礼器的水平(无青铜礼器)。而陶器制造业,在战国后汉陶工艺传入本区以前,本土陶艺始终处于素面为主(少量刻画印纹)的阶段。其低火候夹砂褐陶具有无三足、无淘洗细胎、无轮制(平地堆烧)的原始工艺特征,并且在考古遗址中罕见窑址和窑具。这种考古学和民族学现象,不见于中国的中西部地区,在中国边疆学领域研究中值得持续关注。总体而言,手制夹砂、多耳粗褐陶工艺;以素面和继承本区的弦纹和少量刻划文和叠唇折沿为特征;无三足器的文化传统;无窑室的多平地堆烧的低火度陶质;以壶、罐、钵为基本组合的陶器造型等。与中原和黄河流域,如5000年至6000年前仰韶文化已出现的淘洗炼泥、轮制、陶窑等先进工艺形成了巨大反差。这反映了中华文化在"多元一体"形成过程中,从考古学上以陶器制造业(同时反映在金属器)代表的不平衡性。这也正是本书将长白山区系视为东北亚地区独立文化区的学理依据之一。

第一章
长白山区系是东北亚具有原生型特点的独立文化区

自21世纪初参与《中国长白山文化》"考古篇"写作二十年来，不断地深化对长白山区系考古与民族问题的认识，并进行了进一步的思考。在总结以往的考古发现和民族谱系后，逐渐形成了长白山区系是居于东北亚核心区域内具有原生型特点的独立文化区的理念。此即赵宾福先生在《中国东北地区夏至战国时期的考古学文化研究》中所指的"长白山—千山文化带"。①将长白山区系确认为独立文化区，真正起始于2015年《〈中国长白山文化〉"考古篇"书后》一文的发表。②构成这一独立文化区的自然和人文要素，应包括山系、水系、族系和对应的已知考古学文化遗存四个方面。拟分述如下。

一、山系

以山系作为文化地理坐标，在中国历史上具有悠久的文化传统，最早见于《尚书·禹贡》和《左传·昭公十二年》。③其中楚灵王与子革的对话中提到先

---

① 赵宾福：《中国东北地区夏至战国时期的考古学文化研究》，科学出版社，2009年，第303页。
② 王绵厚：《〈中国长白山文化〉"考古编"书后》，《中国文物报》2015年5月1日第4版。
③ 孔子修订：《尚书》，吉林文史出版社，2017年，第23—28页；左丘明著、蒋冀骋点校：《左传》，岳麓书社，2006年，第264—267页。

秦的"三坟、五典、八索、九丘"。①其后，可举汉代以前成书的《山海经》。②这里的"九丘"应为古代以山系分野的区域。而考古学上以山系标志中国东北文化带的是，赵宾福先生在2009年出版的《中国东北地区夏至战国时期的考古学文化研究》中提出的"大兴安岭—燕山文化带"和"长白山—千山文化带"。③此外，从地域文化上提出长白山山系文化分区的，当属2014年出版的《中国长白山文化》。④该书首次提出了长白山区系中山系的四系分野。

从独立文化区的构成要素来看，长白山区系各山系的分野可从自然地理和人文地理两个角度重点考察。一方面，长白山区系中的各文化名山在历史文献中大都有记载，如长白山南系的龙岗山称"辽山"、千山称"室伪山"，长白山东系的狼林山脉称"单单大岭"等。⑤另一方面，长白山（古不咸山）主峰和各主要支脉的代表名山，因都具有民族文化和考古学文化标识意义而被赋予了自然因素以外的人文内涵。

汉以来的历史文献显示，这些名山多被赋予了地域文化的人文坐标意义。如南系中的千山，在《汉书·地理志》中就有记载。据《汉书·地理志》"居就"载，"室伪山，室伪水所出，北至襄平入梁也"。⑥此条的"室伪山"，可考为今千山。有三项重要地理坐标可比证：其一，汉代居就县旧址，据《秦汉东北史》及《东北古代交通》考证，应在今辽阳汤河东岸亮甲山，该地在20世纪80年代调查时发现有明确的汉城遗迹；其二，襄平（今辽阳）为辽东郡治所，已为国内外公认，千山主峰正在辽阳东南；其三，汤河正源出千山，北流入太子河，太子河

---

① 左丘明著、蒋冀骋点校：《左传》，岳麓书社，2006年，第267页。
② 郭璞注：《山海经》，中国书店，2019年，第444页。
③ 赵宾福：《中国东北地区夏至战国时期的考古学文化研究》，科学出版社，2009年，第303页。
④ 刘厚生主编：《中国长白山文化》，吉林出版集团有限责任公司，2014年，第39—43页。
⑤ 班固著、颜师古注：《汉书》卷28《地理志》，中华书局，2013年，第1626页；陈寿著、裴松之注：《三国志》卷30《乌丸鲜卑东夷传》，中华书局，2013年，第846页。
⑥ 班固著、颜师古注：《汉书》卷28《地理志》，中华书局，2013年，第1626页。

即古梁水，故"北至襄平入梁"的"室伪水"为今汤河无疑。①由此可见，汤河南源的"室伪山"，当即今千山。

再如南系的龙岗山脉，从《汉书》看应属"辽山"支脉。据《汉书·地理志》"高句丽（县）"记载，"辽山，辽水所出，西南至辽队（今海城牛庄附近大王屯）入大辽水。又有南苏水，西北经塞外"。②又据《新唐书》记载，高句丽"水有大辽、少辽：大辽出靺鞨西南山……少辽出辽山西，亦南流，有梁水出塞外，西行与之合"。③其中，《汉书·地理志》中的玄菟郡（汉昭帝内迁后）治所"高句丽县"，已确知在今新宾二道河子古城。④其境内的"辽水"学术界公认为《新唐书》中的"少（小）辽"，即今流经新宾、清原、抚顺、沈阳的浑河。⑤所以"南苏水"，即浑河支流苏子河。在《汉书》和《新唐书》中的"辽水"与"南苏水"确认后，其二河源头所出的"辽山"，自然可从前引《新唐书》等文献记载的古今地理得到确切位置。即"少辽"（今浑河和苏子河）源头之"辽山"应在长白山南系辽、吉二省交界处的龙岗山脉。此山正是长白山南系南貊与长白山西系北濊（北夫余）的重要分界。此外，据《三国志·王毌丘诸葛邓钟传》记载："俭遣玄菟太守王颀追之，过沃沮千有余里，至肃慎氏南界，刻石纪功，刊丸都之山，铭不耐之城。"⑥这里的"丸都山"与集安板岔岭发现的三国（魏）时期毌丘俭纪功碑残石（收藏于辽宁省博物馆）可互为印证。从文献与古今地理推断，"丸都山"当为长白山南系龙岗山脉东支的老岭。就此长白山南系有信史、碑志可证的标志性"文化名山"，即古代的"辽山"和"丸都山"等构

---

① 王绵厚：《秦汉东北史》，辽宁人民出版社，1994年，第282页；王绵厚、李健才：《东北古代交通》，沈阳出版社，1990年，第32、33页。
② 班固著、颜师古注：《汉书》卷28《地理志》，中华书局，2013年，第1626页。
③ 欧阳修、宋祁：《新唐书》卷220《东夷列传》，中华书局，2013年，第6185页。
④ 王绵厚：《西汉时期的玄菟郡"帻沟娄"城与高句丽早期"南北二道"的形成——关于高句丽早期历史文化的若干问题之六》，《东北史地》2008年第5期。
⑤ 赵红梅：《毌丘俭纪功碑文补遗——以王国维〈魏毌丘俭丸都山纪功石刻跋〉为中心考察》，《北方论丛》2010年第6期。
⑥ 陈寿著、裴松之注：《三国志》卷28《王毌丘诸葛邓钟传》，中华书局，2013年，第762页。

成文化区系的山系坐标可确证无疑。

除此之外,长白山北系的张广才岭、牡丹岭(龙头山、东牟山),长白山东系的狼林山脉(单单大岭)和盖马大山,长白山西系的龙潭山、东团山(鹿山)等围绕长白山主峰"不咸山"分列的具有文化地标意义之诸多山系,承载着长白山区系的自然和人文要素。它们与长白山主峰呈东北—西南走向,地理脉系相同。其中长白山西系的吉林龙潭山、东团山、帽儿山,虽然海拔只有数百米,论山势稍逊诸"名山",但从文献记载来看应为北濊故地的"夫余鹿山",其文化底蕴亦相当深厚。诸如此类,长白山区系中山系的脉系众多,文化地标意义史迹昭然,正是确立长白山区系为独立文化区兼有自然和人文内涵的第一历史要素。

二、水系

中国以水系标识人文地理,亦有悠久的传统,最早的文献有《水经》和《水经注》。作为独立文化区的长白山区系,其水系的自然、人文地理与山系的自然、人文地理相互交织并形成各自的文化分区。唯水系的一个重要特征,在《东北亚走廊考古民族与文化八讲》中已表述过。[①]即在宏观的文化分区中,山系(如龙岗和张广才岭)更多地表现为文化界标,而水系则更多表现为文化隧道或民族廊道。如《从辽东"梁貊"故城到高句丽早期山城的考古调查与思考——以新宾太子城等为例——关于高句丽早期历史考古的若干问题之八》一文中所记"梁貊"古道,即辽东太子河流域的民族通道。[②]其他如古代的褒斜道,即经由褒水和斜水穿越秦岭的川陕民族通道。这种对长白山区系古代山水文脉的认识,可以从正史文献中得到验证。现分解记述如下:

第一,长白山南系的主要水系为鸭绿江水系,该水系在《长白山志》中列为"西系"(以主峰白头山为定位坐标)。[③]而本书中的长白山区系包括辽东半

---

① 王绵厚:《东北亚走廊考古民族与文化八讲》,黑龙江人民出版社,2017年,第1、2页。

② 王绵厚:《从辽东"梁貊"故城到高句丽早期山城的考古调查与思考——以新宾太子城等为例——关于高句丽早期历史考古的若干问题之八》,《中国考古学会第十四次年会论文集2011》,文物出版社,2011年,第447—455页。

③ 吉林省地方志编纂委员会编:《长白山志》,吉林人民出版社,2002年,第14页。

岛（千山以南）在内，故将其与辽东半岛（千山以南）诸水系一并列为南系。此外，南系还包括辽河东支的浑河、太子河、苏子河诸水系。这些主要水系，几乎都能在历史文献中找到对应的土著族系的记录。如鸭绿江在《汉书·地理志》中始称"马訾水"，而在《三国志》中又俗称"大水"。[1]其支流浑江及富尔江，古称"沸流水"和"小水"。[2]大水、小水沿岸古代均有"句丽（大水貊）"和"小水貊"部族。[3]而前节已讨论，浑河古称"少（小）辽水"，太子河古称"梁水"，苏子河古称"南苏水"。在少（小）辽水（浑河）和南苏水（苏子河）上游的玄菟郡境内，生活着《汉书·地理志》（应劭注）记录为"故句丽胡"的部族（高句丽县因之得名）。[4]而在梁水（太子河）上游，从青铜时代到两汉时期有与鸭绿江流域大水貊、浑江流域小水貊并存的"梁貊"部族。[5]这在本书以下各章分别考察各区系文献记载及对应考古遗存过程中，都已得到了明确的论证。总之，长白山南系各水系地区正是笔者多年论证（从20世纪80年代）的具有明确的先秦至两汉时期考古遗存的土著民族（诸貊部）文化区，即辽东"二江"（鸭绿江和浑江）和"二河"（太子河、苏子河）上游是高句丽起源的核心地区。这一立论初期并未引起重视，近年来随着考古发现的增多而渐得认证。

第二，长白山北系的主要水系有图们江水系和牡丹江水系，二水最终都汇入日本海。在前引《长白山志》中，以白头山为定位坐标将这两支水系划归为"东系"。[6]而观其全程基本为南北流向，故本书列其为北系。从文献记载来看，图们江古称"豆满江"，牡丹江古称"忽汗河"，二水都关联着长白山北系操古通古

---

[1] 班固著、颜师古注：《汉书》卷28《地理志》，中华书局，2013年，第1626页；陈寿著、裴松之注：《三国志》卷30《乌丸鲜卑东夷传》，中华书局，2013年，第844页。

[2] 陈寿著、裴松之注：《三国志》卷30《乌丸鲜卑东夷传》，中华书局，2013年，第844、845页。

[3] 陈寿著、裴松之注：《三国志》卷30《乌丸鲜卑东夷传》，中华书局，2013年，第844页。

[4] 班固著、颜师古注：《汉书》卷28《地理志》，中华书局，2013年，第1626、1627页。

[5] 金富轼著、孙文范等校：《三国史记》卷13《高句丽本纪》，吉林文史出版社，2003年，第246页。

[6] 吉林省地方志编纂委员会编：《长白山志》，吉林人民出版社，2002年，第14页。

斯语的土著部族。① 又从长白山区系考古学文化来看，图们江水系应是长白山东北的北濊民族东扩至北沃沮为主的文化区，牡丹江水系应是肃慎（挹娄）文化区。二水系原生的土著文化如莺歌岭遗址、小营子文化、团结文化等亦具有鲜明的地域特色，并构成长白山区系独立文化区的北源之一。

第三，长白山东系的水系主要有源出盖马高原的清川江和大同江，这两条大河都是历史文献中出现最早的朝鲜半岛水系。其中清川江古称"浿水"，大同江古称"列水"。② 浿水是燕秦汉时期辽东郡与古朝鲜的界河，其文化标识意义不言而喻。而列水是古朝鲜和汉武帝以后乐浪郡的水系坐标，也是长白山东系源出朝鲜半岛单单大岭（狼林山）和盖马高原的东北亚第一名川，当年汉武帝派楼船将军征朝鲜即"坐兵至列口"。③ 在长白山东系的地域文化中，清川江、大同江与狼林山脉共同孕育着古朝鲜和东濊的早期土著文明。其后，二河又是苍海、玄菟、乐浪等长白山东系早期汉郡文化的奠基地。

第四，长白山西系的水系，主要是北流和西南流之松花江上游水系。在古文献中，此水被称为"速末水"或"粟末水"。④ 松花江流域是长白山西系北濊——西团山文化的原生性土著文化分布区。对西团山文化的源头，如赵宾福认为出自马城子文化。⑤ 但学术界尚有不同看法，对此有学者认为西团山文化应源自当地的新石器文化。⑥ 这里着重指出一点，代表北濊民族的西团山文化，如王绵厚先生及

---

① 于逢春：《图们、土门与豆满、豆漫之词源与译音考》，《中国边疆史地研究》2009年第2期；姚寿鹏：《发掘流域历史揭示地名真谛——牡丹江名称含义辨析》，《黑龙江社会科学》2021年第2期。

② 班固著、颜师古注：《汉书》卷95《西南夷两粤朝鲜传》，中华书局，2013年，第3865页；班固著、颜师古注：《汉书》卷28《地理志》，中华书局，2013年，第1627页。

③ 班固著、颜师古注：《汉书》卷95《西南夷两粤朝鲜传》，中华书局，2013年，第3867页。

④ 魏收：《魏书》卷100《勿吉列传》，中华书局，2013年，第2220页；欧阳修、宋祁：《新唐书》卷219《北狄列传》，中华书局，2013年，第6177页。

⑤ 赵宾福：《中国东北地区夏至战国时期的考古学文化研究》，科学出版社，2009年，第277页。

⑥ 董学增：《驰名中外的西团山文化》，《文史知识》1994年第6期。

夫余史专家董学增先生分析的那样，其主源应是长白山西系松花江流域本地的新石器文化以及长白山北系的索离沟（橐离国）文化。[①]由此可以看出，松花江水系应是长白山独立文化区的西源，它构成了先后以北濊和夫余为主的土著民族文化分布区。其中，从大长白山区系来看，北流松花江的北系大部分支流，多包含在本书的西系中。

三、族系

从标志独立文化区的角度看，构成长白山区系文化区独特地域内涵的族系文化，总体上也呈现四个不同分区。

第一，南系。在本书中称为南貊诸系，包括大水貊、小水貊、梁貊、句丽、青丘、高夷等，均为史有著录的部族。他们的共性是：早在秦开却胡、设辽东等五郡之前，就已土著在长白山南系黄、渤海北岸的辽东地区（东北夷的中心区）。近年来，这一地区已有与之对应明确的考古遗存发现。

第二，北系。在本书中主要指张广才岭东西两缘的肃慎和橐离，这是在《逸周书》《三国志》《魏书》等正史文献中有明确记载的长白山北系古老民族。该族系在长白山区系形成独立文化区的发展过程中，亦发挥了重要的历史作用。

第三，东系。该族系在本书中主要为朝鲜半岛狼林山脉两侧的古朝鲜和东濊（沃沮），这是中国正史如《史记》《汉书》中记载的最早与夏商周发生联系的东北夷部族之一。它们皆是在鸭绿江和图们江以东，沿黄海东岸、日本海西岸分布的土著民族。在长白山区系文化发展为东北亚独立文化区的历史进程中，亦具有跨区域、海域以及连接辽东半岛、朝鲜半岛和日本之间海上丝绸之路等文化前沿性质的区位优势。

第四，西系。该族系主要指松花江中上游的北濊、北夫余部族，与其渊源密切的是长白山南系辽东半岛地区的南貊，它们对北系和东系族系都有辐射和影响意义。可以说，北濊与南貊是长白山区系最主要的两大部族，同时也是长白山区系中具有原生意义地域文化的主体。长白山区系的西系文化与南系文化一样，皆

---

① 王绵厚：《东北古代夫余部的兴衰及王城变迁》，《辽海文物学刊》1990年第2期；董学增：《吉林西团山文化六十年研究成果概述》，《博物馆研究》2009年第1期。

为靠近燕秦汉长城地带的地域和民族文化，而其区域文化特征更加突出。在汉魏以后的中国诸正史"四夷传"中，二者经常被连举为"濊貊"族系。如果按照晋代著名学者孔晁注释《逸周书》的说法——"高夷，东北夷高句丽"的话，那么长白山区系文化区应有别于一般的包括齐鲁在内的东夷文化。[①]从东北民族文化区系上看，应为其分析正名，故而本书称长白山区系为"东北夷文化区"。这一东北夷文化区，同样见于孔颖达注疏《禹贡》引王肃说："岛夷，东北夷。"该表述与孔晁一致。

四、考古学文化

综观长白山区系，考古学文化类型繁多，遗迹和遗物数量丰富，仅南系的各类型积石墓、西系的夫余帽儿山墓地、东系的乐浪汉墓就数以万计。因其数量繁多，本节不再分区具体介绍各区系的各类考古发现，而是从长白山区系总体的考古学文化体系中，抽出具有区域性独立文化区标志意义的五种文化要素略作分析。

（一）聚落形态

从本书各章的考古学文化看，长白山区系青铜时代至早期铁器时代的部族，在进入汉郡时代以前，其聚落形态和居住建筑都具有东北夷文化的土著特征。如南系中，不论是从诸貊部到早期高句丽，还是从马城子文化到大石盖墓文化，普遍聚落形态都是从环山石垣聚落向早期山城或邑落演变，有着明确的考古学发展轨迹。这就是《高句丽古城研究》等著作已论证过的，即极具地域和民族特征的山地"城邑制度"，是高句丽及其先世——辽东貊人的文化要素之一。

再如，长白山西系从西团山文化到东团山文化的土著聚落形态，也都多以东团山南城子一类沿山川谷地、台地垒土围筑的圆栅式城寨和半地穴式方圆居住址为特色。有的半地穴式居室内有石砌矮墙，并普遍有柱洞、火炕痕迹以适应长白山区系的高寒气候条件。这里要指出的是，整个青铜时代长白山区系的城邑建筑尚无夯筑技术。总之，长白山西系土著的聚落形态有两类：一类是沿山川台地或向阳山坡垒土围筑具有布局不规则性的石垣聚落，向早期山城邑落发展的南貊聚

[①] 黄怀信、张懋镕、田旭东：《逸周书汇校集注》，上海古籍出版社，1995年，第934页。

落形式；另一类是由土石混筑或迭土围壕而成的圆栅，向东团山式不规则土石山城发展的北濊（包括橐离）式城寨聚落形式。这两种聚落形态与最晚在中原陶寺和二里岗时代已存在成熟夯筑土城的夏商邑相比是落后的，但却是长白山区系具有独特地域性和民族性的南北二聚落形态。在今后的考古实践中，探寻与土石掺用的干栏式居室或搭栏式木构建筑，是长白山区系民族文化研究的要点之一。这是在长白山区系构成独立文化区的进程中，东北夷之濊貊族系早期城邑制度的重要考古学文化特征，其结构、功用与同期辽西和中原地区的城邑形制都有区别。

（二）墓葬结构与葬俗

构成长白山区系独立文化区的墓制形式，从本书各章的考古学文化区系特征看，应与族系有深刻的文化渊源，即在本质上与南貊、北濊、肃慎等长白山区系土著民族的文化传统相关。略举如下：

第一，南貊系统。在长白山南系鸭绿江右岸包括青丘、北发在内的辽东各貊系（高句丽）文化区，以及在长白山东系鸭绿江左岸古朝鲜文化区，广泛分布着积石墓、大石棚、大石盖墓、支石墓、石圹墓等。他们的总体特点是，墓室多为地上或半地上的裸露式——积石为封，并伴有巨石崇拜和火葬习俗。具有本土特征的早期随葬品，以筒式直腹罐、带耳褐陶壶、碗式钵为基本组合，以无三足陶器（个别舶来品除外）为本土特征，其中直腹矮颈弦纹夹砂褐陶壶最富地域特色。

第二，北濊（含肃慎）系统。早期包括长白山西系的西团山文化、长白山东系的东濊文化以及长白山北系的庆华文化、莺歌岭文化、小营子文化，总的墓制可称为竖穴式土圹石棺墓。晚期发展到夫余时出现竖穴木棺墓，该形制属于当时的贵族墓（平民仍应为土圹石棺墓）。与南貊墓制最大的区别是，北濊以竖穴土圹取代了积石为封并少见火葬习俗。随葬品除与南貊类似的手制夹砂褐陶壶、罐等类型外，还有大量的豆和动物骨骼，其中豆和殉马为夫余特有的习俗。

（三）土著陶器类型与工艺特点

土著考古学文化的陶器类型和工艺，是整个长白山区系构成独立文化区诸要素中最为突出的一个。其南、北、东、西四系所共有的陶艺地域特征，可归纳为以下五点：

第一，无三足器是本土特征。长白山区系青铜时代考古学文化在接受汉郡文化影响以前，虽然在长白山西系北濊的西团山文化和长白山南系南貊的双砣子文化（辽东半岛千山以南）出现少量三足器，但显然是分别受到辽河上中游的夏家店下层文化（燕亳）、高台山文化和山东半岛的龙山文化、岳石文化（淮夷、莱夷）等外来文化影响所致。而长白山南系辽东腹地的南貊马城子文化、大石盖墓文化，以及长白山北系张广才岭以东的图们江流域和长白山东系狼林山脉以东的广大地区，直到汉郡文化传至该地区以前均不见三足陶——这是长白山区系土著原生型地域民族文化的显著特质之一。从考古学文化的总体分布来看，长白山文化区无典型三足器的分区共有五处：一是辽东"二江""二河"流域的南貊核心区；二是张广才岭以东的肃慎地区；三是张广才岭以西的北濊地区（主要是庆华文化分布区）；四是图们江流域的东濊地区（如小营子文化）；五是狼林山脉以东的东濊地区。这五个典型分区，都位于远离汉郡文化影响的东北亚腹地的土著文化区内。

第二，陶器胎质具有夹砂粗褐陶传统。这反映了该区系陶器制作的两个原始特征：①不懂陶土淘洗技术；②采用无密室烧制的露天平地堆烧工艺，即在不隔绝氧气的条件下产生红褐或灰褐陶质。前者是反映该区域考古学文化文明程度的重要标志。李济先生曾指出，商周时期在陶器制作上已具有极高的选料和配料的技术能力，不再像新石器时代那样所用制陶原料皆就地取材。[①]可见，长白山区系先秦时期制陶技术仍停留在中原地区石器时代的水平。后者得到了当代民族学研究的证实：在中国西南的傣、藏、黎等少数民族地区，至今仍保留平地堆烧、平台堆烧等原始烧陶技术。[②]长白山区系的陶器制作以平地堆烧工艺为主，这是青铜时代东北亚地区的地域特色之一。

第三，器形中以不见三足器的筒式罐和直腹（鼓腹）褐陶壶为大宗。这反映了该区系陶器直接继承中国东北新石器时代篦纹筒形罐的土著文化传统，其东北夷区域性陶艺特色传承有序。

第四，长白山区系青铜时代陶器均为手制夹砂，多素面，少量刻画、压印纹。这反映了该区系陶器工艺缺乏轮制、模制工艺的又一种原始特征。待战国以后，长白山区系方在汉郡文化影响下逐渐进入轮制的汉陶时代。

---

① 张光直：《商文明》，辽宁教育出版社，2002年，第137页。
② 殷宴华：《民族志所见陶器露天烧制技术》，《中国文物报》2019年5月10日第6版。

第五，长白山区系的陶器少三足而多耳。其器耳既有装饰作用，更具有实用价值，因多耳盖、少三足而便于吊烧和携带使用。

总之，以上简列的长白山区系土著陶器特征，是反映其作为独立文化区的重要原生态考古学文化表征之一。长白山区系陶器文化在胎质、造型、工艺上反映的区域性特征，在中国已知的各大考古学文化区系中极具典型性。

（四）铜器制作工艺的初始形态

长白山区系铜器的制作工艺，与陶艺相似，同毗邻的山东半岛和中州地区商周青铜器造型、工艺相比亦反映出初级形态。以较进步的长白山西系西团山文化为例，如董学增先生在《夫余史迹研究》一书中指出，"'北濊'系统的西团山文化青铜器多属小型武器和小件装饰品。种类有斧、刀、矛、短剑等"。[①]董文讲述的西团山文化铜器特征，在长白山区系中绝不止松花江流域的北濊地区，也出现在长白山南系的考古学文化中，如双砣子文化、马城子文化（晚期）、大石盖墓文化及梁泉类型等。从半个多世纪的考古发现来看，长白山区系的青铜器亦均属小型的斧、刀、矛、凿、短剑等，发现的模具也都是单一扣接浇铸式，绝无中原的礼器、容器等青铜器实物以及复合接铸等套接式模具。简言之，整个长白山区域的青铜时代在战国汉郡文化传入前，一直停留在青铜工艺的初始阶段，即铜石并用阶段。这种金属制作工艺（含铜器、铁器、金银器等），也正是这一东北亚边域文化区土著文化原生性的重要表征之一。这里需要指出的重要一点是，在辽东半岛和朝鲜半岛发现了大量的战国后期中国（辽宁）式青铜短剑，从他们的出土状况（遗址、墓地）、形制和共存品分析，大部分应该是"秦开却胡"以后受外来实物或中原传入模具等新技术影响所致。

（五）玉、石器的地域特色

长白山区系的玉、石器，与陶器、青铜器同样具有原始性。其中一个重要的工艺特征是，玉、石器制作在进入青铜时代后，始终停留在新石器时代初期的磨制石器阶段。总观整个长白山区系的玉、石器工艺品，均以磨制的小件石矛、石剑以及方圆形单体扁平式玦、璧和串珠等装饰品为主，绝不见毗邻的上辽河流域

[①] 董学增：《夫余史迹研究》，吉林文史出版社，2011年，第92页。

出土的各类动物甚至仿人型玉器。而且众所周知，属于长白山区系的辽宁岫岩和吉林磐石等地，从现代地质学和矿物学的发现来看，并不缺乏玉矿资源。因此，把辽西红山文化玉料说成来自古代无玉文化传统的辽东岫岩是不可靠的。长白山区系没有如辽西等地先进的古代玉器发现，显然不是自然资源匮乏造成的。而决定的因素是，当地土著部族在战国以前从未进入到复杂琢玉、雕玉技术的发展阶段。因为动物型玉器的制作，必经过切割、琢制等手段才能完成。此外在社会人文领域，长白山区系也反映了相对滞后的地域性特点。

总之，人类文明的发展具有极大的不平衡性。即便存在相近自然资源（包括地理、气候因素）的两个区域，其社会发展阶段也不尽相同，甚至历史地位的转换也会带来发展进程的改变（如历史上四大文明只兴起在欧亚大陆的特定区域；又如世界航海大发现以前荒芜落后的北美大陆，现已成为科技和经济发展的中心）。通过对比考古学文化与各族系文化后发现，长白山区系成为东北亚独立文化区的一个决定性特征，即以双砣子文化、马城子文化、新城子文化、索离沟文化（庆华文化）、西团山文化、莺歌岭文化、小营子文化为代表的南貊、北濊、肃慎、东濊均属于东北亚地区的土著民族。这反映了长白山区系的一个社会现象，也就是文化发展相对不平衡为东北亚地域文化的特色之一。正如恩格斯在《反杜林论》中所说，一切社会变迁和政治变革的终极原因，不应当到人们的头脑中，到人们对永恒真理和正义的日益增进的认识中去寻找，而应当到生产方式和交换方式的变更中去寻找。[1]长白山区系与同期中原及周边较发达文化区的差别以及形成相对独立文化区的内因，除具有地域性外，也应从上述列举的生产方式中去寻找答案。当代民族考古学的研究证明，从新石器时代到青铜时代，主宰本地区经济和生态资源的社会基础，是以渔猎采集为主的生产和生活方式。[2]这既是长白山区系区别于同期辽河平原文化区和蒙古草原文化区的重要地域文化特点，又是该区构成东北亚原生型独立文化区的重要基因之一。与前文聚落形态中常见

---

[1] 卡尔·马克思、弗里德里希·恩格斯著，中共中央马克思恩格斯列宁斯大林著作编译局译：《马克思恩格斯文集》第9卷，人民出版社，2009年，284页。
[2] 于学斌：《中国满—通古斯语族民族渔猎文化类型探析》，《满族研究》2014年第3期。

木构建筑形式一样,该区系出土的与石器共存(甚至更早)的早期生产工具中,不易保存的木质工具(包括骨角质)很可能也被广泛使用。这在长江流域新石器时代的浙江余姚井头山遗址已经得到证实,应引为关注。① 如果沿着许倬云先生论述的民族与国家形成的"文化圈"理论,长白山区系作为相对独立的文化区亦可称为"长白山文化圈"。② 这个"文化圈"应包含若干个"民族圈",无疑也包括若干个考古学上有关联的不同文化类型区。诸如此类,都是本书拟讨论的问题之一。

最后应当指出的是,本书讨论的长白山区系作为一个相对独立的文化区,是由构成其文化要素的山系、水系、族系和考古学文化等四种地域文化的内涵和特质界定的。但这并不等同于长白山区系是一个封闭的文化区。相反,长白山区系从一开始的孕育和形成,就立足于东北亚核心区域的地域文化,并与周边的包括山东半岛的东夷文化、朝鲜半岛南部的三韩文化以及西辽河流域的燕亳文化乃至中原地区的河洛文化长期交融,在各自的历史环境中不断互动发展(详见本书第十一章)。以上就是我们在审视长白山区系考古与民族研究中应具有的文化发展的主体观和动态观。

---

① 浙江省文物考古研究所、宁波市文物考古研究所、余姚河姆渡遗址博物馆:《浙江余姚井头山发现史前贝丘遗址》,《中国文物报》2020年6月19日第8版。
② 许倬云:《古代国家形成的比较》,《北方文物》1998年第3期。

第二章
辽东青铜文化与高句丽起源及早期建国五部

长白山南系青铜时代以后的考古与民族,是最毗近燕秦汉辽东长城和汉郡地区的以辽东南貊为主的文化区。近一个世纪以来,对这一区系考古与民族研究,国内外聚众纷纭的核心问题之一,是辽东青铜文化(含青铜短剑)与高句丽起源的关系,以及与此相关的汉代以后高句丽立国和早期五部等。现在以往论著基础上,复分述如次。

一、关于高句丽起源的国内外代表性观点

高句丽的起源与辽东青铜文化关系问题,是从20世纪初叶起,在国内外学术界开始讨论并一直引起关注的重要问题之一。近百年来国内外学者研究、探讨的实践证明,它是确认高句丽民族及其政权的历史地位和文化定位的首要问题。从19世纪末开始迄至20世纪末,国内外研讨高句丽起源与辽东青铜文化关系的学术之争论举凡十余种,其中有代表性的观点主要有以下几说。

（一）濊貊说

这是高句丽起源的最有影响的传统主流看法。其代表性论著可举20世纪40年代金毓黻先生《东北通史》:"秽貊即貊人之复称,貊亦作貉,居东北方,然则后来之夫余高句丽,殆皆属此种乎。"[①]这里把"貊"视为濊貊的单称,并把夫余、高句丽统归源于"濊貊"族系。其后,张博泉亦论曰:"高句丽出自濊貊,

---

① 金毓黻：《东北通史》,五十年代出版社,1981年,第79页。

亦即貊……高句丽为貊，但也被称为濊。"①以上二说均没有把濊与貊分开，可称为笼统地总体认定"濊貊起源说"。

20世纪末，从考古学上力主高句丽起源于"貊"族的除下条拙论外，还有李殿福先生。他说："生活在浑江中游和鸭绿江中游一带的貊人文化遗存，到目前为止，尚未见到三足器，根本没有鼎鬲……目前在浑江和鸭绿江中游一带所发现的（高句丽）五部文化面貌，尚属于金石并用的青铜文化面貌，作为这个文化面貌的主要标志的陶器，是以大口鼓腹罐、小口瓮、钵、豆为组合，不见鼎鬲。就陶器耳来说，多环状竖耳、桥状耳和瘤状耳。这种器耳，后来被高句丽文化所继承。可看出高句丽文化与本地貊人文化间的渊源关系。因此我们说，见著于西汉以后的高句丽民族的主要族源是生活在浑江中游和鸭绿江中游一带的貊人。"②20世纪国外的朝、日、韩学者，亦大多数采用传统的"濊貊说"。这一说的共性是把夫余、高句丽等泛指为同源。

（二）高夷说

持高句丽起源于高夷者，最早可追溯至晋孔晁注《逸周书·王会解》："高夷，东北夷高句丽。"③金毓黻在《东北通史》中亦说："鄙意《魏略》所称之槁离，音近句丽，当即古之高夷，亦即《后汉书》之高句丽。"④金毓黻先生是将槁离、句丽与高句丽都一起视为同族，亦有相当影响。

近年强调高句丽起源于高夷为主源的是刘子敏先生。他在《高句丽历史研究》中说："高夷是高句丽的先人，几乎已成为中外学界的通说或定说。"⑤但他认为，高夷与濊貊并非同系："许多人总将高夷同貊或濊貊混为一谈，但从《王会篇》的记载来看，高夷同貊人、发人都是各自独立的古代民族。"⑥即在他看

---

① 张博泉：《东北地方史稿》，吉林大学出版社，1985年，第10页。
② 李殿福：《东北考古研究》，中州古籍出版社，1995年，第95页。
③ 黄怀信、张懋镕、田旭东：《逸周书汇校集注》，上海古籍出版社，1995年，第934页。
④ 金毓黻：《东北通史》，五十年代出版社，1981年，第81页。
⑤ 刘子敏：《高句丽历史研究》，延边大学出版社，1996年，第9、10页。
⑥ 刘子敏：《高句丽历史研究》，延边大学出版社，1996年，第9、10页。

来，高句丽起源于浑江"高夷"却非属濊貊系统。

（三）高夷—南貊说

该说是在肯定高句丽属于中国东北濊貊系统古代民族的一支并以南系为主的基础上，把从高夷到南貊的发展、演变看作是高句丽起源的一个连续历史过程。并且肯定从高夷到南貊，再到句丽、高句丽，在族源、地域和考古学文化上具有一脉传承的先后关系。这一观点最早出于笔者于1992年撰写的《关于汉以前东北貊族考古学文化的考察》，该文认为以辽东为中心的大石棚、石盖墓、石棺墓含同期青铜短剑的辽东"貊"族文化是"高句丽文化的先基"。①其后在《高句丽古城研究》和《高夷、濊貊与高句丽》中更明确指出，高句丽先世文化应该是以分布于鸭绿江两岸和辽东半岛山地为中心，以大石棚、石盖墓、石棺墓和同类青铜短剑为代表的辽东貊族文化，高句丽族源的主体是辽东"二江"流域从商周时期的高夷到春秋战国前后的貊部（族），其一脉相承连续发展的历史过程……无论从文献学、历史地理学、民族文化学还是考古学上看，都可以找到内在联系和发展轨迹。②其后，李殿福先生1996年在《东北考古学研究》中亦明确肯定高句丽出自貊人。③这一观点同一般的濊貊说和高夷说的区别是，把高句丽起源于"高夷"和濊貊系统的"貊"部作为不同历史发展阶段来看，并把从青铜时代开始的辽东"二江""二河"上游青铜文化同辽东"貊"系和高句丽先世文化作为一脉来联系考察。如本书将其与北濊系的夫余相对应。此说与濊貊说的最大区别，即可称为高句丽起源辽东的"南貊说"。

（四）夫余说

高句丽起源于夫余，是从《三国志》《后汉书》开始，到5世纪初的《好太王碑》等的传统看法。据《三国志》记载："高句丽，在辽东之东千里，南与朝鲜、濊貊，东与沃沮，北与夫余接……旧语以为夫余别种，言语诸事，多与夫余

---

① 王绵厚：《关于汉以前东北"貊"族考古学文化的考察》，《文物春秋》1994年第1期。

② 王绵厚：《高句丽古城研究》，文物出版社，2002年，第11页；王绵厚：《高夷、濊貊与高句丽——再论高句丽族源主体为先秦之"高夷"即辽东"二江"流域"貊"部说》，《社会科学战线》2002年第5期。

③ 李殿福：《东北考古研究》，中州古籍出版社，1995年，第95页。

同。"①而《后汉书》记载与《三国志》略同:"高句丽,在辽东之东千里,南与朝鲜、濊貊,东与沃沮,北与夫余接……东夷相传以为夫余别种,故言语法则多同。"②至《好太王碑》则把《三国志》和《后汉书》中的"东夷相传为夫余别种",直接记为起源于夫余,"惟昔始祖邹牟王之创基地,出自北夫余天帝之子"。③该说主要是从高句丽始祖朱蒙(邹牟)的王族世系出发,从高句丽王室继统的角度来看待高句丽的起源。故金毓黻在《东北通史》中,在肯定濊貊系的高夷即高句丽的同时,也承认"高句丽之王族,出于夫余"④。此说从考古学文化构成的另一相反方面看,朱蒙从北夫余南下卒本川(今辽东浑江)后,南迁只有极少夫余王族成员,而其到达的浑江地区应是辽东"二江"(鸭绿江、浑江)之貊族故地。所以,在形成高句丽民族土著文化的主源和主体,从考古学文化上看表现为以濊貊系统的"南貊"为主,而不是夫余文化特征。金旭东等在发掘了通化万发拨子(前高句丽时期)的遗址后,发现古文献中记载的"高句丽出于夫余缺乏考古学依据"的现象是有一定道理的。⑤文献记载与当代考古发现产生的反差,显然如本书所列,应当进一步从辽东"二江"的土著民族个性文化中去寻找真谛。

(五)古朝鲜说

说高句丽起源于古朝鲜,是以近年朝鲜学者为主的一种看法。其中以朝鲜科学院历史研究所著《朝鲜通史》为代表,该书在论及高句丽国的建立时说,"高句丽族是貊族的一个支系,于公元前二世纪以前,古朝鲜的山区(今天的太子河上游地区)形成为一个独立势力……高句丽的生产力和文化,由于承自古朝鲜而具有较高的水平"。⑥这种看法,从中国东北和东北亚古代史的发展实际看,除了

---

① 陈寿:《三国志》卷30《乌丸鲜卑东夷传》,中华书局,2013年,第843页。
② 范晔:《后汉书》卷85《东夷列传》,中华书局,2012年,第2813页。
③ 王健群:《好太王碑研究》,吉林人民出版社,1984年,第202页。
④ 金毓黻:《东北通史》,五十年代出版社,1981年,第84页。
⑤ 金旭东、安文荣、杨立新:《探索高句丽早期遗存及起源》,《中国文物报》2000年3月19日第1版。
⑥ 朝鲜民主主义人民共和国科学院历史研究所:《朝鲜通史》,吉林人民出版社,1973年,第95页。

随意扩大了古朝鲜的范围至辽东太子河以外,从高句丽的起源看,完全是一种本末倒置。因为历史上所谓"古朝鲜"应指,商末周初由殷人后裔箕子率众东迁朝鲜半岛北部后,周武王所封的箕子朝鲜,以及其继承者秦汉之际的中原燕人东迁者卫满朝鲜,即后来汉武帝所设乐浪郡地。二者在地域、文化和族系上,与辽东地区浑江和鸭绿江中游的高句丽起源均无直接关系。古朝鲜从不含辽东。相反,与箕子朝鲜同时见于先秦(周初)文献《逸周书》中的"高夷"和"濊貊"等民族,在古朝鲜国存在前,已活动在辽东"二江""二河"流域,并存在着马城子文化等大量考古遗迹。这些考古遗存可与文献印证,无论从族系、地理还是民族文化特征上,都可为高句丽起源辽东的土著文化找出令人信服的依据,从而使高句丽起源的"古朝鲜说",无论在文献记载、族系渊源还是文化传承上,都找不到任何实证。

(六)炎黄或商人说

这一看法主要是20世纪80年代以后提出的论点,其代表性学者为李德山和耿铁华先生。李德山在《高句丽族称及其族属考辩》中认为,"高句丽民族、高句丽王国周边各个民族或部落都是炎帝族系,皆由山东等地迁居而来"。[①]耿铁华在《〈高句丽族属探源〉驳议》一文中,则以"范犁"的笔名著文说:"高句丽人很可能是商人建国前后,或入主中原之时,向东北方迁徙的一支……高句丽源出自商人,属五帝系统"。[②]而后则在其所著《中国高句丽史》中说"高句丽作为商人的后裔,一直保持着商人的风俗习惯和政治、经济生活特色",并列举高句丽的五部与商周五方土制度,及国、野城邑和卵生传说、尚白习俗等,结论为:高句丽源自殷商氏族,属五帝系统。[③]分析这一说法,首先应当说明,本文讨论的高句丽族源,是在承认高句丽是构成华夏民族大系内北方民族之一的前提下,如同探索东胡起源、山戎起源、肃慎起源一样,与华夏系或炎黄系统民族文化的形成的多元一体是一种相同概念。即濊貊之东北夷,也是中华民族多元一体中的古代

---

① 李德山:《高句丽族称及其族属考辩》,《社会科学战线》1992年第1期。
② 范犁:《〈高句丽族属探源〉驳议》,耿铁华、孙仁杰编:《集安博物馆高句丽研究文集》,延边大学出版社,1993年,第262页。
③ 耿铁华:《中国高句丽史》,吉林人民出版社,2002年,第46—48页。

民族。但从当代考古发现看,把以双砣子文化和马城子文化代表的辽东貊系土著文化,即本书论定的前高句丽文化(族源),是来自山东半岛或者商人的说法无论是文献还是考古都并无实据。

特别需要指出,持炎黄或商人起源说,多从文化上追踪或从个别史料中的谐近族称文字上解析、推证。该说最大的误点在,忽视了已公认的辽东"二江"流域为高句丽起源的核心地区,以及该地区完全不同于商文化的大量考古遗存。要确认一个民族的主源,必须同时考虑其族系渊源、民族地理、文化传统和疆域分布的整合。特别应十分重视《好太王碑》《冉牟墓志》等重要当世碑志对高句丽族源的记载,而"商人说"不具备上述信史资料特别是考古资料之证据。

高句丽起源的商人说多从高阳氏等传说中追述,论者很少举其高句丽始兴之地的考古学文化相佐证。而众所周知,高夷或高句丽始兴的辽东"二江"流域,其前高句丽时期的考古文化,与濊貊系高句丽早期文化的诸多要素(包括聚落、山城、墓葬、习俗)传承关系明显。这应当是支持高句丽起源于"二江"之高夷和貊族的有力证据。这里应当区别的一个重要概念,是中国四夷民族对追宗认同汉文化不断趋同发展的自我认识(包括自诩炎黄之裔)和各自实际族源的认定,应当是两种不同的概念。如玄鸟和卵生传说,几乎同出北方各民族。据《史记》的殷本纪和秦本纪都有卵生说的记载。但据此不应无视中国北方民族诸如高句丽、夫余、靺鞨的各自独立起源个性,而简单地以传说等同炎黄一系。至于近年出现的高句丽起源的多源说,实际上是把濊貊说、夫余说、高夷说、商源(汉系)说等,一并笼统地说成是高句丽的主体。孙进己在《高句丽族源为夫余、高夷、汉》一文中先说"高句丽族源应是貊人、夷人、汉人",然后又总结说"高句丽族源应是貊人、夷人、汉人,这应是对高句丽族源的一个新结论"。[①] 显然这一笼统的多源说,并未界定族源,如果从公认的中华民族形成的多元文化角度看,并不是新论,只是一种概括、混同。

最后应当强调说明:本文依据文献记载、地缘因素和考古学文化的考察,所持的高句丽族源主体为辽东"二江"(鸭绿江、浑江)和"二河"(太子河、

---

① 孙进己:《高句丽族源为夫余、高夷、汉》,《社会科学战线》2002年第2期。

苏子河）上游，从先秦之高夷和辽东诸貊部，到句丽部族的发展过程，并不是否认高句丽族源在总体上属华夏族系，也不是否认高句丽及其先世民族的形成中具有多元民族因素。因为高夷和貊族所在的濊貊系统，与先秦之东夷、肃慎、燕亳、东胡族团一样，早在商周之际，已经是商周北土的五服方国之一，也是构成早期华夏族系文化北支的组成部分。但古代民族文化构成的多元与民族起源的主体，是两个不同的学术概念。即本书所论是高句丽起源的主体民族和主体考古学文化，不代表和不等同于其民族文化形成中的多元因素。总之，笔者将高句丽族源的主体，推定为辽东"二江"和"二河"上游的"高夷—貊—句丽"的发展过程，与传统的单一濊貊说、高夷说、商人说等相比，在辨析存在一个世纪殊无定论的所谓"商源北来说"后，至少应有以下三点新的认识上的深化：

其一，该说把高句丽民族的起源和形成，看作是一个具有内在联系和多元连续性的历史发展过程。这一过程的主体演变，是从商周之际的高夷，经西周末至春秋战国前后的辽东诸貊族，再到西汉时期的玄菟郡之句丽部族。其间的部族地域和聚散兴衰，可能有局部变化，但其一脉相承的族系文化演变序列是清晰的。西汉中期的高句丽县和西汉后期的高句丽民族政权，正是玄菟郡属境之辽东句丽部族发展的必然和归宿。

其二，该说除了对传统的文献引证外，更重视以辽东"二江"和"二河"流域为中心的前高句丽时期——以石构墓葬为核心的青铜时代考古发现的印证，并日益得到新的考古发现和考古学界同仁的认同。此前已有王绵厚先生《关于汉以前东北"貊"族考古学文化的考察》《高句丽民族的起源及其考古学文化》《再论辽东"二江"和"二河"上游青铜文化与高句丽起源》等文章发表，本书提到的最新考古发现亦可补正此说，即近四十年的考古发现和调查实践，是该说的基石。

其三，该说摆脱了传统笼统的濊貊起源说较空泛和模糊的时空概念，明确地把高句丽起源的核心地区，界定在鸭绿江右岸的辽东"二江"和"二河"上游。这就在准确探寻高句丽族源的核心主体区域中，区别于一般的濊貊、夷貊、高夷，甚至古朝鲜说的概念化观念，而把探索高句丽起源的着眼点，明确地瞄准在本书认定的长白山南系中国东北辽东"二江"和"二河"流域的南貊。尽管这一看法尚需更多的考古发现佐证和文献钩沉，但其基本的看法，已经如本书详列，被20世纪以来越来越多的考古发现所证明，并需进一步发现印证。

二、关于长白山南系高句丽民族起源与考古学文化研究的回顾

这一问题早在20世纪90年代初启动《高句丽古城研究》时,就已经将其列为该书的"第一章"。其后,笔者在1992年石家庄环渤海第三次国际考古学讨论会上提交了《关于汉以前东北"貊"族考古学文化的考察——兼论石棚、石盖墓、石棺墓的族属与时代》一文。[①]文章中指出,高句丽起源问题的提出虽然并不是全新命题,但(此文)率先提出了以辽东为中心的青铜时代大石盖墓等与高句丽先世文化存在传承演变的关系,并指出辽东貊系青铜文化是汉代以后高句丽文化的先基,是高句丽起源"南貊说"的考古学基础。

以这一问题为基点,进入21世纪后,涉及的高句丽起源问题,在深度和广度上形成了一些新的看法。[②]这些观点主要集中在以下三个方面:

其一,在肯定传统的高句丽起源于濊貊说的基础上,进一步从考古学上,提出了更具体的辽东南貊说,它区别于从20世纪前半期开始,国内外已提出的从文献上推证高句丽起源的笼统濊貊说,而是以考古发现为基础,认定辽东地区的大水貊、小水貊、梁貊和玄菟郡的句丽部族,为高句丽族源的主体民族。

其二,第一次指出,辽东"二江"(鸭绿江、浑江)和"二河"(太子河、苏子河)上游地区的貊族中心区,是高句丽起源的核心地区,同时也是高句丽早期五部的中心区。这较准确地界定了高句丽起源的民族区域地理,为进行考古遗存的探源和区系定位的探讨,提供了较准确的文化地理背景。

其三,从20世纪70至80年代开始,在系统调查高句丽早期山城基础上,提出了高句丽应起源于辽东貊族的考古学依据,如《从辽东"梁貊"故城到高句丽早期山城的考古调查与思考——以新宾太子城等为例——关于高句丽早期历史考古的若干问题之八》一文中指出:在20世纪90年代以前,不是以往仅据文献一般推

---

① 王绵厚:《关于汉以前东北"貊"族考古学文化的考察——兼论石棚、石盖墓、石棺墓的族属与时代》,《文物春秋》1984年第1期。
② 郭美英等:《近年来中国高句丽研究述评》,《社会科学战线》2010年第1期。

论高句丽起源于濊貊，而是从考古学上提出高句丽源出辽东貊族。①除考古调查得出的结论外，20世纪末继1992年发文之后，以考古资料为基础，明确支持这一观点的，只有考古学家李恭笃先生和李殿福先生。②由这一辽东貊系青铜文化，向高句丽早期文化发展演变的考古学文化内涵，迄今可归纳有如下五个方面的考古学文化表征：

第一，在聚落形态上，由辽东貊系的石垣聚落（有的学者称"堡寨"，指带石圈的小型山城址或居住址），向高句丽早期规范的大型山城发展演变，在同一区域内，近三十年来，特别是"三普"以后，越来越被更多的考古发现所证实。即如《高句丽古城研究》指出，在辽东地区聚落形态考古上，辽东貊族的"石垣聚落"，应是西汉以本地高句丽早期山城最主要的近源。

第二，经多次考古调查并经考古发掘证实，与山城聚落发展相对应，在墓葬形制上，由辽东貊系的大石盖墓、石棺墓，特别是一种晚期的"龙头山类型"积石石盖墓，向高句丽早期的平地积石墓（带圹或不带圹）的发展，在石料选择、形制结构等方面，均表现出前后一脉相承的考古文化演化继承关系。

第三，无三足器组合的夹砂、手制、素面、多耳、叠唇褐陶器的陶艺和陶器特征，在上述所指的辽东"二江"和"二河"上游，即貊系和高句丽起源的核心地区，其土著文化特点具有近千年的文化延续性。其考古学文化类型的内涵连续性和工艺传承，均为其他地区不可比拟，具有明显的地域文化特质。

第四，与积石石盖墓关联的灵石崇拜传统，从辽东青铜文化貊族的石柱子，到高句丽的墓旁立石和石穴（窟）崇拜，在民族文化的演化上亦表现出同区域内的文化承接脉络和民俗的延续性。

第五，平地积石墓与火葬习俗并存，在辽东貊族和高句丽早期五部的同一区域内，表现出稳固的文化传承性。这与国内外学者持有高句丽起源的"夫余

---

① 王绵厚：《从辽东"梁貊"故城到高句丽早期山城的考古调查与思考——以新宾太子城等为例——关于高句丽早期历史考古的若干问题之八》，《中国考古学会第十四次年会论文集2011》，文物出版社，2011年，第447—455页。

② 辽宁省文物考古研究所、本溪市博物馆：《马城子——太子河上游洞穴遗存》，文物出版社，1994年，第305页；李殿福：《东北考古研究（二）》，中州古籍出版社，1995年，第96页。

说""商人说""古朝鲜说"等相比,更具有考古学上可以比定的同一区域民族文化和民俗传统的实证性。当然,从考古学和文献学的结合上,分析辽东貊族与高句丽文化的传承关系还不止如此,本文只是点题式地归纳上述要点。

而由高句丽起源研究衍生出来的对中国东北青铜文化(含青铜短剑文化)的"二江、二河"与"二纵、三横"以及三大地域文化等初步看法,亦是在长白山文化研究中这二十余年间学习探索的新收获。所谓的"二江、二河",即指前述高句丽起源的核心地区,应为辽东鸭绿江、浑江和太子河、浑河上游的核心水系代表地区。所谓"二纵、三横",即前指纵向的医巫闾山和张广才岭两座山脉,分别为辽西和辽东文化的分界和长白山西北古夫余(西团山文化)与肃慎(莺歌岭文化)的文化分界;后者则指横向的辽东千山、龙岗(哈达岭)和牡丹岭山脉,分别为辽东半岛与辽东腹地,以及南貊和北濊文化的分水岭。而所谓"中国东北三大地域文化",系指辽河文化、长白山文化和草原文化。其中辽河文化为中脊,长白山文化和草原文化为东、西两翼。而长白山区系地域文化和考古文化,更是中国东北高句丽、夫余和肃慎三支民族文化的母体发源地。这也是本人在21世纪初提出的长白山区系考古与民族的文化基因之一,它应是形成"长白山区系考古与民族"文化命题的基础。具体可见2014年与刘厚生等先生合著的《中国长白山文化》考古篇和待出版的《长白山区系考古与民族论纲》一书。

三、关于高句丽早期建国史迹及与西汉玄菟郡的关系

在此所说的高句丽建国史迹与西汉玄菟郡的关系,专指西汉昭帝始元五年(公元前82年)以后,内迁至辽东苏子河流域的西汉"第二玄菟郡"。因为在此以前的汉武帝时首置玄菟郡于沃沮时,高句丽尚未立国。对这一问题研究的起因是从20世纪80年代中叶始,在多次考古调查基础上,对高句丽早期政权与内迁辽东后的玄菟郡关系的三个问题的重新认识:第一,对高句丽建国与辽东玄菟郡故城关系的确认;第二,高句丽南、北二道的发轫点和考古遗迹的重新认定;第三,玄菟郡东界帻沟娄城的性质和考古遗迹的历史定性。

第一个问题缘起于1985年春,笔者与当时在抚顺高尔山发掘的辽宁省博物馆孙力和徐家国等,首次调查高尔山城、抚顺东洲汉城、新宾二道河子古城和桓仁五女山城。在徐家国先生引导下初步确认了新宾永陵南二道河子古城为西汉第

二玄菟郡高句丽县后，感到与《三国志》"汉武帝元封二年，伐朝鲜，杀满孙右渠，分其地为四郡，以沃沮城为玄菟郡。后为夷貊所侵，徙郡句丽西北，今所谓玄菟故府是也"①的文献记载，可以相互印证。因为西晋《三国志》成书时的高句丽中心已在今吉林集安，所以此时称"徙郡句丽西北"的"玄菟故府"，正是指位于集安西北百公里外的旧玄菟郡（今新宾二道河子）。而二道河子古城，恰在今集安西北一百余公里的苏子河上游的"句丽西北"。其后，经过21世纪以来，辽宁省文物考古研究所李新全等发掘出土的文物证实，二道河子古城为西汉"第二玄菟郡"旧址，迄今已为大多数国内外研究者所公认。而且"玄菟故府"的历史定位，也为以下帻沟娄城和高句丽早期南北二道的厘定，特别是为始建于浑江流域的高句丽政权与西汉玄菟郡的归属关系，提供了明确的地理方位坐标。

第二个问题，高句丽早期南、北二道的形成，与高句丽早期历史和西汉"第二玄菟郡"的关系密切。因为高句丽"南、北二道"出现在历史文献中晚至两晋以后，过去很少有人往前追述，而且国内外学界至今对其走向众议纷纭。对这一问题的考察源自编撰《东北古代交通》，其间与李健才先生分别于1983年和1987年先后两次在辽、沈地区进行考古调查。特别在第二次考古调查后，我们共同确认，历史上殊无定论的高句丽南、北二道，既不可能发轫于辽阳（古襄平），也不可能发轫于沈阳（古侯城），应寻证于苏子河上游今新宾境内的西汉"玄菟郡"（南貊）。②因此，所谓的高句丽南、北二道，其实就是早在西汉时已形成的玄菟郡去往高句丽古都的南、北两条古代通道。其前期主要取其南道，即由玄菟郡去往乞升骨城（今桓仁五女山城和下古城子）；后期在公元3年高句丽迁都国内后，主要取北道，由玄菟郡去往丸都（今集安国内城）。二者的发轫点和西部起点，应都在苏子河上游"第二玄菟郡"。20世纪80年代初，笔者与李健才先生曾踏勘设点在明清关隘新宾旺清门一线，后来在梁志龙先生的论文启发下，确认为相邻的二道河子"汉玄菟郡高句丽"，即《三国志》中的"玄菟故府"。对这一交通地理的考察，从20世纪80年代初至21世纪第一个十年的近30年间，曾先后五次亲临实地踏查，共调查了沈阳东陵区上伯官屯（最后玄菟郡）、青桩地古城

---

① 陈寿：《三国志》卷30《乌丸鲜卑东夷传》，中华书局，2013年，第846页。
② 王绵厚、李健才：《东北古代交通》，沈阳出版社，1990年，第117页。

（辽东郡中部都尉）、抚顺劳动公园、东洲古城、新宾二道河子、旺清门白旗堡（帻沟娄）、桓仁下古城子、通化快大茂赤柏（上殷台）古城、集安国内城（西盖马）等十余处重要交通史迹。而且，在每一处古城址内，几乎都发现了在汉城址上部叠压或散布有高句丽的遗迹、遗物。这可以进一步确信，两汉时代的高句丽南、北二道上的重要古城，都经历过从汉郡文化到高句丽文化的历史传承、演变过程。追寻这一古代交通要道，可认为从战国"秦开却胡"直到明清之际，这两千余年一直是辽海南部的交通干线之一。研究它的传承历史，在中国东北和东北亚古代建置史、民族史和交通史上，应具有多方面的研究价值。[①]这是在笔者的从业生涯中，留下考古痕迹最多的热土之一。

第三个问题，高句丽从北夫余南下浑江，建立的早期政权——卒本夫余和玄菟郡东界帻沟娄城，也是汉代高句丽故地和玄菟郡与高句丽分界的两个节点坐标。前者在《试论望江楼积石墓与"卒本夫余"》一文中，已考定以桓仁望江楼积石墓为代表的浑江中游土著遗存，应即高句丽建国初期的卒本夫余史迹。[②]后者在《三国志》和《后汉书》记载的帻沟娄城，应是高句丽语，设于西汉玄菟东界、向高句丽颁授朝服衣帻的专门贡城。这一看法，亦始于笔者1985年春，由孙力同志等陪同，第一次由二道河子玄菟出发东行30余公里，到达旺清门以东的新宾白旗堡汉城。当时感到其地与辽东山区的其他汉城址和高句丽古城均不同，该城址周围无山川地利之险，地处平沃川谷，且范围较小。由于坐落在稻田中，几乎看不见城垣，仅见地表散落的汉代灰绳纹瓦片。其唯一突出的地理优势，是紧靠出新宾旺清门东行的古今交通冲要，即史称平阔的北道上。这使笔者对照文献记载，推证其为帻沟娄城的可能性极大。其后，当地考古工作者在多次调查基础上发现瓦当，肯定为帻沟娄城。帻沟娄的地理定位，对确认汉代玄菟与高句丽的相对方位意义重大。它不仅佐证了前述高句丽南、北二道（特别是北道）路线所行的准确性，而且证明汉代早期高句丽的五部范围，并不是如有些学者想象论定

[①] 王绵厚：《关于辽海历史上"北趋甬道"交通历史的再考察》，《辽宁大学学报（哲学社会科学版）》2013年第3期。

[②] 王绵厚：《试论桓仁"望江楼积石墓"与"卒本夫余"——兼论高句丽起源和早期文化的内涵与分布》，《东北史地》2009年第6期。

的那么大。以它最靠近玄菟郡的西部临界为例，其西界不会超出今辽宁新宾旺清门以东至通化快大茂之间。这对探索两汉时代的高句丽早期政权的地域范围和历史地位尤为重要。可以说新宾白旗堡古城，就是"第二玄菟郡"内迁后，当时西汉玄菟郡与高句丽贡城的分界处。这对研究高句丽的早期建国疆域和"五部"（特别是西部）范围意义重大，这一看法早在2006年交付完成（未刊）的"东北工程"项目《高句丽的族源与疆域》中已经提出，于此仅作重申其结论。

四、关于高句丽建国初期五部的形成及史迹

关于长白山南系高句丽早期五部的形成时代、民族构成和与周边民族的关系，是高句丽早期历史考古研究的又一重要问题之一，在国内外亦素有争议。在早年研究基础上，对这一问题的研讨，主要论文有《西汉时期的高句丽"五部"与"第二玄菟郡"》《高句丽建国初期的"卒本夫余"与"涓奴""桂奴"两王族的兴衰递变》。探讨这一问题的关键有三个：

其一，高句丽早期五部形成的时间。

其二，高句丽早期五部的地理分布。

其三，高句丽早期五部的民族构成。

第一个问题，以往主要有三说：第一为高句丽建国前已有五部说；第二为高句丽建国后形成五部说；第三为魏晋时期方形成五部说。以《三国志》等早期文献和《三国史记》等明确记载，高句丽早期各部出现时间为依据，并以五部中的核心部族内部（桂娄部）于公元3年（西汉平帝元始三年）始定居国内地区为基点，考论了西汉时期的高句丽早期五部，应形成在高句丽建国后的前三代——朱蒙、琉璃明王、大武神王三代的西汉后期，又以朱蒙、琉璃明王两代为奠基，大武神王为确立期。[①]如以大武神王末年公元44年（东汉光武帝二十年）为标志，高句丽的前三代，则是从公元前37年朱蒙立国到大武神王末期，八十多年中有大多半时间在西汉时期。故可称为西汉时期的高句丽五部。这是针对以往国内学术

---

① 陈寿：《三国志》卷30《乌丸鲜卑东夷传》，中华书局，2013年，第843—846页；金富轼著、孙文范等校：《三国史记》卷13《琉璃王本纪》，吉林文史出版社，2003年，第174—188页。

界，对高句丽早期五部的形成时间分歧较多，给予了较明确的时间定位。其后，高句丽各代王的"广开土境"，均可看作是早期五部的扩大时期。

第二个问题，高句丽早期五部的地理分布区域。关键的地理坐标是其内部，即国内（今集安）地区的桂娄部的确定。以此为中心，其最早的西部如前述涓奴部，亦即弗流部，应以今浑江中游桓仁县境的富尔江为中心，西汉时其地属玄菟郡高句丽县的东境。其东部即顺奴部，应在今集安以东鸭绿江东岸的朝鲜狼林山脉以西、以江界为中心的秃鲁江流域，其地在西汉时，先属临屯部，后属乐浪郡。其南部即灌奴部，应在今集安南的浑江下游以南、燕秦汉早期辽东郡长城边塞外，即最靠近辽东郡西安平县（今丹东瑷河尖古城）北的鸭绿江两岸之地，包括鸭绿江西岸的宽甸北境和鸭绿江东岸朝鲜忠满江下游一带。在西汉时，鸭绿江两岸的大同江以西部分，均属汉武帝所置辽东郡北境。而其北部即绝奴部，在《三国史记》等记载为古盖马国，即盖马部故地。在西汉时高句丽迁都国内以前，故地应为玄菟郡西盖马县，而据2012年亲自再次调查考证，高句丽早期北部盖马国的中心，应在今集安以北的鸭绿江上中游的集安良民古城和良民遗址及其北缘白山市鸭绿江上游一带。即笔者认为迄今为止，高句丽五部中有西部、内部、北部史迹方位比较明确，其他二部需进一步寻迹。

第三个问题，即高句丽早期五部的民族构成或部族主体。此问题与五部的地域分布相关联，如同在前举《西汉时期的高句丽"五部"》的论文中指出，五部中的中心是内部，即桂娄部。而桂娄部是琉璃明王公元3年，迁都国内地区以前已存在的尉那岩部。此部的主体民族应是大水流域即鸭绿江中游的大水貊，是辽东"二江"流域高句丽起源的主体民族之一。其他四部则以内部（一称黄部）为中心，取东、南、西、北四个方位组成。

总之，对高句丽早期历史考古的研究，最早起步于20世纪七八十年代的高句丽古城调查研究。所以，依托高句丽古城及其相关史迹的调查，一直是研究的重点和基点。所不同的是，在20世纪以前，重在对高句丽辽东千里长城并行的辽河左岸中晚期山城和都城的调查；21世纪以来，则重点围绕辽东"二江"和"二河"上游的早期山城，以及高句丽南、北二道沿线古城的重新调查思考。其目的是重点探索高句丽起源和早期历史问题。因此，本书所谓高句丽早期历史考古的核心问题，主要是高句丽民族起源与文化源头，其建国背景与汉郡关系，以及早期五部的分布地理等。而时间断限应在两汉之际，其后高句丽政权的疆域扩展、社会发展和文化的多元化，都是在这个基础上的衍化和变异。故本书长白山区系考古与民族的下限——东汉以后，已属后续研究。

集关于高句丽早期历史考古研究的主要看法，可概括为以下五点：

第一，高句丽民族起源的主体，应是辽东"二江"和"二河"上游汉代以前的貊族。而这一地区的青铜时代以辽东大石盖墓（龙头山类型）为主的貊系考古学文化，应是形成两汉以后高句丽文化的先基。在探索这一区域性考古学文化研究时，从辽东青铜文化与高句丽早期文化的发展演变中，初步提出并论证了中国东北考古学文化分区，除了传统类型学的方法外，还应注重民族分布和"二纵""三横"的山系考古学文化分区的重要性。

第二，构成西汉辽东高句丽民族起源的主体部族（不是全部），从文献记载看，主要包括鸭绿江流域的大水貊、浑江流域的小水貊、太子河上游的梁貊和苏子河上游的句丽（勾娄）部族。即不是泛泛的濊貊，唯辽东南貊族才是高句丽起源的主源。

第三，从考古学上看待青铜时代的辽东貊系青铜文化，与西汉以后高句丽文化的传承关系，除了石构墓葬、陶器类型和积石火葬等文化传统外，由辽东"二江"和"二河"上游的貊系石垣聚落，向高句丽早期山城形制的演变，其意义重大，今后应是高句丽考古中早期聚落考古和城市考古有待深入研究的重要课题。

第四，早期高句丽的建国与西汉"第二玄菟郡"的关系，是确认高句丽民族及其政权历史地位的三要素，即民族起源（文化根系）、朱蒙建国、早期五部与西汉玄菟郡关系。[①]这在包括高句丽在内的中国东北濊貊系统诸民族的整个历史考古和文化研究中，应有举一反三的基础意义。

第五，高句丽早期五部，应奠基在朱蒙、琉璃明王时期，确立在大武神王时代，即高句丽建国初期的前三代。高句丽早期的五部范围，主要分布在西汉第二玄菟郡所辖下的高句丽、上殷台、西盖马三县属境，包括鸭绿江左岸辽东郡一小

---

① 王绵厚：《论高夷、句丽、高句丽与西汉玄菟郡递变与归属关系的历史定位》，厉声、朴文一主编：《高句丽历史问题研究论文集》，延边大学出版社，2005年，第301—312页。

部分地区。而其五部中心的内部和国内地名,应来源于迁都以前的鸭绿江流域的古盖马国部——今集安北良民遗址。西汉时期的高句丽早期五部,虽以辽东"二江"流域为中心,却奠定了其民族政权疆域的基础。此后700多年间,尽管其都城有三次大的变迁,但其疆域拓展的总体范围,最大时亦西不过辽河,东南不过汉江流域,即公孙氏分乐浪郡屯有县以南地所建带方郡的南界,亦即古燕国的满番汉南界(今南汉江以北)。而其南境则止于黄海,北境不过长白山以北的牡丹岭南,即古"肃慎南界"。

  因此,长白山南系从两汉时代的区域地理看,高句丽民族的疆域,最终亦没有超出西汉时已确定的北夫余旧地和辽东句丽旧部所属的汉魏晋之玄菟、辽东、乐浪三郡的传统疆域内。以上诸端,多属具有世纪之争的东北亚考古与民族问题,也是本章对长白山南系青铜文化与高句丽起源关系及早期建国五部区域地理的考古学与民族学新观察思考。

第三章
张广才岭和牡丹岭在长白山北系文化分区上的意义

由《长白山区系考古与民族论纲》第四编可知,长白山北系中纵横两端的两座大山,即张广才岭和牡丹岭,在考古和民族区系的地域和人文历史上,都有明显的分区意义。其中如张广才岭,在以往关于夫余、橐离或者肃慎考古研究中,曾被提及,而其南缘的牡丹岭过去则较少被关注。本章作为讨论长白山北系重要的考古与民族要点问题之一,对二者(特别是强调牡丹岭的分区意义)再予以专题讨论。

一、橐离文化与肃慎文化在张广才岭东西两侧分区中的意义

在长白山北系,张广才岭基本呈南北纵向走向,从其东西二区的考古学文化看,迄今可为学术界基本公认的文化现象是:岭西分布着庆华文化(索离沟文化)包括其后继者夫余文化,同处在东流松花江(古弱水)以南区域,岭东分布着肃慎系统的莺歌岭文化和岗上类型,两者为纵向分布于张广才岭东西两侧的两支考古学文化。族系分别代表着松花江水系的北濊(夫余)和牡丹江水系的肃慎(挹娄)这两大族系,迄今已被国内外更多的学者认同。

上述以张广才岭为主要山系分区坐标的文化分区现象,曾被张忠培先生称为"亲族考古学文化区"。即赵宾福先生在2009年《中国东北地区夏至战国时期

的考古学文化研究》中命题的所谓"考古学文化系统(文化系)"。①这是近年来考古学对新石器时代以降,主要是青铜器时代文化族属问题惯用的具有学理依据的审慎表述。但显然所谓考古学上的"亲族考古文化",进入青铜时代后(邦国时代)深藏着族系基因。而且这种基因如系代表土著文化,必然在当地考古学文化要素中表现出来。所以张广才岭东西两侧,分别以莺歌岭文化和庆华文化为代表的历史上的肃慎和橐离二支不同的考古文化,应代表两支不同的亲族文化的区系分野。也正是笔者五年前(2017),在《东北亚走廊考古民族与文化八讲》中第五讲所分析论定的。②即中国东北和东北亚考古学文化与民族文化站在整个大东北亚角度,以山系(不惟山系)的文化分区来看,在长白山区系存在着"三纵""三横"分野的地域文化本质性地域特色之一。

简而言之,张广才岭以西的庆华文化,经1984年亲自调查及后续研究发现,应为橐离文化,它在本质上属于松花江流域北濊系统的"夫余先世文化区"③。在汉以后,张广才岭成为《三国志》中"北有弱水"的夫余文化区东界。所以考古学上张广才岭不仅是古橐离国(庆华文化)的东界,也是北濊系统西团山文化的东界。而张广才岭以东则是肃慎系统的莺歌岭文化及其后续的团结文化。这是长白山北系的基本文化分布格局。张广才岭以东,从族系发展看,直至汉魏以后仍为肃慎的后裔挹娄和勿吉文化的中心区。

上述长白山北系的以张广才岭为基本分区的东西二区,如借用张忠培先生的考古术语,岭东可称为"肃慎系亲族文化区",岭西则为"北濊(夫余)亲族文化区"。这里的"亲族文化区"即族属文化在考古学上的不同表述。

二、牡丹岭在肃慎文化和北濊文化分区中的意义

长白山北系的牡丹岭主要分布在吉林敦化和延边以北地区,其中少数史迹在

---

① 赵宾福:《中国东北地区夏至战国时期的考古学文化研究》,科学出版社,2009年,第272页。
② 王绵厚:《东北亚走廊考古民族与文化八讲》,黑龙江人民出版社,2017年,第95—118页。
③ 王绵厚:《东北亚走廊考古民族与文化八讲》,黑龙江人民出版社,2017年,第95—118页。

20世纪90年代调查过。该山在自然地理上是图们江水系和牡丹江水系的分水岭，实际也是松花江水系与图们江水系的分水岭。具有三江（松花江、图们江、牡丹江）分水岭特殊地位的牡丹岭，其文化分区意义也很突出。但以往作为东北亚考古和民族文化的分界线，牡丹岭文化界标较少引起学界关注。

从《长白山区系考古与民族论纲》第四编所列牡丹岭周邻的考古学文化看，笔者认为横向的牡丹岭将考古学文化区分为南北二区。由于涉及松花江、牡丹江、图们江三大水系，所以其复杂性甚至超出其主脉张广才岭（因牡丹岭属于其余脉）。这里涉及长白山北系三支考古文化的关系，可分述如下。

（一）莺歌岭文化、滚兔岭文化和团结文化

前文已记述，牡丹岭以北地区正是以牡丹江水系为主的古肃慎（挹娄）系统土著文化区，在考古学上则是以莺歌岭文化为代表的通古斯语系文化区。莺歌岭文化后续为滚兔岭文化，其时段已经入两汉的挹娄时期。从莺歌岭文化和早期滚兔岭文化的考古发现看，在新石器时代晚期至青铜时代，虽然早晚期因周边文化的互渗而稍有差异，但其主体内涵延续稳定，地域特色鲜明。房址以半地穴、深地穴式为主，陶器以夹砂粗褐陶以及简化人字纹、篦纹、梳齿纹等装饰的平底陶为特征。其中穴居式地下聚落和不用俎豆、绝无三足器是其突出的土著特色。这说明长白山北系的肃慎系文化，比南系和西系的濊貊系文化，更具有原生态的本土地域文化性质。造成这一现象的原因，或许与张广才岭的地域阻隔有关。而地处莺歌岭文化和滚兔岭文化稍南绥芬河流域的团结文化，以横树桩把柄陶瓮为特征。关于其族系的探索仍有争议。余以为其主体与下文讨论的小营子文化交叉衔接，应属濊系东支的北沃沮遗存，即绥芬河、图们江流域的主体文化，为沃沮系统当为共识。

（二）小营子文化

而牡丹岭以南的小营子文化，早在20世纪中叶已发现。它是长白山北系中介于张广才岭以东、牡丹岭以南，主要以图们江流域为中心的地域文化。这一文化由于地处长白山北系的三江（图们江、牡丹江、松花江）交汇处的山川谷地和中、朝、俄三国边域接壤地区，所以尽管发现较早，但命名的确认和研究的深度较晚。最早其命名地今延吉小营子石棺墓，是1937年由日本学者藤田亮策主持发掘的，而最先提出小营子文化命名的是日本考古学家三上次男和中国考古学家佟柱臣。2011年，董学增先生在《夫余史迹研究》中肯定了两位先学的命名，并按照考古学命名的规则，认为三上次男等的论见是合理和准确的。① 根据董学增先生在《夫余史迹研究》中的归纳和介绍，长白山北系张广才岭以东、牡丹岭以南，长白山主峰东北区域的这一地域文化，以小营子文化命名，其地域分布和文化内涵有如下基本特征：

> 小营子文化代表的青铜文化集中分布在延边地区。延边朝鲜族自治州地处长白山主峰的东北部，包括延吉、图们、珲春、龙井、和龙、汪清、敦化等市县。这里山林茂密，江河纵横，属低山丘陵地带，既适合农耕又便于渔猎，自古以来就是人类理想的栖息之地。据20世纪60年代和80年代初的两次文物普查，在张广才岭以东今延边朝鲜族自治州境内共发现20多处先秦时期的青铜时代遗址和墓葬，其中主要有海兰江流域的龙泉遗址、城南二屯遗址、兴城遗址、北古城遗址、金谷晚期遗址和墓葬，布尔哈通河流域的小营子墓葬、延大遗址、帽儿山墓葬、三道遗址，图们江流域的新兴洞墓葬、郎家店墓葬群、三开遗址、船口墓葬、前安山遗址，嘎呀河流域的百草沟遗址（下层）、金城墓葬、新华闾墓葬、西崴子遗址和墓葬、天桥岭遗址和墓葬、石砚古墓群，牡丹江上游和富尔河流域的大山嘴子遗址、金沟古墓、大蒲柴河遗址等。经过清理发掘的是汪清百草沟遗址、新华闾墓葬、金城墓群、石砚古墓群，龙井县的金谷晚期墓群和一座房址、龙泉遗址和船口古墓，珲春县的新兴洞墓群，延吉市的小营子墓群等。其中有代表性的是百草沟遗址（下层）、小营子墓葬和金谷晚期墓葬与居址。上述青铜时代文化遗存，基本上反映了吉林省东部地区先秦时期濊族的考古学文化面貌。

延边青铜时代考古遗迹的特点是：住址多为半地穴式，有柱洞和础石，中间有块石围绕的火塘，晚期地穴较浅，屋顶距地面较高，如金谷晚期房址。墓葬一

---

① 董学增：《夫余史迹研究》，吉林文史出版社，2011年，第70页。

般为石棺墓,即在长方形竖穴周围用石板立砌墓壁,墓底铺以石板,墓顶覆盖板石。此外,还有简化石棺墓,即在墓穴里使用部分石材,如仅在墓的尾部用石块垒砌,或两侧无石,或只在墓底铺石板,这种墓也可以说是介于石棺墓和土圹墓的中间型。葬式单人葬最为普遍,但也有一棺之内置两具人骨或多具人骨的合葬墓(如小营子墓葬)。棺内大多随葬利刃器、生产工具、生活用具和装饰品,如延吉小营子发掘的52座墓葬即是这种情况。①

从相邻文化关系的遗址和墓葬看,显然小营子文化的内涵具有更多西团山文化东进的北濊文化特征。小营子文化正是沿图们江由西向东传至俄罗斯滨海区的古沃沮地区。而吉林敦化一带最近发现的岗子遗址,为其北缘与挹娄过渡区。

三、岗子遗址的考古发现及诸文化要素讨论

辛丑(2021年)清明刚过,老友张福有先生从网上发来他的新著《吉林敦化岗子遗址群当为挹娄故地》,并谦称"请为指正"。笔者与福有先生在东北历史考古,特别是高句丽和夫余等研究中,结识近30年,深知他痴迷相关领域考古调查研究,用力甚勤,多有创获。特别是他2016年调查发现的吉林敦化官地镇岗子遗址,笔者30年前曾调查过的地区之一(但当时不知岗子遗址)。当时为探求东北交通史课题,与张泰湘先生驱车前往牡丹江上游的敦化石湖古城。老友新著和旧忆交织,笔者微信回复张福有先生说:"福有您好,看完传来的大作,发现该遗址非常重要。说指正实不敢当。观您的文章立意新颖,资料丰富,立论可足成一家论。1990年为探求渤海旧国和朝贡道遗址,我与时任渤海上京遗址博物馆筹备负责人张泰湘兄曾到敦化石湖古城调查过。但当时主要考察交通道,对陶片采集观察不细,也未能测量,只认为其规模不小、遗物丰富。看你的详细介绍,方回想起当年司机介绍石湖距渤海龙泉府(今渤海镇)车行近3个小时,大约120公里。当时推断应与史书记载'上京直旧国三百里'相合。只是我和泰湘再未深究。你的发现研究给我很多启发。"三天后,福有先生又特发来在《友谊文学》上刊登的专文。②当笔者再次拜读该文后,益感到该遗址发现的重要性且值得探讨

---

① 董学增:《夫余史迹研究》,吉林文史出版社,2011年,第67、68页。
② 张福有:《吉林敦化岗子遗址群当为挹娄故地》,《友谊文学》2021年春季篇。

的问题尚多。故结合自2018年以来正承担的国家社科基金重点专项"长白山区系考古与民族论纲"的研究，对岗子遗址及其在长白山北系有关考古与民族问题中的地位与作用进行部分思考。在福有先生宏论基础上，作些补充讨论或提出需深入研究的拙见。

（一）岗子遗址发现的特殊意义

岗子遗址距30年前调查过的敦化石湖古城，只有一条沙河故道相隔。但当年我们却毫无所闻（"三普"亦未发现）。张福有先生把岗子遗址、石湖古城、东山头遗址等作为一个大遗址群来看待。从近年来当地多次调查采集到的千余件遗物看，该遗址发现的意义应有三个第一。

其一，第一次明确岗子遗址为牡丹江上游青铜时代至渤海时代的重要遗存（林沄和张福有先生命名为岗子类型）。这一发现，为这一重要多元文化过渡带的后续研究奠定基础。

其二，第一次在一处遗址发现有对应年代的标志性遗物，如典型陶器、铜器、五铢钱等，为该遗址的断代、分期及族属研究提供了考古实证（详见下文）。

其三，第一次明确了泥河两岸的石湖古城与东山头遗址出土遗物具有统一性和依存关系，为确认至今殊无定论的渤海旧国故邑与东牟山的关系找到了可靠依据。

诸如上述，相信随着发掘的继续和地层关系的确认，岗子遗址群在长白山区系（特别是长白山北系）考古与民族研究中的意义会进一步彰显。

（二）对岗子遗址考古遗存文化分期与族群归属的疏见

如上所述，岗子遗址的文化内涵具有多元性和复杂性的特点，因此有必要对其分期和族属进行分析和研究。分期和族属是深入研究的基础，因为时空概念是历史考古研究的第一要素。宇宙的宏观时空是无限的，但人类活动的微观时空是有限的，时空存在于古今一切社会历史进程中。众所周知的夏商周断代工程，其核心目标也是建立起夏商周纪年的起止时间以及禹都阳城、商都汤亳和武王伐纣等关键时空坐标。同样，作为边疆考古研究对象的岗子遗址，其深入讨论的第一要点就是文化分期以及对应地域文化性质（如族属的定位）。这一问题的进一步分析，首先需要引证张福有先生原文中对该遗址文化遗存的概括：

官地东山头遗址和岗子遗址群范围广、面积大，远远超过以往已知的原始遗址。从采集陶器看,这三处遗址与莺歌岭文化、团结文化、东康文化、东团山文化、凤林文化有联系,是非常重要的大遗址。从采集陶片由夹粗砂到夹细砂,由黑陶到红褐陶,石器由打制到磨制的变化看,这个遗址的年代跨度已逾千年……官地东山头遗址近前所筑的渤海国的通沟岭山城、石湖平地城,城中有渤海国至辽金的遗物,说明渤海通沟岭山城与石湖平地城,所选位置正是青铜至铁器时代的重要遗址。[①]

上引张福有先生报道的原文中,三处遗址主要指岗子遗址、东山头遗址和东砬子遗址,包括东山头附近的石湖平地城和通沟岭山城。应该指出,调查者已经关注到该遗址群年代跨度逾千年、含有多元文化内涵的重要性。唯文中仅以挹娄故地为结论,对多元文化关系的其他要素未作进一步的分期研究或现象分析。故借助张福有先生的报道内容(1990年后未再实地调查),结合长白山区系考古与民族课题研究中的历年相关思考,就该遗址的文化分期及其内涵要素,试作补充讨论。

首先从已正式发表的调查资料看,岗子遗址群如果年代上是从青铜时代(更早需待发掘确认)到渤海国时代(石湖古城为辽金沿用)。就目前资料看,在这一时间跨度内至少可分为三个大的阶段(三期)。

第一期为青铜时代偏晚期。在报道的原文中,以岗子遗址中的长颈敛口壶为例,与西团山文化类型中的长蛇山遗址等对比,并以长蛇山遗址印证其上限年代为距今2336年至2506年之间。这一年代框架已接战国中期,在长白山区系考古中属西团山文化后期和该文所述的莺歌岭上层文化期。如果把距今2500年作为该文化岗子遗址的上限,那么从文中介绍的典型遗存看,该期文化的下限应划定在汉初东团山文化的初期。即公元前2世纪初东团山文化的标志起点——以汉武帝初年夫余在吉林东团山濊城立国为标志。这大体300年的时段,可作为岗子遗址的第一期。从原调查者介绍的早期遗存特点看,该期的主体文化内涵应属以长蛇山遗址为主的西团山文化晚期,包含了近邻的图们江流域小营子文化因素,应与北濊民族对应。但如张福有先生分析,也兼有北临的莺歌岭上层文化某些因

[①] 张福有:《吉林敦化岗子遗址群当为挹娄故地》,《友谊文学》2021年春季篇。

素（非主流）。

第二期是该文化的主体文化期。尽管该遗址群内涵复杂、跨度时间长，但主流特点亦鲜明。即岗子遗址二期以东团山文化、小营子文化后期及团结文化内涵为主。这对分析其主体内涵和族群基因至关重要。如"在岗子遗址群采集的陶器，不仅豆多，而且敛口长颈壶与榆树老河深二期、泡子沿遗址的敛口长颈壶相似"，又如该遗址竖穴中"有大量的陶器片，有豆、罐、钵、杯等……岗子的豆，与吉林市东团山下南城子夫余的豆较为相似"。① 可见，岗子遗址的豆与东团山文化同类。而结合文献，如《晋书》记载："武帝时，（夫余）频来朝贡，至太康六年，为慕容廆所袭破，其王依虑自杀，子弟走保沃沮。"② 这段信史记载，对研究夫余历史和考察岗子遗存群背后的文化演变关系尤为重要。太康六年（285），在岗子遗址断代中是一个关键节点坐标。因为这一年前燕始祖慕容廆伐夫余而破其国，是夫余近400年民族政权结束的关键时刻（此后西徙近燕徒有虚名）。而大量东团山文化类型豆的存在，必应在公元285年夫余"走保沃沮"以前。这是岗子遗址第二期的界标。而破袭后的夫余遗民中数万王族核心被强迁辽西。考古学家已在大凌河北岸的北票喇嘛洞一带，发现了聚居的夫余墓地。③ 另一部遗民则如前引《晋书》等记载的"走保沃沮"。这正是岗子遗址群中，有莺歌岭上层文化、东康文化以及团结文化因素的佐证。当时，挹娄南下泥河流域，沃沮从图们江以东也进入敦化地区。因此从该遗址群文化分期的角度看，公元285年应作为该遗址第二期的下限和第三期的开始（该期延续约400年）。上述第二期大量夫余东团山文化类型豆的出土便是重要物证。

该遗址的第三期，应即从285年开始，至唐初渤海大祚荣重返东牟山的8世纪初。张福有先生在文中称：榆树老河深遗址上层M33出土一枚五行大布铜钱。五行大布铜钱是南北朝时期北周发行的货币，北周在公元557年建国，在公元581年

---

① 张福有：《吉林敦化岗子遗址群当为挹娄故地》，《友谊文学》2021年春季篇；张立明：《吉林泡子沿遗址及其相关问题》，《北方文物》1986年第2期。
② 房玄龄等：《晋书》卷97《四夷列传》，中华书局，2012年，第2532页。
③ 田立坤：《关于北票喇嘛洞三燕文化墓地的几个问题》，辽宁省文物考古研究所编：《辽宁考古文集》，辽宁民族出版社，2003年，第263—267页。

为隋所代。张福有先生报道的"挹娄故地",正是指这第三期的文化遗存。这一年(581)距渤海建国只有117年。据《旧唐书》记载,大祚荣"据东牟山,筑城以居之"。① 这一记载可与已发现的岗子遗址群三期遗存中大量东康文化因素相印证,特别是与石湖平地城和东山头遗址相对应。如张福有先生调查认定:"很有可能是大祚荣筑城以居之的东牟山和旧国之所在。"② 笔者十分赞同张福有先生的推论。结合当年在没发现岗子遗址前仅对渤海交通道上石湖古城的初勘,是否可初步定论岗子遗址群的东山头遗址应即是东牟山,与之毗邻的石湖古城即是悬解千年的渤海旧国都邑所在。如此系确论,张福有先生论定的挹娄故地迨应主要指该遗址第三期遗存,而不是遗址的全貌,挹娄和渤海为其晚期遗存。这也正与《武经总要前集》等记载"渤海保挹娄故地"合。

(三)对与岗子遗址群相关的人文地理、文化族属等学术意义的再讨论

张福有先生在《吉林敦化岗子遗址群当为挹娄故地》一文内容提要中指出:"这个遗址群,在渤海通沟岭山城和石湖平地城之间,沙河峡谷从两城中间和遗址旁边穿过,附近有南天门村、东山头屯。综合分析,肃慎、挹娄、夫余、沃沮等多种文化汇集于这一带。"③ 在综合考察介绍的全部遗存后,反思当年驱车匆忙调查的交通地理和人文环境,感到张福有先生的观点基本认识合理、总结考古遗存视野全面。但在对该遗址群人文地理和文化分期两方面的深度认识,尚有深入分析的余地。比如已既然认为该遗址群包括肃慎、挹娄、夫余、沃沮多元内涵,显然这些族群文化不可能同时分布于同一个遗址群中。这就必然涉及其文化分期和阶段性定位问题。如前文的初步分析,在多元文化共存的情况下,为什么单以挹娄故地为最后结论?诸如此类,需要回答,本节拟专门讨论以下三点:

其一,该遗址群所在人文地理的重要性及其在长白山区系文化中的枢纽坐标意义。如上举,张福有先生在内容提要中已点明了遗址地貌的基本特征和微观地理的重要性。即凡调查实践亲自经临过此地者都会感到,该地是牡丹江上游(沙河支流)古今交通要路中具有山水凭险的交通枢纽。说其枢纽,不仅地处松花江

---

① 刘昫等:《旧唐书》卷199《北狄列传》,中华书局,2013年,第5360页。
② 张福有:《吉林敦化岗子遗址群当为挹娄故地》,《友谊文学》2021年春季篇。
③ 张福有:《吉林敦化岗子遗址群当为挹娄故地》,《友谊文学》2021年春季篇。

上游通向牡丹江上游的中枢地带，而且在宏观的文化地理上还是长白山北系东团山文化（夫余）、团结文化（沃沮）与莺歌岭上层及东康文化（挹娄）的汇集地和互渗廊道。在长白山区系考古与民族研究中具有过渡性节点坐标的意义。这是近年结合长白山文化研究对岗子地区多元文化内涵重要内因的新思考。

其二，如前文分析，岗子遗址群近千年文化脉系发展，不宜以单一文化论。从目前发现的遗物看，至少应分早、中、晚三期（待充分发掘后再定）。而其中该遗址的主体文化内涵应在第二期（即夫余文化期）。其理由是，该遗址群在第二期年代是：夫余立国的公元前2世纪至其灭国的公元285年间，当时夫余正是强盛于肃慎（挹娄）的大国，敦化地区应为夫余北境。从该遗址群多出土的夫余典型标志物——豆亦足可证。如张福有先生文中所称，"东团山文化中的豆，在岗子遗址群出现，而且数量较多"。[1]参比同期已知考古发现看，此类标志器物在吉林东团山文化的学古东山遗址、舒兰黄鱼圈遗址、榆树老河深、桦甸西崴子西山等遗存，均有相近遗物发现。而且与岗子遗址群一样，这些典型豆均出土在半地穴式遗址而非墓地中。这反映了当时濊貊系夫余共有的文化传统，与文献中"东夷夫余饮食类皆用俎豆，唯挹娄独无"相印证。[2]张福有先生文中也引证了此条文献记载，但在单独定挹娄遗存时未能有更合理的深入分析。质言之，今后对岗子遗址群全面的分期研究和文物分类研究，尚有待深入探索的领域。

其三，如前所述，张福有先生认定的"挹娄故地"，实际应该属于遗址群第三期文化。该期遗存在研究挹娄、勿吉、靺鞨族系的"渤海旧国"具有特殊意义。张福有先生在文中已注意到该遗址在确认"渤海旧国"中的重要性。从东北交通地理的亲自考察经历看，吉、黑两省除高句丽古都外的都邑性质古城址主要有吉林东团山夫余王城、宁安渤海上京龙泉府城、哈尔滨金上京会宁府城、宾县庆华古城、友谊凤林古城及敦化石湖古城。这六座古城的前三座，已经基本公认。而后三座，余考宾县庆华古城为索离国王城，凤林古城考为挹娄（乌吉）王城。只有石湖古城，在岗子遗址发现以前，一直处于未认定的悬疑求索状态。30年前踏察时，仅从地理方位中大体推测其与渤海上京"直三百里"相合。此次张

---

[1] 张福有：《吉林敦化岗子遗址群当为挹娄故地》，《友谊文学》2021年春季篇。
[2] 范晔：《后汉书》卷85《东夷列传》，中华书局，2012年，第2812页。

福有先生的新发现,坚定了以往推想的可靠性,是在这一问题认识上的又一次升华。即岗子遗址的发现,不仅在交通地理上确证史书记载渤海上京龙泉府"直旧国三百里"的可靠性,而且泥河两岸古道上周长近2000米的石湖平地城与东山头遗址的发现,为确认东牟山即东山头亦找到实证。其重要的发现意义还不止于此。如果此论具有合理性,则岗子遗址群的发现不仅证明了渤海旧国史迹的确切位置以及渤海文化的多元根源(包括夫余、挹娄、高句丽、沃沮、勿吉等),而且为研究"两唐书"中的渤海朝贡道(包括营州长岭道和鸭绿江朝贡道),更早应形成于更早的汉魏时期"肃慎至夫余道"提供了新的证据。从这个意义上讲,牡丹江上游以岗子遗址群为代表的多元文化区,与辽东"二江""二河"流域之于高句丽文化源头一样,对至今颇存争议的渤海国文化源头的定位必将起到重要的推动作用。这是今后对肃慎、挹娄、勿吉、靺鞨族的文化演变,以及长白山区系考古民族谱系(肃慎、夫余、沃沮关系)及其演变关系的重要突破口。预示其后续的深入研究前景广阔。本章仅略此疏论供专家指正。

四、关于长白山北系青铜文化分区特征的几点小结

总观上述牡丹岭南北的上述莺歌岭文化和小营子文化,仅就考古学文化的器物类型(如陶器),二者的共性大于差异,特别在陶器和铜器、石器(石刀、石矢)上。但二者在族系上却有重大区别,这如同笔者在对南貊与北濊不同的文化差异分析中一样,对整个长白山区系考古与民族谱系的文化族属分析,切不可单凭某一文化要素,如陶器形制,而应同时兼顾山系、水系、民俗族系和考古学文化类型,并十分重视地缘坐标、文献记载与民族文化习俗。因为在欧亚大陆的许多民族地区(如俄罗斯),对族别区分都更注重民俗等文化因素。具体到分析牡丹岭南北的上述两支文化的关系,就特别需要关注两者的自然和人文要素,下面主要从水系和族系上的不同试解析两点。

(一)牡丹岭南北的水系、族系要素不同

众所周知,从本书以上诸章内容考知,牡丹岭以北地区,古代属黑龙江以南最大支流松花江及南支牡丹江水系的肃慎族系。这两大水系在文献中分别称为"弱水"和"忽汗水",如《晋书》载"肃慎氏一名挹娄,在不咸山北,去夫余可六十日行……北极弱水",又如其后的《新唐书·渤海传》"(唐)天宝末,

（大）钦茂徙上京，直旧国三百里忽汗河之东"。①此条中的诸古今地理坐标，拟在以下文献分析中逐一厘定。在此只指出，当今已被学界基本公认在本书中多次引为信史依据的"弱水"即今东流松花江，而"忽汗河"即今牡丹江。这是与牡丹岭以南、张广才岭以东的图们江，古称"豆满江"完全不同的两个水系。这两个水系也分别孕育了南北不同的两种文化：其南为小营子文化、团结文化；其北为莺歌岭文化、滚兔岭文化。

（二）对与此相关的不同水系和族系的文献印证与分析

在以张广才岭和牡丹岭为纵横分界的长白山北系的考古和民族分区谱系中，以往缺乏系统深入研究的是围绕上述牡丹江、松花江、图们江三江水系的考古与民族文化的关系。从上引《晋书》《新唐书》和前引《三国志》《后汉书》的相关记载看，至少有以下三个关系需要进一步考辨。

第一，对古弱水、忽汗水、溅水、豆满江水系地理和民族文化需进一步确认。由于弱水（东流松花江）、忽汗水（牡丹江）、溅水（北流松花江）、豆满江（图们江）水系地理根据古文献至今可基本确认，则与以上水系相关的民族谱系和相应考古学文化，也可对应文献记载和已知的考古发现。从以上各章的内容看，诸水系对应的民族谱系是明确的，则其主要水系与考古学文化和族属可对应归纳如下：

1. "溅水"为北溅—西团山文化的土著区，接续为夫余王国。
2. "忽汗水"为肃慎—莺歌岭文化土著区，接续为挹娄文化。
3. "豆满江"为北溅东支沃沮—小营子文化土著区，后续为团结文化。

对以上诸水系的考古学文化与民族谱系对应关系的认同，是当代考古学的重大进步。其中，"弱水"以南为橐离—庆华文化土著区，后续为夫余北界。

需要指出的是，上述水系与对应的族系文化，在进入21世纪的学术界，已渐趋共识。此即为本书文化分区立论的基点（恕一家之言）。很明显，以张广才岭和牡丹岭为北溅（东溅）和肃慎两支文化的分野，在本书长白山区系青铜文化早期和早期铁器文化保持着连贯性与延续性，直到渤海国以后方有所改变。众所周

---

① 房玄龄等：《晋书》卷97《四夷列传》，中华书局，2012年，第2534页；欧阳修、宋祁：《新唐书》卷219《北狄列传》，中华书局，2013年，第6181页。

知,如前述在高句丽鼎盛时期5世纪,其北界也不过牡丹岭,即肃慎南界(其详述已不在本书讨论的时段内)。

第二,对西团山文化和小营子文化、团结文化相互关系的再考辨。

对西团山文化与小营子文化的关系,从迄今已知的考古学内涵看基本相同,但前者(松花江流域)发生的年代稍早于后者(图们江流域)。这说明在青铜文化的后一阶段,图们江文化是受松花江中上游文化东进影响的。但小营子文化中,却少有西团山文化晚期(中原文化)影响因素(如三足器增多)。这说明小营子文化虽属濊系,但所处的图们江流域及其日本海西岸偏北的北沃沮地区,如波尔采文化中更具有长白山东北系滨海土著文化性质。所以本书认为,西团山文化与小营子文化二者的关系是,前者北濊文化主要传播和影响了同一系统的东濊之沃沮文化,而其后的团结文化则为小营子文化的后续。近年,张福有先生在牡丹岭敦化地区发现的岗子遗址青铜文化具有相邻区域多元印证启示意义(图一)。这种文化的多元混合特征明显,既有南归西团山文化、东团山文化甚至小营子文化因素,又有北邻或东邻莺歌岭上层文化和团结文化成分,反映了长白山北系是多元文化的过渡地带。

图一 吉林敦化岗子遗址出土的夫余典型陶豆

第三,对北濊、东濊、沃沮文化关系的再解读。

这一问题,由于以上两点的解决,成为迎刃而解之题。在本书中又有北濊和东濊(东夫余)专章,故不予详解。本节仅就长白山北系的图们江流域以小营子文化和团结文化代表的北濊系统的沃沮文化问题略予阐释,要点有如下三点:

1. 如上节指出，从考古学文化看，松花江中游中心的北濊之西团山文化与东北部图们江流域的小营子文化，具有本质的一致性，从长白山文化区看，均属北濊系统。只是在考古学上因以最初发现地，分处两江不同流域并有张广才岭余脉的牡丹岭相隔方各自命名。而图们江同系的团结文化则是魏晋之后小营子文化的后续。需要指出，这一长白山北系以张广才岭和牡丹岭分界的三种文化区，有一个重要现象，就是相互间存在一文化过渡地带。最典型的是，2016年张福有先生在张广才岭东、牡丹岭北麓的敦化市岗上遗址发现了兼有夫余、肃慎、沃沮等的多元文化遗存。该遗址应当引为关注。

2. 从迄今长白山区系的考古发现看，北濊的松花江流域的西团山文化，从《长白山区系考古与民族论纲》第六编看，应当是最早从新石器时代到青铜时代，一直影响东北部图们江流域和日本海边区的文化，即后来所称的小营子文化与稍晚的团结文化和远东克罗乌诺夫卡文化，都应属濊系东沃沮文化。如前节论定，松花江流域的北濊，向东影响了东濊文化，即文献中的南北沃沮文化，在族系上应同属受肃慎影响的长白山北系之濊系文化中。

3. 图们江流域以小营子代表的沃沮文化，在地域上应有南北之别。这一南北沃沮文化，在文献中和山系分区地理上都能找到依据。从文献记载看，《三国志》中的一段记载可引为确据：

> 东沃沮在高句丽盖马大山之东，滨大海而居。其地形东北狭，西南长，可千里，北与挹娄、夫余，南与濊貊接。户五千，无大君王，世世邑落，各有长帅。其言语与句丽大同，时时小异。汉初，燕亡人卫满王朝鲜，时沃沮皆属焉。汉武帝元封二年，伐朝鲜，杀满孙右渠，分其地为四郡，以沃沮城为玄菟郡。后为夷貊所侵，徙郡句丽西北，今所谓玄菟故府是也。沃沮还属乐浪。汉以土地广远，在单单大岭之东，分置东部都尉，治不耐城，别主领东七县，时沃沮亦皆为县。汉（光）（建）武六年，省边郡，都尉由此罢。
>
> ……
>
> 毌丘俭讨句丽，句丽王宫奔沃沮，遂进师击之。沃沮邑落皆破之，斩获首虏三千余级，宫奔北沃沮。北沃沮一名置沟娄，去南沃沮八百余

里,其俗南北皆同,与挹娄接。①

又:

> 挹娄在夫余东北千余里,滨大海,南与北沃沮接,未知其北所极。其土地多山险。其人形似夫余,言语不与夫余、句丽同。有五谷、牛、马、麻布。人多勇力。无大君长,邑落各有大人。处山林之间,常穴居,大家深九梯,以多为好。土气寒,剧于夫余。②

上述《三国志》中三段关于沃沮的记载,分别有东沃沮、北沃沮和南沃沮之别。笔者认为:从北沃沮"去南沃沮八百余里"看,实际上第一句"东沃沮"即第二句之"南沃沮"。

总之,参据以上《三国志》的记载,这一"南沃沮"时又称"东沃沮",而句丽王北逃至与肃慎南界(莺歌岭文化)接壤的其实是"北沃沮"。南北沃沮的分界,应正在咸镜南北道中间狼林山和盖马高原东北的摩天岭。其中,南沃沮应为苍海郡和临屯郡的东濊故地。③北沃沮在汉四郡初期,应属玄菟郡属地。汉昭帝废玄菟、临屯二郡以后,南沃沮之地主要是乐浪郡"东部都尉"所辖七县,而北沃沮的大部分地区,已改属汉郡地区以外边域部族的"候国"(酋长制)地区。这是长白山东北系的又一个局部的具有山系坐标性质的文化分区标志。唯需指出,南、北沃沮地区实在长白山东北,而本书统归于东系。虽然其地处东北亚日本海西岸的北陲,但在文化分区中,仍可作为又一佐证,在印证本书长白山诸山系和水系文化分区中亦具有重大的意义。

在总结长白山北系牡丹岭以北早期铁器文化时,最后应提及更东北的黑龙江省三江平原的滚兔岭文化、凤林文化。后者(凤林文化)因进入两晋时代,已不属于本书讨论的主体时间框架。唯有一点应当指出,在基本认同滚兔岭文化(挹娄)主要继承了莺歌岭文化(肃慎)后,对稍晚的凤林文化族属是否为勿吉应作

---

① 陈寿:《三国志》卷30《乌丸鲜卑东夷传》,中华书局,2013年,第846、847页。
② 陈寿:《三国志》卷30《乌丸鲜卑东夷传》,中华书局,2013年,第847页。
③ 王绵厚、都惜青:《对〈汉书〉和〈三国志〉中"单单大岭"和"苍海郡"再考辨——"长白山区系考古与民族"要论之一》,《地域文化研究》2019年第3期。

进一步的探讨。以往国内外的通说是，凤林文化族属为肃慎系的勿吉无疑。[①]2008年，笔者亲赴双鸭山等地调查后，认为凤林文化应与松花江流域夫余北逃挹娄一支有关。从凤林文化的遗存特点看，该文化特有的高盘形陶器，与文献记载的传统挹娄文化"不用俎豆"现象虽相悖，或反映了夫余族系的文化传统。而该文化分布地域相对集中、狭窄，然后又突然集体消失，也或许反映了这一由北夫余外迁勿吉地族群一段聚居的现实特点。

---

① 张伟、田禾：《挹娄、勿吉文化的考古学考察——以滚兔岭文化与凤林文化为中心》，《北方文物》2017年第3期；王禹浪、王俊铮：《近百年来国内挹娄研究综述》，《黑河学院学报》2015年第3期。

第四章

狼林山脉在西北朝鲜文化分区上的意义

在《长白山区系考古与民族论纲》总论中已经指出,狼林山脉在西北朝鲜的考古与民族文化分区中具有重要分区意义。从朝鲜半岛的考古与民族分布体系看,这种分区可分为前后两期。前段为青铜器时代的古朝鲜和东濊的文化分区,后段为西汉以后乐浪郡、苍海郡与临屯郡的分区。以下分节记述。

一、古朝鲜与东濊时期的文化分区

古朝鲜和东濊,是青铜时代朝鲜半岛两个重要的时期和部族方国。从《长白山区系考古与民族论纲》第五编来看,当时的狼林山脉称"单单大岭"。记载单单大岭分区的重要文献,如前举《三国志·东沃沮传》中的一段文字最值得考辨。其文曰:"东沃沮在高句丽盖马大山之东,滨大海而居。汉武帝元封二年伐朝鲜,杀满孙右渠,分其地为四郡,以沃沮城为玄菟郡。汉以土地广远,在单单大岭之东,分置东部都尉,治不耐城,别主岭东七县。"[①]对这段重要文字,古今引证最多,但分析解读较少,分歧较大。本书据此讨论狼林山脉的分区意义,特详解如下:

首先,此段文字以汉武帝元封二年为界,可分为前后两个阶段。其前段的"东沃沮"在盖马大山之东,实指"汉四郡"设立以前的古朝鲜时代的东濊时期。因为《三国志》中明确记载,在元封二年以后,才"分其地为四郡"。显

---

① 陈寿:《三国志》卷30《乌丸鲜卑东夷传》,中华书局,2013年,第846页。

然，此前（元封前）为"卫满朝鲜"右渠领地，而卫氏朝鲜即继承了古朝鲜之地。所以，汉武帝元封以后的汉郡时期，方出现乐浪郡等"东部都尉"和"岭东七县"。由此可见，在汉武帝以前，今朝鲜半岛北部的盖马大山以东已有"东沃沮"，即古"东濊"部族的土著民族。这一古族与古朝鲜的分界，应在"盖马大山"。在《长白山区系考古与民族论纲》第四编中，从历史文献和考古遗存两个方面已有详细论述。

其次，这段文字中出现了两座名山：一是盖马大山，一是单单大岭。从古今朝鲜半岛的地理区域来看，这二山中的"盖马大山"今称盖马高原，而"单单大岭"正是盖马高原以西纵分朝鲜半岛东西的地标——狼林山脉。需要着重指出的是，如第六章所述，以往近百年中外名家对苍海郡地域的争议，是都没有注意到本书中强调的狼林山脉，即"单单大岭"在古代朝鲜半岛考古和民族分区中的意义。《三国志》中的"单单大岭之东……七县"，正是指乐浪郡合并了原苍海郡的七县之地。所以，我在本书第六章中提出苍海郡设置地点的"东濊论"，并明确指出，世人纷争的"苍海郡"的本土，实则为后来的乐浪郡狼林山脉以东的"岭东七县"都尉之地。

最后，在《三国志》这段文字中，提到的几个东濊即苍海郡有关地名，如"沃沮城""不耐城"以及颇存争议的"临濊城"等，在朝鲜半岛的长白山区系考古与民族地理研究中都十分重要，本章下节将予以具体分别考证。

二、长白山东系若干重要地名的考证

在长白山东系的考古与民族研究中，从古朝鲜到乐浪郡朝鲜时期，狼林山脉南北存在若干具有标志意义而又在国内外争议不断的关键地理问题，现择其重要四处略予考证。

第一，乐浪朝鲜都城平壤。平壤南的大同江下游，为汉武帝以后的乐浪郡治所在。20世纪初，在朝鲜半岛平壤南发现了古城洞古城遗址，并先后出土了"乐浪太守"封泥等。据此可以确定该城为汉乐浪郡治。对此，中国学者李健才、张碧波等已有专论，如张碧波先生的《朝鲜·箕子·箕子朝鲜》等。①但也有一些国内外研究者出于不同角度否认箕子朝鲜在平壤设都，有的以辽西大凌河发现带有"箕子"铭文青铜器即柱定箕子朝鲜在辽西。但与"箕子"铭文青铜器一同出土的，还有"燕侯"铭文青铜器甚至战国器。燕侯远在箕子东迁之后，因此这批青铜器应与箕子无关，而是战国末燕王喜败逃辽东沿途所埋。此类误说笔者在《东北亚走廊考古民族与文化八讲》中，已有论述。②所以，最关键的问题是箕子朝鲜、卫满朝鲜和乐浪朝鲜三者在地域上有无继承关系。关于这一问题的文献记载十分复杂，在此仅举信史二条予以考辨。一是《尚书·大传》记载：商末"箕子不忍周之释，走之朝鲜，武王闻之，因以朝鲜封之"。③二是《三国志》注引《魏略》记载，"燕乃遣将秦开攻其西方，取地二千余里，至满番汗为界"。④另据西汉《盐铁论》记载，因"朝鲜踰徼，劫燕之东地"。⑤此"逾徼"指"秦之外徼"，今清川江一线。由以上列举的信史文献看，从西周初武王封箕子朝鲜，经战国燕时朝鲜到卫满朝鲜和乐浪朝鲜，其中心都在清川江东平壤大同江流域。这也与汉武帝派楼船将军由古列水（今大同江）的"列口"进攻平壤相合。本节重点考证古朝鲜和乐浪郡的先后地缘关系，对研究狼林山脉在朝鲜半岛考古与民族的研究都有重要意义。

第二，第一玄菟郡沃沮城。该地在1994年拙著《秦汉东北史》等已有考证。从《三国志》东沃沮传看，有苍海郡在"沃沮之南，辰韩之北，东滨大海"之句。笔者认为最关键的是此句的"东沃沮"和"沃沮"是不是一个沃沮。从行文来看，显然一指"北沃沮"，一指"东沃沮（南沃沮）"。所以，笔者认为玄菟郡之"沃沮城"应在"北沃沮"境内。因为，夫租县，一称"沃沮"，为汉武帝元封年间"第一玄菟郡"治所，是汉代在东北亚大陆最东北部族地区建立的边郡。其地当为设郡前"沃沮"部族聚居地。其部族分布应在朝鲜半岛东北、

---

① 张碧波：《朝鲜·箕子·箕子朝鲜》，2011年。
② 王绵厚：《东北亚走廊考古民族与文化八讲》，黑龙江人民出版社，2017年。
③ 《尚书·大传》。
④ 陈寿：《三国志》卷30《魏书·乌丸鲜卑东夷传》，中华书局，1959年，第850页。
⑤ 王利器校注：《盐铁论校注》，中华书局，1992年，第445页。

狼林山脉以东和日本海西岸濒海。这既符合《三国志》中"沃沮还属乐浪，汉以土地广远，在单单大岭东，分置东部都尉"的条件，也符合乐浪"东部都尉"在"单单大岭（狼林山）"以东的方位。唯有沃沮故地汉城设置短暂，且部族聚邑之间久远，郡县城址颇难索证。自清代地理学家顾祖禹在其《读史方舆纪要》卷三十八推测"沃沮城"为朝鲜咸镜南道之咸兴东北以后，20世纪40年代，日本东洋学派的白鸟库吉等在《满洲历史地理》第一编玄菟郡中多沿袭咸兴说。笔者在《高句丽古城》第五章中，提出今朝鲜半岛东北日本海西岸的重要古城——咸镜南道之北青古城，极可能为玄菟郡"沃沮城"。①本书仍持此说。

第三，东部都尉之不耐城。该城即乐浪郡不而县，亦是古今争论较大。我在《秦汉东北史》中，曾奉旧说集安国内城。但在撰写《高句丽古城研究》时，又重读《三国志·毌丘俭传》。据其记载，在东征高句丽时，幽州刺史"登丸都之山，铭不耐之城"。②感到此"国内"和"不耐"两地不应混同，故再考之交通地理，乐浪郡东部都尉之"不耐城"应在今咸镜南道的咸兴旧城为宜。此地正是东濊苍海郡的中心。据此条文献记载，当年幽州刺史所出征追击高句丽时，所指"丸都"和"不耐"必为二地。又以不耐是玄菟郡东部都尉治所应在狼林山脉以东滨海之地，故本书需要重申，因不而县为乐浪郡"东部都尉"七县之一，故《三国志》中又称"不耐城"。其地应为旧"玄菟郡"之"沃沮"部族地。《三国志·乌丸鲜卑东夷传》载，"汉以土地广远，在单单大岭之东，分置东部都尉，治不耐城，别主岭东七县"。③从上述《三国志》记载来看，不而县（不耐城）应有三个重要条件：一为乐浪"东部都尉"之重镇，其方位应在"临屯郡"稍北；二为"沃沮"故地，与故"玄菟"相近；三为"单单大岭（狼林山脉）"之东，靠北部朝鲜的日本海西岸"濊地"。以上述地理条件厘定，不而县（不耐城）应在今朝鲜咸镜南道狼林山脉以东日本海西岸。从《三国志毌丘俭诸葛亮邓钟传》记载，当年玄菟太守王颀，应熟谙朝鲜半岛古交通，从其追击高句丽位宫，"过沃沮千有余里，至肃慎氏南界。刻石纪功，刊丸都之山，铭不耐之

---

① 王绵厚：《高句丽古城研究》，文物出版社，2002年。
② 陈寿：《三国志》卷28《王毌丘诸葛邓钟传》，中华书局，2013年，第762页。
③ 陈寿：《三国志》卷30《魏书·乌丸鲜卑东夷传》，中华书局，1959年，第846页。

城"。① 当为日本海西岸的南北陆路。从当年王颀追高句丽赴"玄菟千里"而"铭不耐之城"看，本书重新厘定长白山东系的汉代乐浪东北不而城（不耐城）应在今咸镜南道的咸兴一带为宜。有考不耐城即"国内城"实乃大误。

第四，苍海郡之"临濊城"。该地古今更扑朔迷离。因为在《汉书地理志》和《三国志》中都没有记载，只在辽东半岛新金花儿山汉城出土的"临濊丞印"封泥所见。本书在第六章中指出，有的研究者据此封泥将苍海郡定在辽东半岛陈屯，实则是将汉武帝时"北海"当作"东海"之大误。考此条最重要的地理坐标是"临濊"之濊，据《汉书》所载，汉武帝元朔元年以"濊君南闾等口二十八万人降，为苍海郡"。② 该文献中的"南闾濊君"之句，对考证"临濊城"极其重要。从本章"东濊"与"苍海郡"中考之，苍海郡的本土在汉武帝以前位于日本海西岸的"东濊"地区。这是本书对具有"世纪之争"的苍海郡地望的重新考定。如此论可据，则"临濊城"当临近"东濊"即"苍海郡"之地，所以推测其故城或为"苍海郡"旧治之首县。又因玄菟、临屯、乐浪郡都有首县之地，而后来乐浪郡之二十五县中无临濊城，故推之临濊城应是苍海郡治所，如同玄菟郡设治"沃沮城"。因其设立时间太短、废弃较早，故而不载于《汉书·地理志》诸文献。

三、乐浪郡与第一玄菟郡仍以狼林山脉分界

继青铜时代的"古朝鲜"与"东濊"部族以狼林山脉分界后，关于长白山东系——朝鲜半岛北部的文献中，前引《三国志》里有两段话值得重视。其一曰："东沃沮在高句丽盖马大山之东，滨大海而居"；其二曰："（元封二年）伐朝鲜，杀满孙右渠，分其地为四郡。以沃沮为玄菟郡。汉（昭帝）以土地广远，在单单大岭之东，分置东部都尉，治不耐城，别主岭东七县"。③ 从上节的相关地名考证，可对汉乐浪郡和玄菟郡初期（汉昭帝以前）的长白山东系考定如下：

第一，"东沃沮"即"南沃沮"，得名于盖马大山和单单大岭之东，其"东

---

① 陈寿：《三国志》卷28《王毌丘诸葛邓钟传》，中华书局，2013年，第762页。
② 班固：《汉书》卷6《武帝本纪》，中华书局，2013年，第169页。
③ 陈寿：《三国志》卷30《魏书·乌丸鲜卑东夷传》，中华书局，1959年，第846页。

滨大海"应指今日本海。

第二，玄菟郡的故地为"沃沮"民族，即上节的古"东濊"。

第三，汉昭帝后，因单单大岭以东的玄菟郡"地广远"而废玄菟郡（内迁辽东），于是改乐浪郡之"东部都尉"并"别主岭东七县"。显然此岭专指单单大岭。所以进入乐浪时代以后的狼林山脉，仍有东西二郡文化分区意义。

综上所述，长白山东系狼林山脉南北，从东到西依次为真番、乐浪、玄菟、苍海、临屯诸郡，其地理范围均与这一地区的东濊部族有关。由于地境荒远，古今历来考索纷难。本书的一些考证或有助于对这一东北亚滨海区系考古与民族的进一步研究。

第五章

北濊、北夫余与橐离、南貊的关系

长白山西系考古与民族研究的要点问题之一，是从长白山北系东流松花江以南的北夷"橐离国"向长白山西系同为"北濊"系统的北夫余发展、迁徙和演变的关系，以及夫余与辽东"南貊"的关系。这是两个由于文献记载罕见、当代考古发现认知较晚，在国内外学术界争议较多的东北亚考古与民族问题。本章在2017年出版的《东北亚走廊考古民族与文化八讲》第五讲基础上，进一步完善。①现将要点分述如下。

一、夫余先世北夷橐离国存在的考古发现始末及其学术分歧

在讨论古橐离国与夫余关系时，首先需要考察对长白山北系古橐离国研究近一个世纪以来，国内外有代表的不同学术观点。

关于古橐离国的历史考古研究，其相关遗存最早在20世纪上半叶，俄国考古研究者B. B. 包诺索夫，在调查黑龙江省宾县老山头遗址时，已发现有红衣陶。其后20世纪60年代，赵善桐先生等又曾试掘过老山头遗址。至20世纪80年代，关于古橐离国的研究开始得到学术界关注。以下按时间顺序将余著《东北亚走廊考古民族与文化八讲》中记录的20世纪80年代以来的发现研究简列如下：

第一，1984年干志耿先生在《民族研究》第2期发表了《古代橐离研究》。他在文中提出"橐离在今嫩江和松花江中游以北地，约当今呼嫩平原，为嫩江、松

---

① 王绵厚：《东北亚走廊考古民族与文化八讲》，黑龙江人民出版社，2017年，第95—118页。

花江及呼兰河、乌裕尔河流域之广阔地区",并将"白金宝文化即可命名为橐离文化"。其后,由干志耿、孙秀仁合著的《黑龙江古代民族史纲》延续了这一观点,可见当时对橐离的地理定位和考古学文化的认识尚存在不确定性。

第二,1984年夏笔者在参加全国金史讨论会后,首次会同王承礼、干志耿、郑绍忠、孙秀仁、王禹浪等专赴黑龙江省宾县庆华古城考古调查。在遗址现场当即采集到夹砂红褐陶和红衣陶残片等。其后在此基础上,1990年在《辽海文物学刊》第2期发表了《东北古代夫余部的兴衰及王城变迁》。根据考古调查印证《魏略》等文献记载,在学术界较早提出:黑龙江省"庆华古城为夫余先世——北夷橐离国故地王城",《魏略》中的"掩淲水即今五常县的拉林河",并举证庆华古城不规则的环形土垣和出土的彩陶和红衣陶等,应是古"北夷橐离国"和"夫余先世"代表性的考古学文化特征之一。这一基本看法,被2006年发掘的在同一县境的从战国到汉代的"索离沟文化"的基本考古学文化内涵所证明。

第三,20世纪80年代末,吴文衔、孙秀仁、魏国忠合著内部出版的《黑龙江古代简史》基本同意干志耿上述观点,认为"(橐离)必在东胡之东,即在大兴安岭至嫩江以东求之。又鉴于东明南渡后建立了夫余政权,知其地在夫余的北方,故以今地理言之,当在嫩江以东、松花江以北的松嫩平原一带"。

第四,1989年张博泉先生在《北方文物》第2期发表《夫余的地理环境与疆域》,认为"在今黑龙江省三江平原地区发现有文明国家特征的圆形城和文物(指凤林古城),可能就是黑龙江省境内最早出现的橐离国"。该文是将黑龙江省三江平原的凤林文化错误地混同于后来发现的宾县索离沟文化和庆华文化。

第五,2003年王禹浪在《黑龙江民族丛刊》第1期发表《北夷橐离国及其夫余初期王城新考》,认为"黑龙江省巴彦县王勃山遗址可能是北夷索离国的王都之所"。文中未肯定早期发现的庆华古城。

第六,2010年李延铁、于建华又在《北方文物》第2期发表《从索离沟的考古发现看古橐离国的地望》,认为"宾县索离沟遗址就是古橐离人的物质文化遗存"。这是在庆华古城被发现30年以后,21世纪初被黑龙江省专业考古工作者经正式考古发掘后确认的古橐离文化遗存。但其对庆华古城也没有认定。

第七,关于古橐离国和橐离文化的研究,在进入21世纪后与索离沟文化的发现具有同样意义的,有两本必看的书。其一是董学增先生2011年出版的《夫余史迹研究》，书中围绕以橐离—夫余为中心的东北考古与民族文化进行了较系统的总结，并明确认定了北夷橐离国（索离沟文化）与夫余文化的亲缘和演化关系，同时对以往曾被学术界普遍认为的白金宝文化为"橐离说"进行辩误。①其二是2012年邓树平所著《橐离历史与文化研究》，这是国内外第一部较系统专门研究橐离国的专著。在这部专著中，作者系统总结了近半个世纪关于橐离国的研究历史，梳理以宾县庆华古城为中心索离沟文化的重要发现，在分析总结诸家观点的基础上，在"笔者的研究"一节中，这样表述对以往橐离研究的基本看法："上述列举了诸位先生的研究成果，笔者认为，首先应该予以充分肯定的是王绵厚先生的研究成果。正是由于王先生的先期研究，为探索古橐离国诸多谜团找到一把解决问题的钥匙。王先生卓有成效的研究，不但肯定了庆华古城就是古橐离国的王城，而且为古橐离文化研究中的准确地理定位作出了划时段的贡献。研究中还充分地指出，今拉林河就是橐离王子东明南渡的'掩淲水'。笔者非常倾向王先生的这项研究成果，也认为宾县庆华古城即是橐离国王城，今拉林河就是掩淲水。"②

这是迄今为止第一次在一部著作中较系统地阐述橐离的历史与文化，而且是出版在2006年索离沟文化发掘之后，书中较充分地利用了最新考古成果，进行了有说服力的论证。笔者个人认为，如果40年前笔者在一般考古调查基础上提出的初步看法（由于当时庆华古城和索离沟遗址都尚未发掘），在很大程度上属于以推论为主、尚待印证的假说，那么20年后，李延铁的论文和董学增的《夫余史迹研究》、邓树平的《橐离历史与文化研究》才使这一专题研究登堂入室。尽管其中对有些问题的看法，至今难免仍存在着见仁见智（任何著述均相同），但从长白山区系考古与民族研究的角度，在这里，笔者想进一步强调的是：对古橐离国的研究，仍存在着以下三个关键性的问题：

其一，对《论衡》和《魏略》等古文献中关于橐离的记载应当予以正确理解和尊重，不应简单地否定古橐离国的存在。

其二，对古橐离国相关古今地理坐标进行认定。其中笔者认为关键的仍有三

---

① 董学增：《夫余史迹研究》，吉林文史出版社，2011年。
② 邓树平：《橐离历史与文化研究》，黑龙江人民出版社，2012年。

条,即如上述:橐离的东界为张广才岭;北界为弱水,即今东流松花江;南界为东明南渡的掩淲水,即今拉林河。这是研究该问题的基本地理定位。

其三,对古橐离文化即新发现的索离沟文化应该予以正名,建议索离沟文化正名为庆华文化。因为该文化的中心地——庆华古城,不仅发现早于索离沟30年,而且聚落等级更高。同时应对庆华文化核心区域以及与夫余的关系进行研究和界定,这正是以下要讨论的问题。

二、对古橐离国研究有关文献依据的进一步分析

上述对古橐离国研究的不同观点,主要涉及对历史文献记载的分析、认同和对橐离考古学文化的认定。因为后者在《长白山区系考古与民族论纲》"第四编"长白山北系考古学文化中已经有详举,所以本节仅就文献记载的得失进行分析。

记载古橐离国的最早文献,为西晋陈寿撰《三国志》引东汉王充的《论衡》和鱼豢《魏略》中的记载。因《三国志》中的文字,基本转录自《魏略》,故引如下:"旧志又言,昔北方有橐离之国者,其王者侍婢有身,王欲杀之,婢云:有气如鸡子来下,我故有身……王疑以为天子也,乃令其母收畜之,名曰东明,常令牧马。东明善射,王恐夺其国也,欲杀之。东明走,南至施掩(掩淲)水,以弓击水鱼鳖浮为桥,东明得度,鱼鳖乃解散,追兵不得渡。东明因都王夫余之地。"①此条与《魏略》可以互相印证。

综观上述这条早期文献,笔者认为应当进一步明确分析有研究价值的有如下三点:

第一,如何看待《论衡》和其后多加引证的《魏略》二书记载的可靠性。以往学术界对古橐离研究的疑惑,首先是对《论衡》和《魏略》记载史料价值的可靠性的怀疑,甚至有的研究者直接怀疑和否定古橐离国的存在。致使笔者接触的相当一部分研究者,在并未深研相关文献和考古资料前,即以传说古史为由,先入为主地对古橐离国持否定态度。特别应当指出,《论衡》和《魏略》二书的基

---

① 陈寿:《三国志》卷30《乌丸鲜卑东夷传》,中华书局,2013年,第842、843页。

本可靠性，不仅表现在两书为东汉和三国时期以前，带有经世致用的信史和断代史性质的史书，而且如《魏略》辑本内容除橐离外，该书所记其他如沃沮、高句丽、朝鲜等内容，均多可与有关正史内容相证，是基本可靠的，这为其史料价值打下了坚实基础。这里以《论衡》为例，东汉王充所著此书是一部对汉和汉以前古代文化史研究具有时代标志意义的巨作，书中对人文地理、边疆民族、海洋气候、政治民生等均有精见。其中对"橐离"的记载，就是诸多要论之一。而《魏略》的夫余条，开篇即言"旧志又言，昔（夫余）北方有橐离之国者"。这是该书橐离国条，引据三国时代以前的汉代（甚至更早）当时传世"旧志"的有力证明。认真读过《魏略》辑本的人会发现，不仅其记载橐离、夫余条基本可靠，而且记更早的箕子时，又转引了《乐浪韩氏族谱》，证明《魏略》所据甚至利用了当时乐浪郡地区传入的边郡地区族谱。此二书成书内容绝不是世俗的传说记录，而是两部失传的应予十分重视的断代史志和佚史名著。正如时人评论王充，"博通交流百家之言"，其存史价值不容忽视。

  为了进一步证明《论衡》和《魏略》等对早期历史记载的可信性，这里略举《论衡·实知》中一段汉高祖刘邦和吴王刘濞的对话。据《论衡·实知》载，"高皇帝封吴王，送之，拊其背曰：'汉后五十年，东南有反者，岂汝邪？'"其亲录实言可证。诸此可证一般信据多出。在这里还可再举《三国志》卷30《乌桓·鲜卑·东夷·传》中引《魏略》中关于朝鲜和辰国的一段记载："至王莽地皇时，（原卫氏朝鲜相）廉斯鑡为辰韩右渠帅。闻乐浪土地美，人民饶乐，亡欲来降。出其邑落，见田中驱雀男子一人，其语非韩人。问之，男子曰：我等汉人，名户来，我等辈千五百人伐材木，为韩所击得，皆断发为奴，积三年矣。"这一段话，记王莽地皇时的时代明确。而关于"辰韩右渠帅"在辰国见到被掠的"乐浪汉人千五百人"的记事，绝非传说蛮闻，必有当世可靠资料依据。同样，关于古橐离国的记载，也不可随意否定。前已指明，当代考古明确发现的黑龙江省索离沟文化（橐离文化），也充分证明了古橐离国存在的可靠性。

  第二，《三国志》南朝（宋）时裴松之的注"旧志有言"，与辑本《魏略》夫余条开头的"旧志又言"也可以相证。两者只有一字"有"和"又"之别，可以推断，两人所引证的"旧志"内容应为同本，它证明直至南北朝时期，《魏略》和其所引证的"旧志"仍然传世，并在"旧志"中记载了如上述橐离国和辰国等东北边郡或方国的史实。这也进一步印证了上条的说法，即《魏略》等记述的早期史实基本可靠准确。

第三，上述各书所引的两条河流"弱水"和"掩淲水（施掩水）"在确认古橐离国的方位和四至中亦非常重要。因为《三国志》夫余条的"北有弱水"时，夫余已辖有橐离国的全境，故弱水亦应是古橐离国的北界。而《论衡》等所记，东明王"南渡掩淲水"而"王夫余"，证明在古橐离国王子南迁前，其南界应以掩淲水为限，其南界应为夫余境内的掩淲水。正如前举笔者《东北古代夫余部的兴衰和王城变迁》一文中已考证的，此水在《好太王碑》中明确记为"夫余奄利大水"，"掩淲"与"奄利"为同名谐音。此水至辽代则为"剌离水"，即今拉林河。可见当时在夫余（含古橐离国）境内，确有一条大河，称掩淲水、奄利大水或剌离水，即今拉林河。加上第一节分析的古橐离国东界，应止于今东流松花江以南的张广才岭。这些地理坐标，对以下考证橐离国的地域范围及其疆域地理至关重要。

三、由北夷橐离国南下夫余立国的三个重要地理坐标

在从文献记载中初步考察确认橐离王子南下的可靠性以后，因为本书第三章中已论及橐离和夫余的考古学文化关系，所以本篇不再重复考古资料，只需要具体认证其由橐离南下的交通史迹真实地理坐标的古今有三处关键地名。这三个地名的前两条，实际上第二节已经指出。作为考察西汉时橐离南下迁徙至夫余的整体链条中的节点，再复述如下。

（一）弱水

弱水在前引《三国志》的夫余条明确记载，其疆域四至中"北有弱水"。从《长白山区系考古与民族论纲》第六编对长白山区系的北系濊水系统的西团山文化和后续夫余王国的考古学文化——东团山文化分布看，其北界也都在今东流松花江南和张广才岭以西。而且从水系看，长白山北系古今东西流向的大川，只有中游黑龙江和东流松花江。黑龙江，见于《唐书》，称为"黑水"。所以前文所考北夷橐离国与其后续夫余国的北界"弱水"为今东流松花江，已渐为公认。

（二）掩淲水

该水在《三国志》引证《论衡》中也明确记载，为橐离南渡后与后来夫余的

重要界河。1990年,余著《东北古代夫余部的兴衰及王城变迁》中,已首考其为今吉林、黑龙江二省的界河——拉林河,并为董学增、邓树平等力赞。①如果说40年前提出庆华古城为橐离王城、掩淲水为拉林河,当时存疑者甚多,那么30年后特别是总结21世纪以来吉林、黑龙江的考古发展看,承认该说并认可拉林河为庆华古城(索离沟文化)与西团山文化北界者渐多。由此,也印证了今吉、黑二省界河——拉林河为古"掩淲(剌离)水"、松花江为古"弱水"的可靠性。

（三）关于夫余古都"濊城"

明确记载濊城方位的文献,属《三国志》和《后汉书》。《三国志》东夷夫余传记载:"夫余在长城之北,去玄菟千里。南与高句丽,东与挹娄,西与鲜卑接,北有弱水,方可二千里。"②《后汉书》东夷夫余传载:"夫余国,在玄菟北千里。南与高句骊,东与挹娄,西与鲜卑接,北有弱水,地方二千里,本濊地也。"③东晋学者郭璞在《山海经注》里也记载,"扶余国即濊貊故地,在长城北,去玄菟千里"。以上记载涉及的一个悬而未决的问题,即"夫余"地名来源。笔者认为,该族称与"高句丽"一样,都是始于《汉书》的东北地理称谓。"夫余"二字的本义,与濊貊语、汉语切音的"勾娄"(句丽)一样,是"濊"的切音复读,"夫余"即"濊"也。

总之,从上述记载看,《后汉书》转自《三国志》,尚保留"玄菟千里"而略"长城之北"。其实,关于玄菟郡和古辽东长城以北千里的夫余之濊城,二书义同。如果在20世纪80年代以前,中外索证歧义主要是对《三国志》和《后汉书》中记载的"玄菟郡"和燕秦汉辽东长城,即"辽东故塞"的地理位置尚无法确认,那么经过20世纪80年代以来全国第二次文物普查和21世纪前十年第三次文物普查及长城资源调查,对玄菟郡和辽东长城的地望、走向都可以勘定。④本书作者作为两次文物普查的亲历者和《辽宁省燕秦汉长城调查报告》的总撰稿人,亲自调查过辽东地区、迄今基本公认的汉昭帝三处玄菟郡旧址,亲验部分辽东早期

---

① 王绵厚:《东北古代夫余部的兴衰与王城变迁》,《辽海文物学刊》1990年第2期。
② 陈寿:《三国志》卷30《魏书·乌丸鲜卑东夷传》,中华书局,1959年,第841页。
③ 范晔:《后汉书》卷85《东夷列传》,中华书局,2012年,第2810页。
④ 李向东、王绵厚:《辽宁省燕秦汉长城资源调查报告》,文物出版社,2017年。

长城史迹。可以确信,《三国志》等记载的在长城北去"玄菟千里"以至夫余濊城内迁的"玄菟城"(第三次迁址),应在今沈阳、抚顺之间的上伯官古城。而经由沈、抚间的辽东长城走向,也可确切勘定在今沈阳、抚顺至本溪威宁营堡一线。①这一切都符合文献中记载,"长城之北,去玄菟千里(约700里)"的吉林夫余(濊王)王城方位。

由此可断定,辽东玄菟和长城北千里的夫余王城(濊城),非今吉林市周围莫属。而从本书诸章涉论的"北濊"之西团山文化和"夫余"之东团山文化,其中心区都在今吉林市松花江中游。而其中心区的中心,又以今吉林东团山古城和内城——南城子为中心。由此除个别持怀疑者(如有的学者以高句丽龙潭山城为夫余王城)外,吉林东团山文化和毗邻的帽儿山墓地,为汉代夫余王城的"濊城"中心所在,迄今已基本为国内外学界公认。而以濊城为中心的西汉夫余,成为玄菟郡所属的燕秦汉长城以北受汉文化影响最深的部族方国,在历史上存在了600余年。这是长白山区系考古与民族研究中,近年来的重大突破之一,也是本书作者从20世纪70年代以来近半个世纪间亲自考察过三次的夫余方国之濊城故地。

由此也可以为本章所考——从北夷橐离国向北濊夫余国南迁的路径,描绘出基本交通轨迹:由北向南自宾县庆华古城,西南渡阿什河进入橐离国西境,再南渡拉林河(掩淲水、刺离水)转而入北流松花江东岸,再南下进入松花江中游的夫余之都"濊城"(东团山古城)。就此,可以明确勾勒出从橐离到夫余南北的千年古道和北濊之夫余王城的位置(图二)。

最后需要补充说明的是,自西汉中期夫余在"濊城"(今东团山南城子)立国至300年后的东晋时期,已不属于本书记述的时段。据《资治通鉴》记载,穆帝永和元年至三年(345—347),"夫余(初)居于鹿山,为百济(勿吉)所侵,部落衰散,西徙近燕而不设备"。②此所谓后期夫余,对其王城考察纷难。本书认为,"部落衰散"而"不设备"后的夫余,其实很难再有如"濊城"式的都城,也不必非想象如南城子类大都城出现。

---

① 李向东、王绵厚:《辽宁省燕秦汉长城资源调查报告》,文物出版社,2017年。
② 《资治通鉴》卷97《晋纪》,中华书局,1958年,第3069页。

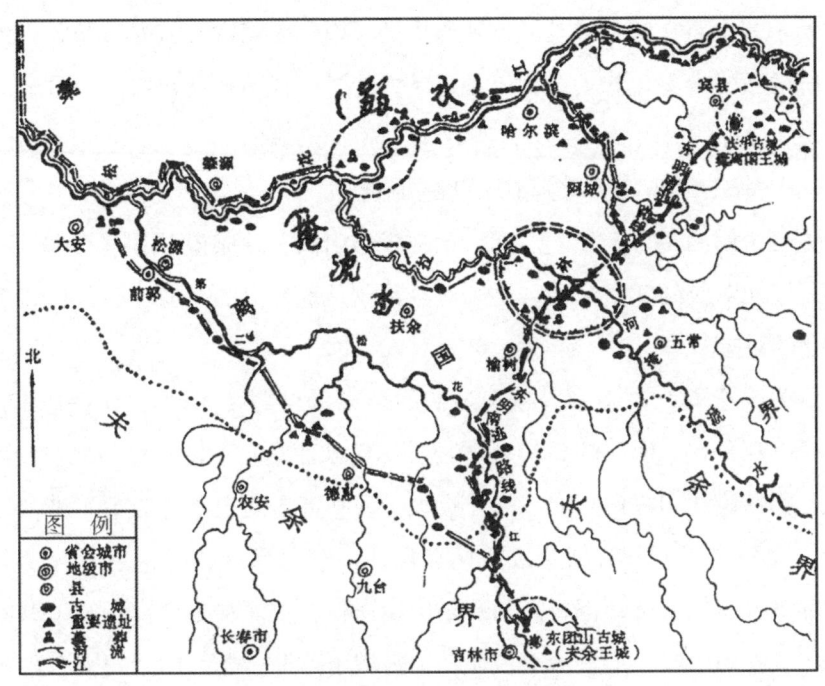

图二　北夷橐离国南迁北濊夫余示意图

四、北濊之夫余与辽东之南貊的文化异同和考古调查回顾

邓树平、刘信君在《社会科学战线》2018年第9期发表了《夫余与濊貊考辩》一文。文中第一节在总结关于国内外颇存争议的"夫余族属"问题时，列出了三种有代表性的观点。即以20世纪40年代金毓黻先生《东北通史》代表的"夫余说"，20世纪80年代武国勋先生代表的"濊貊说"（其实金毓黻也是濊貊说），以及21世纪拙著提出的"北濊说"——如文中所言，"北濊说的创建者是王绵厚先生……（他）认为北濊即夫余。支持者有董学增先生"。上述刘信君、邓树平两位先生的观点，早在2017年笔者受吉林省社会科学院委托，审读刘、邓二人合著的《夫余史》书稿时已经了解。这次二人发表专文，并明确赞同第一种观点。笔者因长期关注夫余和高句丽研究，深知进入21世纪后专门研究夫余及其先世历史的著作，主要有三本书：2011年董学增著《夫余史迹研究》，2012年邓树平著《橐离历史文化研究》和2017年刘信君、邓树平著《夫余史》。刘、邓二君的文章，虽然不同意笔者的观点，但把笔者的"北濊说"正式认同为一种观点还属第一次。而文中所指"赞同者为董学增先生"，则指他2011年出版的《夫余史迹研

究》。鉴于刘、邓文章中涉及的笔者提出的"南貊北濊说",对讨论长白山西系北濊系统的西团山文化和夫余,又是近年方由笔者提出的初步看法,本节对"南貊北濊说"命题的提出及有关考古调查践行作简要回顾。

(一)关于"南貊说"的构想和考古调查

首先要说明的是,上述刘、邓二人文章引出的"北濊说",是与本节所说的"南貊说"相对应的学术命题。这个对应不仅是地域上的对应,还包括族系和考古学文化的对应。

业内人士悉知,"南貊"概念最初的形成,与笔者20世纪80年代以来,关注辽东"二江""二河"的高句丽古城及其起源有关,缘起于考古调查。其中,"二江"指鸭绿江和浑江,"二河"指太子河和苏子河上游。数十年来,笔者对上述"二江""二河"流域史迹的调查包括:在鸭绿江右岸,主要有集安国内城、丸都城及良民遗址,都属高句丽早中期遗存;在浑江(含富尔江)流域,主要有桓仁五女山山城、下古城子古城、上古城子墓群、龙头山二户来石盖墓和集安霸王朝山城等考古遗存;苏子河流域主要有新宾五龙山城、得胜堡山城、永陵二道河子古城、大榆树石盖墓和白旗堡古城汉至高句丽时期古城;而太子河上游,主要是1986年和2008年,先后两次与孙力、辛占山先生调查的本溪太子城及周边石盖墓和庙后山遗址。后者虽然数量相对较少,但却是最早(1985年)撰文《辽东梁貊与貊城》进行专门考证,并被其后1994年李恭笃先生等的《马城子——太子河上游洞穴遗存》考古报告赞同的"貊人遗存"的早期发现。

回首近四十年的考古实践,一个已为大多数研究者公认的事实是,上述"二江""二河"流域的早期山城以及青铜时代遗址和墓葬(如大石盖墓),都可以从先秦至西汉文献(包括《孟子》等)中的"大貊""小貊"找到记载,即多可以与古文献中记载的辽东诸"貊部"相对应。如鸭绿江主要为"大水貊",浑江主要为"小水貊",太子河主要为"梁貊"。苏子河流域虽然未见明确文献记载,但从二道河子古城出土的汉封泥中"句丽丞"字样看,其旧地为"句丽"部族故地殆无疑问。而笔者认为,所谓"句丽"称谓,应该是汉昭帝内迁玄菟郡于辽东苏子河流域后,因设"高句丽县"而赋予的新称。此前如以辽东其他水系冠以族名,据《汉书·地理志》等记载苏子河的古称为"南苏水",则苏子河流域早于高句丽的土著部族应称作"南苏貊"。直到唐泉男生墓志仍记其出自"小貊之乡"。如果上述分析具有历史文献与考古调查双重印证的学理依据,那么本文论定的"南貊说"就有了进一步的文献与考古学依据,即"南貊说"专指高句丽建国前青铜时代的辽东诸貊系说,包括唐时末代高句丽贵族仍追忆的辽东"小貊之乡"。

(二)"北濊说"的构想和考古调查

与"南貊说"同样,首先要说明的是,"北濊"是与"南貊"对应提出的命题。其确认的基点有二:一是以《三国志》为主的文献记载作依据;二是以西团山文化为代表的北濊考古学文化族系的确认。

首先从前引文献记载看,陈寿《三国志·魏志·夫余传》记载:"夫余在长城之北,去玄菟千里……其印文言'濊王之印'。国有故城名'濊城',盖本濊貊之地,而夫余王其中。"同时代的地理学家郭璞在其《山海经注》中载,"夫余国在长城北,去玄菟千里"。类似的记载还有《后汉书》等多种史籍。这些文献记载集中明确两点:一是夫余境内有古"濊城",其王称"濊王";二是夫余国在长城北,距玄菟北千里。前条可以明确夫余本立国于濊地,所都故称"濊城"即古濊族地,所在松花江古亦称"濊水"。后条确定其方位在辽东长城和玄菟郡北千里。而陈寿著《三国志》时与郭璞同为晋代,当时的"玄菟",当代考古学已确知在今沈阳东上伯官古城。由此北千里的北濊"濊城",正当是沈阳北700里的吉林东团山一带。这里的"长城"应指燕秦汉辽东古长城,而经当代考古勘察和长城调查,也已确认其方位在今辽东沈抚间。这就有双证明确指向,当时无论是"长城北千里"还是"玄菟北千里"的夫余即"北濊"之地,都应在今松花江中游的吉林市一带。因此,从对应的古辽东玄菟、长城和前述二江、二河之"南貊"故地来说,松花江流域夫余立国前的故地均可称为"北濊"。

如果从当代考古发现看,北濊的历史地位亦可确认。因为包括前引刘信君和邓树平二人文章所述古今各家,迄今已有共识:以吉林市为中心的青铜时代西团山文化,为西汉夫余立国以前的濊人文化,即本文命题的"北濊文化"。而继其后,以吉林东团山南城子和帽儿山等地代表的西汉以后考古文化为夫余王国文化。诸如上述,则南貊与北濊的民族与文化定位,应泾渭有序。而二者的山系分区,笔者认为应是以辽、吉两省交界的龙岗山脉为分野。最后要说明的是,同"南貊说"一样,笔者关于"北濊说"的思考,也经历过20世纪两次考古调查的启迪。第一次是1976年，为撰写《明代管理努儿干的历史新证》，经老馆长李文信介绍，笔者与吉林省博物馆李健才先生初访吉林船厂旧址和东团山山城。第二次是1985年，辽金史会议在吉林市召开，笔者利用会议间暇，与李健才和北大学兄王侠再次调查东团山古城和帽儿山墓地。特别是第二次，由于有两位资深专家陪同，并且是在"二普"以后，对西团山文化和东团山一带史迹的了解和考古学认识都有了进一步深化。比如：经首次发掘确认，东团山、帽儿山地区不仅有"北濊"系统的西团山文化，还有夫余立国后的东团山文化与之存在先后的继承关系，而且帽儿山墓群出土的遗物与汉武帝时夫余立国时代的特点亦相吻合，这就证明了夫余仍在"北濊"之故地。此外，对"濊城"与"濊水"（松花江）的定位也更加明确。这为西团山文化为"北濊"的文化酝酿，打下了更坚实的考古学基础。

（三）"南貊北濊说"的定位及在长白山区系考古与民族研究中的意义

笔者将"南貊北濊"正式发表于专论中，是在《中国长白山文化》考古篇启动时，即《东北史地》2004年第5期的《先秦时期中国东北三大土著族系及考古遗存新论》一文。本文在前两节简要回顾"南貊北濊说"构思的原委和考古践行后，结合近三年来的课题研究，对其在长白山区系考古与民族研究中的意义聊寄数言。

其一，进一步澄清了一个世纪以来关于濊与貊的族系关系。在学术界，濊与貊连称是20世纪末以前，国内外研究的通例，其中就包括《东北通史》等被视为奠基的鸿篇巨制。如前两节回顾，直到20世纪90年代，才出现基于考古调查提出"二江"之貊与"濊水"之夫余，两者在汉以前并非同族。而从文献中讨论濊与貊关系的，首举林沄先生在《史学集刊》1999年第4期发表的《说貊》。该文梳理了几乎所有记载濊貊的历史文献后认为，与濊同时，"先秦的貊一定是实际存在过的一个重要的族"，在汉以后方"濊貊连举"。尽管林沄先生当时并不同意"南貊北濊说"，但能从文献上分清先秦濊与貊的不同，这无疑助力于考古学上对濊与貊属不同文化的认识。

其二，南貊与北濊的认定，有助于对辽东青铜文化与松花江流域西团山文化关系的认识。如赵宾福先生在2009年出版的《中国东北地区夏至战国时期的考古学文化研究》中认为，辽东马城子文化是松花江流域西团山文化的源头，两者为一系。对此，笔者与董学增先生等有不同看法。我们认为从两支文化的源头、主体内涵和传承流向看，马城子文化（辽东大石盖墓）与西团山文化都表现出各具特色、独立发展的族系传统。两者存在的共同因素，特别在陶器形制上的共性，反映了地域文化间普遍存在的相邻文化区的交流、互渗关系。这种认识应当是对笔者认定的"南貊北濊说"的考古学诠释。

其三，南貊北濊不同族系文化的正确解读，是长白山区系大区域文化分区研究的关键切入点。这是近年来笔者思考长白山区系总体文化框架的宏观认识。因为长白山民族区系，总的看包括濊、貊和肃慎三大系，而笔者认为濊与貊又是其中主体族系。如北濊系统的西团山文化，甚至影响到图们江小营子文化、俄罗斯滨海区沃沮文化和朝鲜半岛三国时代的百济文化。而南貊系统的石棚、石盖墓、积石墓等，不仅为高句丽继承，而且影响到鸭绿江左岸的支石墓，即包括古朝鲜和真番在内的东北亚边域部族。从这个意义上讲，对南貊与北濊考古与民族文化的正确解读，应该是深入研究长白山区系考古学与民族学的一把钥匙。这是笔者从本世纪初近20年对长白山区系"南貊"与"北濊"文化总体认识的管窥陋见。

第六章

汉代苍海郡地望与狼林山脉的文化分区

本章作为长白山东系的重要考古与民族问题之一，主要根据《汉书》和《三国志》的记载，对在国内外学术界颇有争议的"东濊"与"苍海郡"问题及狼林山脉的文化分区提出新的考见，基本观点是《汉书》和《三国志》中记载的"苍海郡"是汉武帝时期设于东濊地区的郡县。其中，朝鲜半岛北部狼林山脉是当时古朝鲜与东濊的重要分界线。同时，狼林山脉（古单单大岭）也是后来乐浪郡与乐浪郡东部都尉七县的分界线等问题。本章的主要观点，即是辨析古今各说后认定"苍海郡"设置于"东濊"。

三年前，《地域文化研究》2018年第4期，发表了杨军教授的《濊人与苍海郡考》一文。文中引证《史记》《汉书》《三国志》《后汉书》和《资治通鉴》等多种正史，对"濊人"与"苍海郡"的形成及民族地理进行了梳理考证，并引述了包括笔者1994年《秦汉东北史》在内的自20世纪以来国内外六种关于"苍海郡"的主要观点。[①]而笔者承担的国家社科基金重点专项《长白山区系考古与民族论纲》中，涉及的重要问题之一，就有"东濊（东沃沮）"和"苍海郡"等问题。在课题资料准备阶段，对该问题的一个重要新思考，是在诸正史文献中，认为《汉书·武帝纪》和《三国志》卷三十东夷"沃沮传"中的两段记载至关重要。由此对诸先贤和杨文的一些看法，亦稍有异议。故撰写此章作为长白山东系要论之一，略书一家之言。

---

① 王绵厚：《秦汉东北史》，辽宁人民出版社，1994年。

一、对濊人与苍海郡先贤及时隽诸说的再辨析

鉴于关于"东濊"和"苍海郡"问题的讨论,是国内外具有跨世纪之争的学术问题,所以首先应了解迄今国内外的代表性观点。这里本文想摘取杨军先生文章中的六种主要观点,并按作者的个人认识,重新作以分析。

据杨文所列:

其一,辽东说。首倡此说者为日本学者白鸟库吉、箭内亘,认为苍海郡在今鸭绿江、佟佳江(浑江)流域,与汉武帝灭卫氏朝鲜后所设的真番郡同在一地。王天姿、王禹浪认为,苍海郡首府在今辽宁省大连市普兰店市张店汉城,也可以归入此说。

其二,珲春说。中国学者吴廷燮的《东三省沿革表》最早提出此说。张博泉支持吴廷燮说。

其三,夫余说。首倡此说者为日本学者那珂通世。当代仍持此说者有吉本道雅。

其四,朝鲜江原道说。首倡此说者为日本学者稻叶岩吉。中国学者金毓黻认为,苍海郡即后来汉四郡中的临屯郡。谭其骧、周振鹤等认为,苍海郡在今朝鲜江原道,实皆与稻叶氏的观点一脉相承。

其五,沃沮、濊貊说。认为苍海郡在后世沃沮、濊貊的分布区。如,刘子敏等学者认为,苍海郡"辖区应包括东濊、沃沮(东沃沮和北沃沮)所在领域,即今我国延边地区、牡丹江地区东部、朝鲜江原道和咸镜道以及俄国滨海地区"。苗威认为,苍海郡仅包括东濊和南、北沃沮之地。王绵厚认为,苍海郡大体在今朝鲜半岛大同江和狼林山以东、以北的近海之地。大体相当于今朝鲜咸镜南北道的近海之地。皆可归入此说。

其六,广域说。认为随濊君南闾降汉的达28万人,其分布地域一定相当广阔。孙进己等学者认为,苍海郡应包括后世的濊貊、沃沮、句丽、夫余之地,即包括今松花江流域、图们江流域以至朝鲜江原道的广

阔地域。杨军的观点与此相同。①

对上述杨文所述六种观点的得失，拟重新分析如下。

首先，杨文中在逐一分析否定了诸说后，肯定了"广域说"，并明确表示"杨军的观点与此相同"。

其次，杨文把笔者在1994年出版的《秦汉东北史》中的"狼林山脉以东为苍海郡说"，纳入到后来2000年刘子敏等和2010年苗威文章中所谓的"沃沮—濊貊说"。虽大体相近，但却不解深意。如果说20年后21世纪苗威先生的"沃沮说"结论与笔者的更接近。但刘子敏等先生将延边地区的图们江以西都列入"苍海郡"范围，则非笔者本意，并失之甚远。因为狼林山脉东与延边相去过远。子敏先生所论，应更接近杨军赞同的"广域说"。所以，本文下节立意的要点是"狼林山脉（单单大岭）"才是真正确认"苍海郡"西界的重要坐标。详述如次。

二、从文献记载分析狼林山脉在朝鲜半岛文化分区中的标志意义

如上节所述，把狼林山脉（古单单大岭），余考作"长白山东系"朝鲜半岛北部"乐浪郡"与"苍海郡"的分界，始于20世纪90年代《秦汉东北史》。其后，至21世纪的《高句丽与濊貊研究》和《中国长白山文化》"考古编"中，又把狼林山脉进一步考其为更早可追溯到"古朝鲜"之地，与"东濊"日本海西岸青铜文化的重要文化分区线。②本节限于篇幅如标题所言，仅以《汉书》和《三国志》中的两段关键文字，分析解读"单单大岭（狼林山脉）"在"苍海郡"地域研究中的坐标意义，以与有识者共鉴。

先录正史文献：（一）《汉书》卷六武帝纪："东夷濊君南闾等口二十八万人降，为苍海郡（东汉）。"服虔曰："濊貊在辰韩之北，高句丽、沃沮之南，

---

① 杨军：《濊人与苍海郡考》，《地域文化研究》2018年第4期。
② 刘厚生主编：《中国长白山文化》长春：吉林出版集团有限责任公司，2014年。

东穷于大海。"①（二）《三国志》卷三十东沃沮传："东沃沮在高句丽盖马大山之东，滨大海而居。……汉武帝元封二年（前109年，一说三年，前108年），伐朝鲜，杀满孙右渠，分其地为四郡，以沃沮城为玄菟郡……汉以土地广远，在单单大岭之东，分置东部都尉，治不耐城，别主岭东七县，时沃沮亦皆为县。"②

欲考明以上二书记载有关"苍海郡"的诸地理问题，需首先辨明正史中的如下几个专门地理与民族概念与名称。

其一，单单大岭。《三国志》中的单单大岭与"盖马大山"是前四史中提到的今朝鲜半岛西北部的两座重要山脉。盖马大山所指的盖马高原诸山在狼林山脉东，现仍袭古称。而另一"单单大岭"，中外学术界已公认为今狼林山脉。这一认定对确认"苍海郡"的西界意义重大。

其二，南闾薉君，又作"南闾濊君"。这里如《汉书》记载，是设置为"苍海郡"的古"东濊"君长（酋邦首领），其领地在《三国志》中记载"濊南与辰韩，北与高句丽、沃沮接，东穷大海"。③该条"沃沮"指相对于"东沃沮"的"北沃沮"，其中心地带应在苍海郡偏北的咸镜北道及迤北滨海区。

其三，"东穷大海"的"海"，从其地有"沃沮城"和"不耐城（乐浪不耐县）"，以及在"单单大岭之东"的方位看，应指今日本海。这正是指"苍海郡"取名的本意。有的研究者，以为在辽东半岛花儿山汉城发现了"临濊丞印"封泥，于是定"苍海郡"在辽东渤海湾。其最大的失误，即在以古代"北海"（渤海）当作"东海"（日本海）。因为整个渤海北岸，汉代均属辽东郡和辽西郡，与苍海郡相距数千里。

其四，《三国志》所称"岭东七县"，应专指单单大岭（狼林山脉）以东的后来乐浪郡之"东部都尉"所领七县之地。这正是汉武帝初"苍海郡"的本土。过去中外各家对"苍海郡"的纷见歧议，很重要一点，即忽视了苍海郡后来为"乐浪郡东部都尉七县"这一点。即确认苍海郡地域的两个基点是：狼林山脉以东和日本海以西。

---

① 班固：《汉书》卷6《武帝本纪》，中华书局，1962年，第169页。
② 陈寿：《三国志》卷30《乌丸鲜卑东夷传》，中华书局，1959年，第846页。
③ 陈寿：《三国志》卷30《乌丸鲜卑东夷传》，中华书局，1959年，第848页。

由上逐条分析《汉书》和《三国志》诸项地理与民族各条,可以为"苍海郡"的四至考定如下:

其基本地望为:朝鲜半岛北部狼林山脉以东,咸镜北道和图们江口以南的"北沃沮"以南,乐浪郡东北的"岭东七县",其东可及咸镜南道和江原道的日本海西岸。这一方域正如《史记》《汉书》记自古为"东濊"故地。在《三国志》等文献中也记录为"东沃沮(即东濊)"之地。其他古今诸如扩大到所谓延边等地的"广域说"等,系随意比附、失察历史真谛的推想。

三、狼林山脉是古朝鲜方国(汉乐浪郡)与东濊部族的分界线

如上节指出,狼林山脉不仅是汉武帝以后,朝鲜半岛"苍海郡"西南与"乐浪郡"东北的分界,而且往前追溯,它还是青铜时代的"古朝鲜",与(单单大岭)岭东古"东濊"部族的分界带。此论在2004年拙著《高句丽与濊貊研究》和2014年出版的《中国长白山文化》考古篇中均有详细论述。

现将《高句丽与濊貊研究》中的相关文字重新节录如下:

> 以朝鲜半岛北部和日本海西南岸为中心的"长白山东系"的青铜文化,作为整个中国古代"长白山区系考古文化"的组成部分,主要可分东、西两个系统。其西部或西南部,靠近鸭绿江右岸和黄海沿岸,即狼林山脉西南至北朝鲜湾的地区,主要反映为以"箕子朝鲜"和"卫氏朝鲜"为先后代表的"古朝鲜方国"青铜文化。而其狼林山脉以东北至日本海西岸,主要反映为濊貊系统沃沮的文化特征,在中国文献《史记》《汉书》中或称为"东濊"地区。其中狼林山脉(古称单单大岭),应是划分古代东、西朝鲜半岛文化分界线和鸭绿江水系与大同江水系的分水岭。在长白山东系,无论从自然地理还是人文地理上看,这东、西两区都具有不同的文化特征。因此在汉武帝设立四郡后,狼林山脉又成为"乐浪郡"与"岭东七县"之东部都尉即武帝初"临屯郡"的重要分界线。其最初汉四郡政区限界的形成,应具有前期深刻的历史文化和民族

学的时空背景。①

这里强调了狼林山脉既是古朝鲜与东濊的分界带，又是继其后乐浪郡与苍海郡（临屯郡）的分界带。以上拙论是早在本世纪之初就已提出的基本看法，也是2018年启动《长白山区系考古与民族论纲》中的基本立论之一。它不仅有文献依据，而且有朝鲜半岛的考古发现证明。现在旧著已提出长白山区系考古学概念的基础上，将长白山东系的两支青铜文化特色，再举证如下。

（一）古朝鲜时期青铜文化

长白山东系的狼林山脉以西、以南，鸭绿江以东的西朝鲜地区，青铜文化的上限，应在考古学确认的"新岩里文化一期"之末的公元前1000年前后。这是继半岛上新石器文化的有纹陶（篦纹陶）之后的夹砂褐质无纹陶时代。早期以支石墓、陀螺形陶器和琵琶形铜短剑为代表，稍晚有细形短剑、细纹镜与石块围成的石墓和木椁墓共存。反映着以古朝鲜青铜文化与当地土著部族铜、石并用文化的兼容和交流。前者以典型的支石墓和陀螺形陶器为代表的文化，被国内外研究者一般推定为古朝鲜时期的代表性青铜文化。其中支石墓，应主要源自长白山南系濊貊系统的辽东南貊式石棚和石盖墓；而所谓陀螺形陶器又称角形陶器，是从20世纪五六十年代以来，在以西北朝鲜大同江和载宁江流域为中心发现的与支石墓或石棺墓伴出土的夹砂红褐陶系统的略带弦纹，而形如陀螺的素面褐陶器。其基本造型有壶鼓腹罐和杯等，造形特征多短颈、迭唇，口沿下饰有弦纹，迭唇上多刻印有斜线或篦点纹，壶的上部是高斜领，中下腹部一般呈陀螺式鼓腹内收成圆底，陀螺形底部有圆直径3—4厘米的瘤状小平底。迄今多数中外学者，已经把这种古朝鲜类型以石棺墓和夹砂褐陶陀螺形壶为主的弦纹素面陶器，归于西团山类型的濊貊系统的北濊或朝鲜半岛上的古朝鲜方国时代的东濊系统。如韩国学者李亨求指出，在朝鲜半岛北部及"黄、渤海沿岸的石棺墓文化，是作为所谓东夷民族的代表"。②本书进一步解读为所谓支石墓应主要来自辽东"双房类型"的东北夷文

---

① 王绵厚：《高句丽与濊貊研究》，哈尔滨出版社，2004年，第398页。
② 河北省文物研究所：《环渤海考古国际学术讨论会论文集》，知识出版社，1996年版，第68页。

化。以上狼林山脉分区是早在21世纪初，《高句丽与濊貊研究》等著作中已提出的基本观点，今再重申之如上。

其稍后者大体从战国末以来，以大同江为中心的中、后期出现细形铜剑、细纹铜剑、多钮铜镜，以及出现的石盖石棺墓或土圹木椁墓等，则代表着古朝鲜时代后期的又一文化特征。这种大体在秦开却胡以后，深受燕秦文化影响的古朝鲜后期的青铜文化，在汉武帝以后的西北朝鲜的乐浪郡核心地区，得以继承和发展，并由此形成了长白山东系从青铜文化向乐浪郡之早期铁器时代过渡的主要考古学文化内涵。这一考古学现象，也已经得到国内外考古学界的多数学者基本认同。

（二）狼林山脉以东的东濊土著青铜文化

狼林山脉以东的东濊土著文化，是长白山东系青铜文化中，位于狼林山脉以东的岭东地区至日本海西岸的考古文化，在总体上属于沃沮文化，史籍中称为东沃沮或东濊。这一地区的青铜文化，以咸镜南道、咸镜北道、江原道为中心。其南为古三韩文化和真番文化。

这一文化分布于日本海西岸，在考古学上归纳有如下基本特征。

1. 从墓葬形制看，与长白山西系的濊系西团山文化相近。以东、西二支濊系的土圹石棺为其主要形式。其文化源头表现出的特征是北濊与东濊文化同源、同系。即与松花江流域的北濊式石墓具有渊源、东渐、交流关系，是传向日本海西岸东濊或沃沮的土著遗存。其中土圹石棺墓葬式，更多的具有北濊等长白山西系青铜文化的葬俗特征，或与西团山文化的东传有关。

2. 这一土著文化中的陶器亦独具特色。以被称为陀螺形陶器为主，不见三足器，而以夹砂褐陶的弦纹素面壶、罐、钵为主，同时伴出石镞、石矛等小件青铜器(工具)一类。特别是绝无三足器，是东北亚东濊与大同江古朝鲜文化和乐浪文化的区别。这种带弦纹的"陀螺形陶器"，朝鲜学者称为西团山类型，可以看出某些濊系的陶艺传统，但朝鲜半岛北部的东濊陶器，又绝不见西团山文化中的三足器。反映了后者日本海沿岸东濊部族的典型土著文化传统，在陶器上更接近辽东"冢类型"青铜文化。

3. 渔猎工具和骨器的发达，应与半岛沿海部族的渔猎经济有关，如波尔采文化多鱼骨出土。与大同江流域的古朝鲜和乐浪郡腹地相比，东濊地区的石制、骨制和铜制的鱼漂、铜镞、鱼叉、骨锥等典型渔猎工具，既反映了该部族文化海洋文化的原始性和质朴性，也反映了其经济生活的区域特征。这种狼林山脉以东岭东朝鲜半岛的青铜文化，乃至早期铁器时代的文化中，都具有自身的显著特点。其经济形态根源应主要反映环日本海西岸东濊的渔猎、采集生活方式。其后沃沮等部族，继承了这一文化传统。

总之，狼林山脉（古单单大岭）在西北朝鲜地区和历史上的乐浪郡与苍海郡地望关系上，是一个有坐标意义的山系文化界标。此论可以从《汉书》《三国志》等找出文献依据和考古学证明。这就是本节论定的苍海郡（包括后来临屯郡）设地在东濊说，也是《长白山区系考古与民族要论》中，拟系统讨论的长白山东系的重要考古与民族问题之一。

第七章
长白山区系中的北濊、东濊与北夫余、东夫余

2017年冬,笔者曾拜读审阅刘信君、邓树平著《夫余史》书稿。书中一个重要问题,也是东北民族史研究中具有"世纪之争"的问题,是关于北濊、东濊和北夫余、东夫余的关系。现将从2018年开始,承担的国家社科基金重点项目《长白山区系考古与民族论纲》在资料准备阶段,与《夫余史》等权威论著在这一问题上的若干不同想法,草撰薄文列为专题,以就正方家。

一、北濊、东濊与北夫余、东夫余学界一直存有争论

中国东北濊貊系统的北濊、东濊与北夫余和东夫余的历史考古问题,是一个早在20世纪初,即在国内外具有争论的问题。除了对其记载的文献考量和史迹遗存认证的争论外,仅就是否存在"北濊""东濊"以及"北夫余"和"东夫余",至今聚论纷纭。总的说来,以承认"存在二夫余说"和"不存在说"——"异称同名说"为代表。

其一,不存在说——异称同名说。国内学者以李健才先生为代表。他在1976年和1985年,先后两次与笔者共同调查吉林龙潭山和东团山夫余和高句丽史迹时,即当面表述其看法。其后以《北扶余、东扶余、豆莫娄的由来》一文发表于《东北史地考略》。①他的基本观点是,"我国史书只有夫余、北扶余,而没有东扶余……我认为东扶余亦即汉初以来的扶余,而不是在扶余之外又有东扶

---

① 李健才:《北扶余、东扶余、豆莫娄的由来》,《东北史地考略》,吉林文史出版社,1986年,第25—39页。

余"。①在20世纪80年代共同调查时,我亦曾尊李说。直至2017年,受吉林社科院委托,审读刘信君、邓树平先生合著的《夫余史》书稿。该书作为吉林省重点文化工程"东北古代方国属国史"系列之一,后在《社会科学战线》著文,其观点为否认历史上有"北濊",并认为"濊城"在朝鲜平壤,且坚持有一个夫余说。②

其二,历史上存在"北夫余"和"东夫余"不同地域的夫余说。最早如日本人池内宏、岛田好等,撰文认为,西晋太康六年(285),夫余王被杀后,其子逃"沃沮"和"东夫余"。③尽管其对"东濊"认知太晚,但提出了"东夫余"之说。20世纪后,中国学者考证"东濊(东夫余)"存在,多与"苍海郡"地望有关。仅以20世纪以来出版的专著将"东濊"与"苍海郡"一并考察者,略举先后有1990年曹婉如等《中国古代地图集》、1994年王绵厚《秦汉东北史》、1999年朴真奭《高句丽好太王碑研究》、2000年刘子敏等《东北亚"金三角"沿革开发史及其研究》、2011年董学增《夫余史迹研究》、2016年苗威《乐浪研究》等。其中一个共同认识是:汉武帝以后开辟的"苍海郡",应在狼林山脉东北的"东濊"地区(即东夫余)。近年如董学增和杨军先生在《地域文化研究》2018年第4期同时发表的《夫余研究管见》和《濊人与苍海郡考》二文。在总结以往研究基础上,其基本形成了共识:"文献与考古学文化证明濊族起码有两大支,一是北濊,一是东濊。"朴真奭先生也对比中外碑记、文献肯定了"北夫余"和"东夫余"的存在。④当然,在21世纪,对是否存在"北濊"和"北夫余",学界也有不同意见。如刘信君、邓树平先生,于2018年《社会科学战线》撰文认为不存在"北濊"。而大部分研究者认为西团山文化为"北濊",继其后的东团山文化为夫余,已成共识。可见,进入21世纪以后,东北学术界对"北濊"和"东濊"的研究是在不断进步的。

---

① 李健才:《北扶余、东扶余、豆莫娄的由来》,《东北史地考略》,吉林文史出版社,1986年,第29页。
② 刘信君,邓树平:《夫余与濊貊考辩》,《社会科学战线》2018年第9期。
③ 李健才:《三论北夫余、东夫余即夫余的问题》,《社会科学战线》2000年第6期。
④ 朴真奭:《高句丽好太王碑研究》,延边大学出版社,1999年,第158页。

笔者对北濊、北夫余和东夫余历史上并存的认识，亦经历了20世纪的反复思考。如上述，在1985年第二次与健才先生调查东团山以前，一直相信他秉持的"一个夫余说"。而观点的改变，即认为存在北濊（北夫余）和东濊（东夫余），缘于20世纪90年代初，先后编写《秦汉东北史》和《高句丽古城研究》。最关键的启发，是重读好太王碑文。其碑文曰：

> 惟昔始祖邹牟王之创基也，出自北夫余。东夫余旧是邹牟王属民，中叛不贡。①

重新审读好太王碑，深感这是5世纪的好太王时代及其以前，世人（高句丽）对"夫余"的真实认识，碑上二支夫余不应相混同。它的权威性既区别于一般传言，又是好太王4世纪时代，亲历的征伐"东夫余"和"出自北夫余"的记录，是存在"东夫余"的"石证"。这里需要指出的是，以往仅以文献记载否认"东夫余"者，多忽略了好太王碑文的重要性。如笔者在2019年《地域文化研究》上发表的《对〈汉书〉和〈三国志〉中"单单大岭"和"苍海郡"再考辨——"长白山区系考古与民族"要论之一》一文所指出的，好太王碑上的所谓东夫余，追述即是与古朝鲜并存且更早的日本海西岸的"东濊"部族。

二、确认北濊、北夫余历史定位的文献与考古学依据

如上述，国内外学术界在关于夫余的研究中，迄今已无争议的问题，是公认了《好太王碑》中，其始祖"出自北夫余"。争议较多的，是否并存有"北濊""东濊"和"东夫余"。本文立论以为"北濊""北夫余"与"东濊""东夫余"在历史上均曾经并存说。所以，有必要首先定位"北濊"和"北夫余"实际存在的历史文献记载的可靠性和考古学依据。因为在近年出版的《夫余史》等著作中，仍否认"北濊"的存在。

笔者认为：在诸多历史文献中可以分析、认证独立的"濊人"系统，同时称

---

① 朴真奭：《高句丽好太王碑研究》，延边大学出版社，1999年，第158页。

为"东濊""东夫余"和"北濊""北夫余"的正史文献,主要可举以下诸条:

(一)《逸周书·王会解》:"成周之会……正北方:稷慎、大麈、濊人、前儿。"①此条所记"濊人"因与北方"稷(肃)慎"相接,故应指北濊。

(二)《史记》卷112《平津侯主父列传》载严安上书言:"今欲招南夷,朝夜郎,降羌僰,略濊州,建城邑。"②《史记索隐》:"濊州,地名,即古濊貊国也。"此处的"濊州"之"濊",应指朝鲜半岛上的"东濊"。

(三)《汉书·卷六·武帝本纪》:(元朔元年)"东夷薉君南闾等等口二十八万人降,为苍海郡。"③晋灼曰:"薉,古濊字。"(颜)师古:"南闾者,薉君之名。"此"薉君"因发现在朝鲜半岛,又因与苍海郡同条,故亦指"东濊之君",即古东濊之地。

(四)《三国志》卷30东夷传:"今夫余……其印文言'濊王之印',国有故城,名濊城,盖本濊貊之地,而夫余王其中。""自单单大岭以西属乐浪,自岭东七县郡尉主之,皆以濊为民。"④此前段文字指"北濊",后段文字指"东濊"。

(五)《三国志·东沃沮传》:"(汉)沃沮诸县皆为侯国,夷狄更相攻伐,唯不耐濊侯至今置犹功曹。"此条的关键坐标有两条:一是"东沃沮",二是"不耐濊"。二地的方位都在日本海西岸的滨海东方,即古"东濊"故乡。而《史记》中严安当生于公元前156年前后,稍长于生在公元前145年的司马迁。参证以《逸周书》和《三国志》等,说明至少在汉武帝以前,"东北夷"之地确有"濊人"所居的"古濊城"。而且从夫余有"濊城""濊王印"和"不耐濊(东濊)"看,濊为独立族称。按照多年研究夫余史迹的董学增先生在《夫余史迹研究》等书中的论定,汉代夫余立国以前的"濊城"就在今吉林东团山南城子一带。⑤笔者在《高句丽古城研究》和《秦汉东北史》等著作中,亦赞同董说。这里

---

① 《逸周书》,《东北古史资料丛编》(1),辽沈书社,1989年,第6页。
② 司马迁:《史记》,中华书局,1975年,第2960页。
③ 班固:《汉书》,中华书局,1975年,第169页。
④ 陈寿:《三国志》,中华书局,1975年,第842—848页。
⑤ 董学增:《夫余史迹研究》,吉林文史出版社,2011年,第117页。

需要补充论证的尚有四点：

其一，笔者认为以古"濊城"为中心的"北濊"，是对应于其南部辽东秦汉长城沿线后来的"玄菟郡"属境的"南貊"——即周属东夷濊貊系统的辽东高句丽先人。此说的"北濊"，主要是指《逸周书》里的"正北方"和"玄菟北"两个地理标志，并由"玄菟"的确认而明确。此说的立论，始于20世纪90年代余研究高句丽起源，提出的辽东"二江""二河"为貊族中心说。①其立论的文献基础有二：一是前引《三国志》明确记载："夫余在长城之北，去玄菟千里。"该条所指的"长城之北"，系指玄菟以北的"北濊"或"北夫余"的方位。而燕秦汉早期长城，近年已明确发现在沈阳、抚顺、本溪一线。从2007年至2009年的三年间，辽宁长城调查队核查并复查了沈阳、抚顺、本溪段古长城，确认其墩台几十座，并写入长城调查报告。上述长城的发现，印证了文献的记载。二是，辽东"二江"和"二河"的貊族旧部，有明确文献记载的"大水貊""小水貊""梁貊"，均在辽东与长城毗邻。从与"北濊"对应看，可称"南貊"。

其二，该北濊之"濊城"即后来的如《三国志》中记载的"夫余王城"。其中心区域，即如《中国长白山文化》"考古篇"中论证的都在今松花江中游的吉林市东团山一带。这里是董学增先生等吉林考古人，多年调查发掘的从青铜时代的"北濊"——西团山文化，到西汉以后的"夫余"王国——以东团山文化为中心的土著发源地，已得到普遍公认。也正是拟编著的《长白山区系考古与民族论纲》中所指，"长白山西系"从青铜时代到早期铁器时代的代表性考古文化区，其考古发现日见丰富，即北濊的西团山文化和继承者夫余文化，已为国内外学界认同。

其三，该部"东濊"，即前引《三国志》中的"单单大岭"（狼林山脉）岭东的"濊人"。此处，"北濊"的"濊城"，亦对应朝鲜半岛的"东濊"，也即后世《好太王碑》中的"东夫余"。其考古学文化，以当代考古发现看，笔者亦赞同董学增先生的意见："西团山文化的族属为土著北濊人。其分布地域以第二松花江为中心，它与前沃沮或东濊人虽然都属于濊系，但并不相邻。与之毗邻而

---

① 王绵厚：《东北亚走廊考古民族与文化八讲》，黑龙江人民出版社，2017年，第75—94页。

居的是西南面的貊人。"①这里董文所说西南的貊人，即明确赞同余辽东"二江"和"二河"上游之辽东诸貊部（高句丽之先）。而"东濊"的考古文化，余在《长白山文化》考古篇认为是：朝鲜半岛北部狼林山脉东北的以江原道、咸镜南道为主"以不见三足器、以竖穴石棺"为特征日本海西岸的青铜时代考古文化和早期铁器文化。

其四，应当指出，与长白山区系考古与民族研究密切相关的"南貊""北濊"，以及与辽东貊族和高句丽的关系，一直是国内外学术界素存争议的问题。从20世纪以来的国内学术界来看，对这一问题的看法主要有两种观点。其一是肯定辽东之"貊"族存在并与汉代以后的高句丽在族源和考古学文化上均有渊源关系；其二认为二者没有关系。

第一种观点，可举笔者1992年在石家庄"第三次环渤海考古国际学术会议"上发表的论文《关于汉和汉以前辽东"貊"族考古学文化的考察》（后收入2000年《东北古族古国古文化研究》中卷）。该文首次提出，以辽东石棚、石盖墓、积石墓为主要代表特征的青铜文化，是"汉代以后辽东高句丽文化的先基"，其后又提出"南貊北濊说"。此后，1996年高句丽考古学家李殿福先生，在《东北考古研究》一书中，详细考察分析相关考古资料后，得出相同结论："高句丽族源应是辽东貊人。"进入21世纪，肯定"南貊""北濊"与高句丽、夫余关系的，有夫余研究专家董学增先生。他在2011年出版的《夫余史迹研究》中说，"以先秦时期濊、貊两族的分布地域看，'南貊北濊'说，大抵符合历史实际"。

持相反观点的，可举考古学家林沄先生。他在1999年《史学集刊》第四期发表《说"貊"》一文。文中说"高句丽与先秦的貊并无人种和文化上的联系"，并在文章结尾时总结道：

> 我们把古籍中有关貊的记载全部梳理了一遍。可以看出，先秦的貊一定是实际存在过的一个重要的族，但要弄清先秦的貊主要分布在何

---

① 董学增：《夫余史迹研究》，吉林文史出版社，2011年，第117页。

地，及其历史真面貌，还需要在东北南部开展进一步的考古工作。然而目前已可以断言：过去有的学者因为没有考察"胡貊"连举的实际历史，便断言貊曾远布于西方，其实是不能成立的。还有不少学者对汉代才出现的"濊貊"连举现象未作充分的历史分析，便信从东北自古以来有所谓"濊貊系"民族或"濊貊系"考古学文化的谬说，这一迷信是亟须破除的。

林沄先生是资深考古学家，他的观点具有影响力和代表性。笔者在认真和反复拜读该文后，作了"一分为二"的判断。认为该文结论的前半段，肯定了"先秦的貊一定是实际存在过的一个重要的族"，并指出"还需要在东北南部开展进一步的考古工作"，澄清了长期以来国内外的"怀疑派"，对先秦的辽东貊族存在和源流的无端解释，颇有见的，同时表现了一个考古学家的谨慎治学态度。但后半段说，"可以断言……不少学者对汉代才出现的'濊貊'连举现象未作充分的历史分析，便信从东北自古以来有所谓'濊貊系'民族或'濊貊系'考古学文化的谬说"，并否认辽东之貊与高句丽的关系。其结论未免太早，值得商榷。简言之，笔者继20世纪90年代初以来，至本课题启动的前后30年间，对林文"东北南部"（本课题中称为"长白山南系"）已有大量考古学资料与文献史料的分析、考辨和比证，不仅证明了存在"濊貊系"的考古文化，而且提出"南貊""北濊""东濊"及先秦辽东半岛"诸貊"与汉代高句丽文化的发展演进关系等看法，并且认为"南貊"与"北濊"在历史上曾各自独立发生，各具特色。从"南貊"的辽东马城子文化到石盖墓文化新城子类型，再到松花江流域的西团山文化，其各自的内涵明确、脉系清晰，共同因素明显，可合称构成东北"濊貊系考古文化区"。这一认识，可视为"在东北南部开展进一步考古"的世纪所获。尽管其认识可能尚不够完备，但作为支撑"长白山区系考古与民族"研究命题的立论基点之一，其文献可据、史迹昭然。故不避疏浅再重抒拙见，作为探索这一长期扑朔迷离的东北亚民族考古学"学术冰山"的一种尝试。

三、简要结论

综上所述，本节拟对从20世纪《秦汉东北史》出版以来，至2018年启动

《长白山区系考古与民族论纲》历经近30年时间,对"北濊""东濊"和"北夫余""东夫余"问题的基本看法,小结如下:

其一,"北濊"是从先秦即明确见著史籍中的东北亚(东北)地区古老部族。从迄今考古发现看,松花江中游的青铜时代的西团山文化,是其标志性的土著文化遗存。继承"北濊"的夫余,其最早的文化命名地,应以20世纪30年代李文信先生最早调查的吉林东团山文化为准(以后又有汉书和老河深等考古学文化发现,可归为同类)。

其二,进入公元前2世纪以后的西汉初、中期,由东流松花江南的古"橐离国"(今宾县庆华古城)南下"濊地"而建立"北夫余"后,"濊城"是其政治、文化中心。其当代考古学文化标志,应是以今吉林市东团山、帽儿山、南城子为中心的"东团山文化"的中心区域(亦有论为老河深文化等)。

其三,与松花江流域的"北濊"和"北夫余"相对应,在"长白山区系文化"中,应还有"南貊"和"东濊"。南貊的中心在辽东"二江"(浑江、鸭绿江)南北,而"东濊"(东沃沮)则应在朝鲜半岛狼林山脉以东的日本海西岸。在汉武帝元朔元年,曾在此"东濊"地区,短期设置有"苍海郡"。在后来的汉武帝所设"朝鲜四郡"中,东濊应属"临屯郡"地和乐浪郡"东部都尉"领地。

其四,"东濊"在历史文献和好太王碑中,又分别有"韩濊""不耐濊""东夫余"等诸称。其中"韩"主要指《三国志》中的苍海郡以南的"辰韩","不耐城"为临屯郡首。它的基本方位应在日本海西岸狼林山脉以东故"苍海郡"和"沃沮(南)"境内,即后来"乐浪郡的东部都尉"七县领地。治所在不耐城,地应在咸镜南道咸兴一带。以上即是本书长白山考古与民族要论之七,对长白山区系文化研究中具有世纪之争的几个重要考古、民族问题的重新定位和思考。

第八章
长白山区系考古中马城子文化与西团山文化的关系

在中国东北长白山区系考古学文化中，马城子文化和西团山文化，分别是长白山南系辽东地区和长白山西系吉、长地区的两支重要的青铜时代考古文化。二者在构成"南貊"与"北濊"的土著文化中，各自构成地域和民族文化特征鲜明的代表性文化类型。本文所以将"马城子文化和西团山文化关系"列为专论，是因为在中国东北和东北亚民族区域的考古和民族学中，对二者的关系，学术界尚存在较大的分歧。其中举近年的有影响的代表性论著，可举吉林大学考古学院赵宾福教授2009年出版的《中国东北地区夏至战国时期的考古学研究》和夫余史专家、原吉林市博物馆董学增研究员2011年出版的《夫余史迹研究》两书进行比较研究。

赵宾福先生在《中国东北地区夏至战国时期的考古学研究》一书中，宏观、系统地梳理了东北地区考古学文化系列和类型后，颇有卓见地将东北地区的宏观考古学系列分为西部"大兴安岭—燕山文化带"和东部"长白山—千山文化带"。他在论及马城子文化与西团山文化的关系时说："马城子文化分布在辽东北部地区，年代为夏商时期。西团山文化分布在第二松花江流域，年代为西周时期。从这两种文化的关系来看，地域上虽然存在一定的距离，但是时间上前后相连，而且两种文化的陶器种类和形制特点均表现出了相当多的一致性（图三）。特别是马城子文化晚期陶器和西团山文化早期陶器之间，形态过渡和演进现象十分明显……现有足够的理由认为，第二松花江流域的西团山文化应该是由辽东北部地区的马城子文化发展而来的，它们虽处异地，但同属一个文化系统（可简称为'马城子文化系'）。这一系统在夏商时期分布在辽东北部地区，到了西周时期迁徙到第二松花江流域。不过，在这种文化的整体迁移过程中，也有一少部分留在了当地,并且融入到辽东南部地区扩张到此的双房文化之中。"①其后,他在合著的《吉林省地下文化遗产的考古发现与研究》中,再次肯定并发挥这一观点,认为"马城子人"于西周初年整体搬迁到松花江流域。

董学增先生则在《夫余史迹研究》所收《试论西团山文化的源流补考》中说:"笔者基本赞同赵先生关于辽东北部地区的归类和命名,也注意到了西团山文化中许多器物特别是陶器与马城子文化确有诸多相同或相似之处,因此可将西团山文化与马城子文化归为一系,称为马城子文化系。但是不是马城子文化'到了西周时期迁徙到第二松花江流域',换言之,是否'现有足够的理由认为,第二松花江流域的西团山文化应该是由辽东北部的马城子文化发展而来',笔者意见,这个问题的答案目前还不应骤定。"②

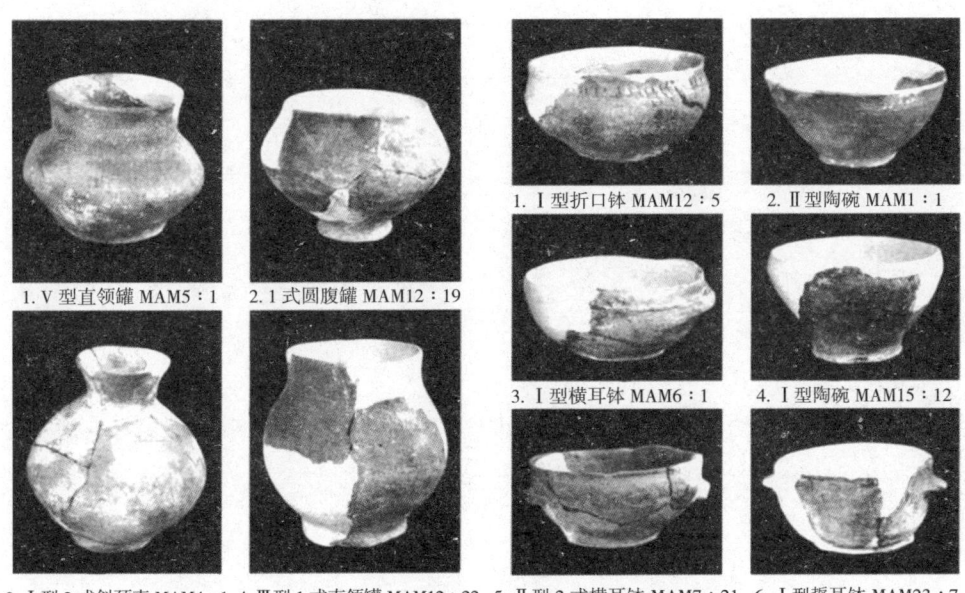

图三　马城子文化 A 洞出土陶罐、陶壶、陶钵、陶碗

细捋赵、董两位先生关于马城子文化和西团山文化的关系论,两人各有异同。但总的看,是"异"大于"同"。二人的共同点,是按董学增先生原文是

---

① 赵宾福:《中国东北地区夏至战国时期的考古学研究》,科学出版社,2009年。
② 董学增:《夫余史迹研究》,吉林文史出版社,2011年,第168、169页。

"可将西团山文化与马城子文化归为一系，称为马城子文化系"。但接下来董文则明确认为，"是不是马城子文化，到了西周时期迁徙到第二松花江流域"。①就此，董学增先生列出了四点质疑理由：

> 一是吉林市地区已发现了在新石器时代文化之上即西团山文化遗存，如永吉星星哨新石器时代、青铜时代遗址。二是截至目前尚未发现与马城子文化晚期、更不用说早期一模一样的文化遗存，如马城子文化为洞穴遗存，而西团山文化为石棺墓文化遗存。也不能说"比较两种文化的墓葬习俗……从时间早晚来看，应该是先为洞穴墓，后由集体掩埋的洞穴墓逐渐演变成了个体掩埋的洞外石棺"。因为石棺墓不仅在中国东北地区第二松花江中上游有所分布，而且在图们江流域的延吉小营子、汪清百草沟、汪清天桥岭等地亦有分布。此外，河北唐山小官庄等地，内蒙古赤峰红山后、围场东家营子，四川省理番县，西藏拉萨附近的辛多山嘴等地，均发现数量不等的石棺墓。三是马城子文化洞穴墓葬有多人火葬迹象，而西团山文化墓葬基本上是单人葬并不见火烧现象。四是器物种类也不完全相同，就陶器而言，新乐上层第二期文化"器形以鼎、鬲、甗等三足器为主"，而西团山文化迄今未发现甗。②

在20世纪考古学界提出"马城子文化与西团山文化的关系"，具有类似看法的，还有1994年出版的李恭笃先生的《马城子——太子河上游洞穴遗存》考古报告中的表述：

> 综上所述，不难看出西团山文化的生产工具、生活器皿、狩猎和作战用的武器以及埋葬习俗等四种主要文化因素，都反映出与马城子文化有着密切的内在联系，即张忠培先生所讲的存在着相同起源的"亲族考古文化区"。林沄先生在《中国东北系青铜剑的初论》的文章中，在论

---

① 董学增：《夫余史迹研究》，吉林文史出版社，2011年，第168、169页。
② 董学增：《夫余史迹研究》，吉林文史出版社，2011年，第168、169页。

及C型剑身的流布区时，明确提到辽东半岛三足器不发达，在该区土著文化中根本不存在，就准确地抓住了辽东早期青铜文化的本质和关键。

董学增先生经过多年的实地考察和研究，在《试论吉林西团山文化》一文中写道："近年来在抚顺地区清原县的四个公社（即土口子公社门脸大队、湾甸子公社小错草沟、北三家公社李家堡、夏家堡公社马家店）都发现板石立砌的石棺墓。在这些墓葬里出土的随葬品有石斧、石刀、石镞、石剑、石纺轮、陶罐、陶壶、陶纺轮、铜矛、铜剑、铜斧等。其质地和形制与西团山文化的器物基本相同。"我们认为这种认识和论断是准确可信的。

基于上述理由，应把吉林省的东南部和辽东地区看成一个统一的大文化区系。从大的框架讲，辽、吉两省东南的青铜文化是有着密切关系的统一体。其发展当然是一个融合、分裂复杂的多变过程。需要我们去划分更多的文化类型，研究其不同发展阶段的文化特征和它们之间的承接关系。

总括起来看，辽吉两省东部青铜文化存在着接续发展的关系，而两省东部青铜文化与西部青铜文化的联系，则是相互影响的碰撞关系。

西团山文化与辽东石棺墓文化显得更直接，与马城子文化中间可能还有些缺环。深入研究马城子文化与西团山文化的关系，有助于解决辽吉两省东部青铜文化的渊源和族属问题，同时对研究东北多民族文化的产生、发展，最终又是如何汇聚融合成一体的具有重要意义。[①]

需要指出的，该报告与张忠培、赵宾福等考古学家认为"吉林东南部与辽东地区看成一个统一的大文化区系"是一致的。如果指同属东北地区"濊貊系考古学文化区"，笔者认为也是成立的。但与董学增先生一样，李恭笃的《马城子——太子河上游洞穴遗存》报告，有两点与赵宾福先生的"同源同系论"不同。其一，明确指出"西团山文化与马城子文化有诸多不同因素"（尽管未深究其因）。其二，明确肯定马城子文化族属为辽东"貊族"先人，这是有别于公认的

---

① 辽宁省文物考古研究所、本溪市博物馆：《马城子：太子河上游洞穴遗存》，文物出版社，1994年，第296页。

"北濊"系统的西团山文化的来源。在较系统摘录了以上三位先生有代表的意见后,笔者重新审视这一关乎"长白山区系"重要考古问题后认为:如果从东北大区系的"南貊""北濊"统一系统考古学的"东北夷区系考古"看,把两者纳入"一系"尚有可缘因素。但如果从"南貊""北濊"族系的不同文化源头、各自主体内涵、流向继承嬗变看,马城子文化和西团山文化应是各自独立发生、各具特色、族系不同的"长白山区系"考古类型之一。正如董学增先生虽然同意可将西团山文化归于"马城子系",但已列出四点不同文化要素。这四种不同文化内涵,涉及考古学上的民族聚落形态、墓葬结构、葬俗特色、包括并无完全相同的陶器类型。这就启发人们思考二者的地域文化差别。特别是把马城子文化作为西团山文化的源头,实则在考古学上很难成立,以下试从三个方面对这一问题作进一步具体分析。

一、两支文化各有独立的土著文化源头

考察马城子文化和西团山文化,其各自独立产生和发展的第一个重要文化要素,是两支考古文化各有土著文化源头。如余著《中国长白山文化》第二编"考古编"中指出:马城子文化,其文化源头应来自辽东太子河流域的"庙后山类型",从旧石器晚期的"洞穴遗址"到新石器时代的"洞穴积石墓"。有的在同一地点,存在新石器文化与青铜文化的明确叠压关系,这是迄今公认的辽东本土的一支考古学文化。

而西团山文化的源头,从近几十年的考古发现看,正如董学增先生等指出,其本地的更早的考古文化,是吉、长地区的新石器时代的"左家山文化"和"永吉县星星哨"等类型。[①]正如董学增先生在《夫余史迹研究》中总结论述说:

> 根据第二松花江流域新石器时代文化面貌与辽东北部地区的新石器时代文化面貌存在较大差异,可以认为它们都是当地起源、发展起来的本土文化。起码在目前可以说西团山文化属于先秦濊人的文化;而马城子文化大体属于先秦土著貊人的文化。[②]

---

① 董学增:《夫余史迹研究》,吉林文史出版社,2011年,第170页。
② 董学增:《夫余史迹研究》,吉林文史出版社,2011年,第169页。

这就是董先生立论和认同的笔者近年论定的"南貊"与"北濊"说。而且明确了在青铜器时代西团山文化的同地，确有更早的新石器时代文化，尽管一些地方尚有缺环，但西团山文化在本地自有源头也有考古证明。

二、两者有不尽相同的主体文化内涵

在讨论两者的关系时，以往持从南到北——马城子文化和西团山文化，同源同流"一系"的学者，更多地强调两者的陶器类型、石器和铜器相近的形制比较。这无疑是重要的。但应注意的是，夹砂褐陶，少纹饰多素面，平底多耳基型、少三足（无三足）器，如第一章"独立文化区"分析，是整个"长白山区系"的共同文化传统，并不能单凭此确定文化类型分区和源流。特别应当指出，即使有共同因素的陶器，二者主体内涵也不尽相同。仅举西团山文化和夫余（东团山文化）的标识器物——豆，在马城子文化和典型辽东大石盖墓中从未发现。相反，总观马城子文化和西团山文化，两者主体内涵的"异"更大于"同"。举如下三种：

其一，聚落（邑）形态。马城子文化以洞穴居、"石垣聚落（寨）"、发展为山上石城为主；西团山文化则以土叠筑、木构"圆栅"、"穴居建筑"为主。

其二，墓葬结构。马城子文化以"洞穴平地积石墓"向地上、半地上式石棚、石盖墓、积石墓、石棺墓演变（图四）。而西团山文化及其后续的东团山文化则为典型的濊系"竖穴石棺墓"（图五）的代表。

图四　马城子文化洞穴平地火葬墓（张家堡 A 洞 M2）

第八章　097

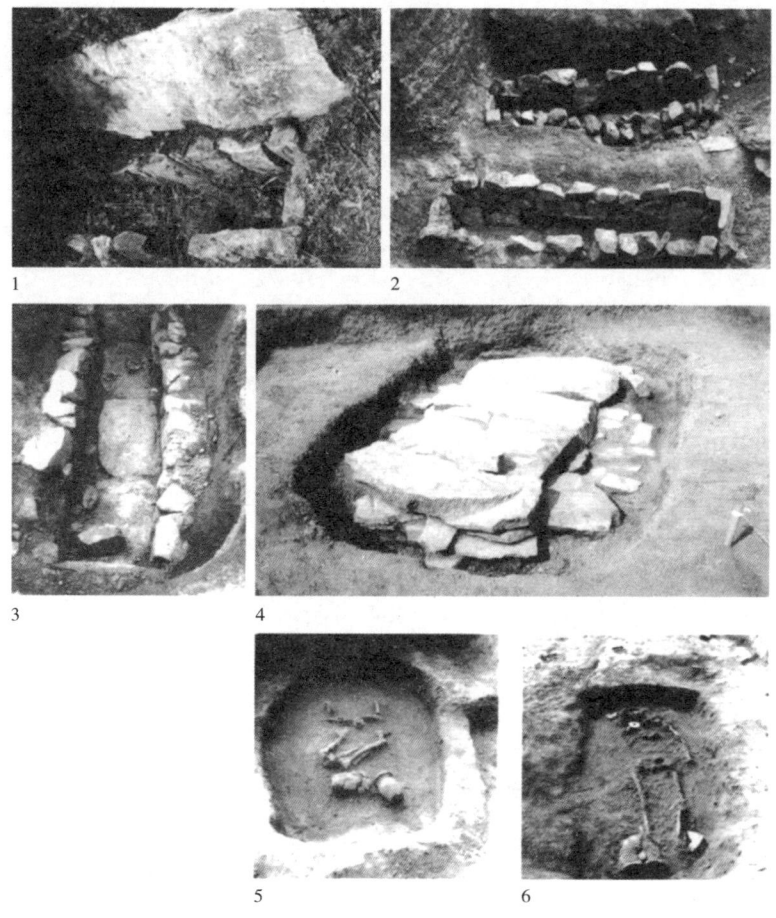

1. 永吉星星哨青铜时代西团山文化板石立砌石棺墓
2. 永吉星星哨青铜时代西团山文化块石垒砌石棺墓
3. 猴石山遗址石棺墓
4. 永吉东梁岗遗址石棺墓
5-6. 永吉杨屯大海猛土圹墓

图五　西团山文化石棺墓各类型①

其三，火葬习俗。以马城子文化为代表的辽东诸"貊"族，从青铜器时代到

---

① 吉林市博物馆：《松花江中上游流域文明之光：西团山文化文物精萃图论集》，吉林文史出版社，2017年，第24页。

早期高句丽墓地世代传承。而西团山文化，除个别文化外来因素外，无本土"火葬"传统。这同西团山文化中外来因素的"三足器"一样。马城子文化的本土，也绝少见三足器，是为辽东土著传统。而西团山文化本土却无"火葬"文化传统，这是"南貊"与"北濊"不同的葬俗表现。

这样分析马城子文化和西团山文化的异同，似乎更符合其考古学总体面貌。应当着重指出，以往在分析两者的相互关系中，包括一些资深考古学家，更多地从"考古器物类型学"角度分析。而对"长白山区系"这样一个多民族、多系列的东北亚边域地区来说，举上述文献记载的"族系渊源"和"葬俗文化"等，更应当是值得关注的要点之一。就此本章对这一南北具有同、异共存，而"异"更大于"同"的长白山区系文化，其差异的本质内涵分析，或根本在于分清"南貊"与"北濊"的族系文化差别。这是近年来逐渐被认同，但尚有许多需深入探索领域和补正的文化课题。

三、两支考古文化具有不同的流向传承

在讨论马城子文化与西团山文化的关系中，二者的不同流向与后续文化传承的族属归向，是又一个具有文化标识意义的重要因素，而且是一个经几十年考古发现证明，已经越来越明朗的考古、民族学现象，值得引起关注。

其一，西团山文化的流向传承，在本文中引证以董学增先生为代表的研究结论，已基本在国内外得到共识：继西团山文化之后，在本土直接继承的是"北濊"系统的夫余文化。本文赞同林沄、董学增先生，称其为东团山文化。

其二，马城子文化的流向传承，目前尚不如西团山文化被公认，但经几十年辽东各地的跨世纪的考古发现和研究，其趋向也渐趋明朗。这里我们要先重点分析赵宾福先生等断言的"西周初马城子人整体搬迁松花江"的可信性。其一，这一看法没有任何文献根据。其二，考古学文化依据也不充分。除上举两陶器的差别外，马城子文化普遍存在的火葬习俗，在西周初的西团山文化中也无发现。

上举赵宾福先生认为马城子文化的流向，主要是向北至松花江流域的"整体搬迁"，显然只是主观推测。而马城子文化直接的本土继承者，笔者认为"新城子文化"是以包括太子河流域上游的"梁貊"在内的诸如辽东"南貊"至汉代高句丽先进文化为主。鉴于这一问题，迄今仍存悬疑尚多，本节略述作者亲历其研

究之缘起并做考古调查回顾。

从笔者自身的探索过程,对该问题的关注,始于20世纪80年代中叶启动的《东北古代交通》和《高句丽古城研究》。① 当时为探求辽东"梁貊"古道和高句丽起源问题,从1983年至1987年的五年间,先后会同本馆孙力、抚顺博物馆徐家国、吉林省李健才先生等,连续调查了抚顺、新宾、桓仁、本溪、集安等地几十座汉城、高句丽(貊)山城及附属墓地。其中1986年夏为寻找"梁貊"遗迹,与孙力等首访太子河上游新宾县"太子城"印象颇深。该城地处太子河(古大梁水)岸边独立山险台地,早期和中期高句丽山城石墙和遗物,保存遗迹明确、遗物丰富。特别在山城南部坡地,当场发现有相当青铜时代的少量夹砂红褐陶片和残石刀一段,其时代明显早于高句丽。由此在1990年辽宁大连召开"环渤海考古第三次国际考古会议"时,曾撰有短文《辽东"梁貊"与"貊城"》(会上未交流、后修改稿《从辽东"梁貊"故城到高句丽山城的调查与思考》,发表于2011年全国第14次考古学会论文集)。"三普"以后,太子河流域同类发现倍增。在《长白山考古与民族论纲》"第三编":长白山南系的考古与民族中,即详列有肖景全先生等于2007年开始"三普"及"三普"以后,在新宾等地发现的数倍于前的青铜时代的石盖墓和堡寨遗存。这一马城子文化后续的"新城子类型",范围更广。而1990年这篇调查后手写的短文,虽然没能在当时名家聚会的会上交流,但其初步看法"太子城"为"梁貊故城"的观点,得到了当时主持马城子遗址发掘的与会北大学兄李恭笃先生的支持。笔者和恭笃当时交流唯一的不同看法是,笔者认为马城子文化后期本身就是洞居的辽东貊人。据《逸周书》记载,商周之际已有"北发(貊)"。而恭笃则认为貊见于文献晚,马城子文化只是貊人的先世。如他在1994年出版的《马城子——太子河上游洞穴遗存》考古报告结论之族属一节总结说:"马城子文化是东夷族、貊族的先人文化。"② 但这是20世纪一位亲历考古发掘的考古学家,对辽东太子河上游马城子等青铜文化为先秦"貊

---

① 王绵厚等:《东北古代交通》,沈阳出版社,1990年;《高句丽古城研究》,文物出版社,2002年。
② 辽宁省文物考古研究所、本溪市博物馆:《马城子:太子河上游洞穴遗存》,文物出版社,1994年,第301页。

族"的最早认同之一,也是对笔者先秦已有辽东土著"南貊"论断的早期考古学诠释。

最后,在总结马城子文化与西团山文化关系时,应当注意在考古学文化分区中的两个重要现象。一是经近年考古发现,如华玉冰教授于2011年在《考古》第6期《新城子文化初步研究》中指出,在辽东地区"马城子文化"的继承者本土后续,是分布着地域更广阔,传续特征鲜明的同系大范围的"新城子文化"。而据笔者20世纪以来亲自调查过的桓仁、新宾等地同类青铜文化至西汉前期,在本溪、桓仁、新宾等三地,都有"龙头山墓地",因此所谓"新城子文化",应以上述"龙头山类型"发现最早且最有代表性,是马城子文化的直接继承者。[1]二是需要慎重地把握以文物类型划分文化分区时对类型学的作用和意义应有全面的认识。举如东北地区另一个重要的青铜文化类型——青铜短剑文化,在这一文化分布的辽东和辽西地区,如单就剑柄、剑身类型看,都应属一个文化体系,即国内外学术界一般称为"辽宁式短剑"或"中国式短剑"。[2]但从其分布的族属和不同地域文化性质来说,医巫闾山东西两侧,从新石器时代到青铜时代,无论在族系还是文化内涵上,均应属不同的独立文化区系列。即青铜短剑的发现地,至少包括辽东、辽西不同的族系。举此公认的考古学文化例证,旨在说明确认一个文化区系除类型分区法外,更需要兼顾地理、民族、文化、文献等因素,这种地域文化分区中应引起关注的多元要素分析法,不仅在中国东北,在欧亚大陆的许多地区(如俄罗斯),都十分重视民俗文化分区等在标志民族文化的区系族属和地域文化中的意义。即在一个较大的地域文化圈中(如东北夷),年代越早的各个以血缘、部族为纽带的"亲族文化区",其独立性越要充分关注。

---

[1] 王绵厚:《青铜时代辽东地区的"三个龙头山"类型》(未刊)。
[2] 赵镇先:《中国式铜剑在朝鲜半岛出现的背景》,《边疆考古研究》第5辑,2006年。

第九章
长白山南系的辽东青铜短剑文化源头与族属问题

本章是在20世纪国内外学术界已讨论的东北系青铜短剑文化基础上，从长白山区系考古与民族研究的角度，专门探讨其文化源头和族属问题。因为关于青铜短剑的年代和类型分式等，迄今学界已有趋同认识。唯其考古学文化的源头和族属至今分歧较大，此亦为本章讨论的重点。

一、对长白山南系青铜短剑问题涉论的简要回顾

本书在第二章长白山南系的青铜文化中已经论及，属于青铜时代早期，与山东半岛的龙山文化晚期和岳石文化渊源交流甚深的辽东土著——双砣子文化，在族系上可比定为古老辽东貊系的南支——青丘文化。这一看法的正式提出，是在1992年石家庄召开的第三次环渤海国际考古学讨论会上，提交的《关于汉以前东北"貊"族考古学文化的考察——兼论辽东石棚、石盖墓、石棺墓的性质与时代》。[①]在这篇文章中，初步提出了辽东地区西汉以前的石棚、石盖墓葬含青铜短剑遗存，应属辽东"貊"族系统的青铜文化。而更早的追溯是在1989年，笔者与孙进己先生主编《东北历史地理》（第一卷）时，已提出西汉以前的"青丘部族"应在辽东半岛千山以南的沿海区，即双砣子文化的主体分布区。

以上简要回顾了自20世纪90年代以来，笔者关于辽东巨石文化和青铜短剑文

---

① 王绵厚：《关于汉以前东北"貊"族考古学文化的考察——兼论辽东石棚、石盖墓、石棺墓的性质与时代》，河北省文物研究所编：《环渤海考古国际学术讨论会论文集（石家庄1992）》，知识出版社，1996年。

化族属关系的认识,至今垂30年。1992年,当时李恭笃先生的报告《马城子——太子河上游洞穴遗存》尚未出版,考古学界对含青铜短剑的辽东石构墓葬为"貊"系的认同较少。笔者提出"貊"系的初见,源自20世纪80年代中叶,对包括太子河梁貊在内的辽东高句丽古城和更早的石墓的调查。①现将1992年论文的主要观点节录于下,以作为进一步分析的参考和依据。其原文为:

> 遍布在辽东、吉南山地和辽东半岛及鸭绿江右岸,是以大石棚、积石墓、石盖墓、石棺及同类青铜短剑文化遗址为主要特征的文化遗存。这几种遗存,总体上都是汉以前青铜短剑文化的遗存,并通常被包括在辽东巨石文化和稍后的青铜短剑文化的范畴内。②

这段话有两个基点:一是认为辽东巨石文化(石构墓葬)与青铜短剑文化同为一个地域文化传统;二是其族属主要为辽东貊族。今天,从长白山区系考古学与民族学的新视角,重温这一30年前的基本观点,应再明确以下三点:

其一,本文所指石棚、积石墓、石盖墓、石棺墓与同类青铜短剑文化,是把辽东青铜文化的同期石构墓葬(俗称巨石文化)与同类(同时并存)的青铜短剑文化,作为同一地域、同一族系的一个考古学文化(或族属)类型来定位的。

其二,这一文化的主要文化分布区,是以"辽东半岛山地和鸭绿江右岸(西岸)"为中心,即属于本书论定的"长白山南系",因30年前还没有统一的"长白山区系"的视野,故泛称辽东地区。在千山以北,则以马城子文化和后续新城子类型(龙头山墓地)为代表。

其三,这一区域类型的青铜文化,其族属在西汉以前,应属于土著在辽东半岛的貊族。即辽东青铜短剑文化的主体为貊系,而不是以往一般的所谓"濊貊说"。

以上三个基点,对辽东巨石文化与青铜短剑文化的关系,同20世纪90年代以前国内外关于青铜短剑文化的诸家看法,在时空分布、地域范畴、族属性质等方面,均有不同。故应略予简要回顾,并作为以下与20世纪以来国内外研究青铜短

---

① 王绵厚:《踏寻高句丽古城四十年》,《庆祝新中国60华诞"我与文化遗产保护"大型主题征文活动文选》,文物出版社,2009年。

② 王绵厚:《关于汉以前东北"貊"族考古学文化的考察——兼论大石棚和石棺墓文化的族属与时代》,《文物春秋》1994年第1期。

剑文化诸家的意见进行比较研究时的说明。

二、对中国东北青铜短剑文化族属研究主流意见的分析

东北系青铜短剑研究，是20世纪中国东北和东北亚青铜时代考古的重要问题之一，并涉及朝鲜半岛等跨国区域。在20世纪60年代，对青铜短剑文化进行早期报道和研究的，国内学者主要有林沄、孙守道、徐秉琨等，国外有日本学者秋山进午等。[1]进入20世纪80年代后，对青铜短剑文化进行系统研究的代表性论著，有林沄的《中国东北系铜剑初论》《中国东北系铜剑再论》，靳枫毅的《论中国东北地区含曲刃青铜短剑的文化遗存（上）》，王成生的《概述近年辽宁新见青铜短剑》，朱永刚的《东北青铜文化的发展阶段与文化区系》，以及朱凤瀚的《论中国东北地区与朝鲜半岛出土的短茎曲刃青铜短剑》等。[2]本文之所以将青铜短剑文化研究的代表性论著主要列举在20世纪末以前，是因为在进入21世纪后，如吕军、陈光等的专题研究，主要集中在对该文化的源头、族属等方面进行的新的进一步论述。而对于青铜短剑文化考古遗存的发现、分布、类型分式等，新见解不多，基本仍循20世纪的几种基础看法。而如论及其源头、族属问题时，则如吕军总结说：总的不外有"辽西起源——山戎-东胡说""辽东起源——濊貊-古朝鲜说"和"西伯利亚起源说"三种，并没有新的研究观点。[3]因此，本书作为一个非专门研究青铜短剑的论著，拟集中讨论其文化族属和源头问题，并主要列举和主

---

[1] 林沄：《东北的突脊曲刃剑问题》，北京大学毕业论文，1962年；孙守道、徐秉琨：《辽宁儿堡等地青铜短剑与大伙房石棺墓》，《考古》1964年第6期；［日］秋山进午：《中国東北地方の初期金属文化の様相》，《考古学雑誌》第53卷第4期，1968年。

[2] 林沄：《中国东北系铜剑初论》，《考古学报》1980年第3期；靳枫毅：《论中国东北地区含曲刃青铜短剑的文化遗存（上）》，《考古学报》1982年第4期；王成生：《概述近年辽宁新见青铜短剑》，《辽海文物学刊》1991年第1期；林沄：《中国东北系青铜剑再论》，《考古学文化论集》，1997年；朱永刚：《东北青铜文化的发展阶段与文化区系》，《考古学报》1998年第2期；朱凤瀚：《论中国东北地区与朝鲜半岛出土的短茎曲刃青铜短剑》，《中国历史博物馆考古部纪念文集》，2000年。

[3] 吕军：《东北系青铜短剑辽西起源新论》，吉林大学边疆考古研究中心：《新果集——庆祝林沄先生七十岁论文集》，科学出版社，200年。

述20世纪的各家之说来进行分析。

持辽西起源说的有秋山进午、朱贵、靳枫毅、王成生、吴江原、姜仁旭、吕军等。持辽东起源说的主要有林沄、朱永刚、翟德芳、徐光辉、朱凤瀚等。因西伯利亚说或鄂尔多斯说等非主流，如吕军分析，"已不足为凭"渐成共识，故本文略而不评。

需要指出的是，由于本书是从长白山区系考古与民族论纲的角度，来审视青铜短剑文化的族属，并不是对该考古学文化的全面分析研究。所以在选择对青铜短剑文化的族属和源头时，为了集中论证的方便，不再重复比较上述20世纪辽西和辽东起源诸说的各自得失优势，而是如上节指出，在1992年的初论基础上，择善而从。即主要选取20世纪80年代，以林沄先生为代表最早提出的"辽东起源说"，并在此基础上作进一步的深入分析和补充论证。

首先，林沄先生的东北系短剑主要源自辽东的"濊貊、真番、朝鲜"说，是在详辨了20世纪60年代辽西东胡（山戎）说的错误后提出的。为了了解林先生的本意，节录其1980年《考古学报》第3期《中国东北系铜剑初论》结尾的原文：

> 总之，现在我们已经可以确定：1. 东北系铜剑的年代上限可以达到西周晚期；2. 东北系铜剑的主要分布区是在奴鲁儿虎山以东的广大地区；3. 热河山地不是东北系铜剑的主要分布区，更不是发源地。因此，"东胡说"实难以成立。
>
> 我们重新考虑东北系铜剑的族属问题，把基点放在汉代以来有关东北民族分布的较确切的记载上。当时，在战国后期已设立的辽东郡的北面和东面，大体为濊（或作薉、濊）貊（或作貉）、真番、朝鲜所占据。
>
> 《史记·货殖列传》："燕……北邻乌桓、夫余，东绾濊貊、朝鲜、真番之利。"
>
> 《史记·匈奴列传》："（匈奴）诸左方王将居东方直上谷以往者，东接濊貉、朝鲜。"
>
> 《汉书·武帝纪》："元朔元年……东夷薉君南闾等口二十八万人降，为苍海郡。"
>
> 《汉书·食货志》："彭吴穿濊貊、朝鲜，置沧海郡，则燕齐之间

靡然发动。"

《汉书·匈奴传》："汉东拔濊貊，朝鲜以为郡。"

《汉书·地理志》："玄菟、乐浪，武帝置时，皆朝鲜、濊貊、句丽蛮夷。"

《史记·朝鲜列传》索隐引应劭云："玄菟本真番国。"

《后汉书·东夷传》："句丽一名貊。有别种，依小水为居，因名曰小水貊。出好弓，所谓貊弓是也。"

《三国志·乌丸鲜卑东夷传》："（夫余）印文言'濊王之印'，国有故城名濊城。盖本濊貊之地，而夫余王其中，自谓'亡人'，抑有以也。"

因此我们认为，在主要分布区上同汉代的濊貊等族分布区有相当大的重合部分的东北系铜剑，应是濊貊（包括高句丽、夫余等）、真番、朝鲜等族的祖先所共有的一种遗物。①

笔者在基本赞同林沄先生"中国东北系铜剑源出濊貊说"的同时，从本书立论长白山区系文化角度，拟从以下六个方面对青铜短剑族属的"辽东貊系说"作进一步的补充解读和理解，以此就正于方家。

第一，林沄《中国东北系铜剑初论》题目本身，即将这一文化及其主人明确定位为中国东北。按照本书的重新定位，更应属于"中国长白山区系青铜文化"系列之一，上文举作者林沄所引文献以辽东为主，尤以足证。

第二，源自"濊貊说"的基点，在总体上，认为辽东系青铜短剑的时代是辽东早于辽西。本文赞同并将在下一节详细分析。

第三，从考古发现看，辽东系青铜短剑早期即多与石构墓葬、火葬习俗共存。这为该文化族属的确定，提供了考古学的依据。

第四，与青铜短剑伴出的土著部族遗物，可为其族属性质，提供旁证。

第五，辽东短剑的"濊貊、真番、朝鲜说"不甚准确，尚可进一步细化、具

---

① 林沄：《中国东北系铜剑初论》，《考古学报》1980年第2期。

化或修正，留待下节深论。

第六，从辽东半岛大连双房类型等双砣子三期文化发现的短剑石范看，辽东青铜短剑最早出现当在西周末，并早于辽西等地。

在这里，为了将青铜短剑文化源出"辽东说"的基础更加夯实，略举进入21世纪后，对辽东地区与青铜短剑共存的辽东半岛以双砣子三期文化为代表的典型考古遗存作进一步讨论。

业内人士可知，双砣子文化发现很早。早在20世纪20年代末与40年代初已有《貔子窝》《羊头洼》出版，正式命名是在1996年中国社会科学院考古研究所出版的《双砣子与岗上——辽东史前文化的发现和研究》。[1]而与青铜短剑文化联系在一起，则在林沄先生1980年《中国东北系铜剑初论》发表以后。世纪之交，有两本考古报告在该问题的认识上，又有所升华。一本是2000年出版的《大嘴子——青铜时代遗址1987年发掘报告》，一本是2018年出版的《于家砣头墓地》。[2]特别是后者，对于双砣子三期文化与辽东系青铜短剑的起源关系，在20世纪辽东说的基础上有了更明确的肯定。这里仅举该书的结论和郭大顺先生的序言两条为证。

其一，《于家砣头墓地》考古报告的结论部分记载，"在大连地区以双房类型为代表的曲刃青铜短剑遗存具有普遍性，一般以墓葬形式出现，遗址少见。其中双房六号石盖墓共出土6件器物……其中曲刃青铜短剑形制比较原始。不少学者认为是青铜短剑早期形式"，[3]并引据《双砣子与岗上——辽东史前文化的发现和研究》中的同样结论："于家村砣头的少量铜器，无疑是青铜短剑及其遗存的先驱。"[4]

---

[1] 滨田耕作：《貔子窝》，《东方考古学丛刊》甲种第一册，1929年；水野清一：《羊头洼》，《东方考古学丛刊》乙种第三册，1942年；中国社会科学院考古研究所：《双砣子与岗上——辽东史前文化的发现和研究》，科学出版社，1996年。

[2] 大连市文物考古研究所：《大嘴子——青铜时代遗址1987年发掘报告》，大连出版社，2000年；大连市文物考古研究所：《于家砣头墓地》，科学出版社，2018年。

[3] 大连市文物考古研究所：《于家砣头墓地》，科学出版社，2018年。

[4] 中国社会科学院考古研究所：《双砣子与岗上——辽东史前文化的发现和研究》，科学出版社，1996年。

其二，郭大顺先生在该报告的序言中也写道："包括于家砣头墓地在内的双砣子三期文化，既为大连地区地域特色最为浓厚从而最具代表性的古文化，又是曲刃青铜短剑的源头，从而将文化影响扩及整个东北到东北亚地区。"[①]

在引述这两段话以后，笔者认为从长白山区系考古的角度，或许对郭先生的最新力主的"辽东说"可作延伸诠释如下：

1. 包括于家砣头墓地在内的双砣子三期文化，其"地域特色最为浓厚"。决定这句话的本质内涵，在于前已论证的，从20世纪90年代初以来，笔者与持同见者认为，辽东地区含青铜短剑的巨石文化的族属主体，应为秦汉以前的辽东诸貊族（笔者称为南貊）的土著文化。

2. 进入21世纪后，对曲刃青铜短剑文化源头在辽东的重新认识，以及过去对考古学界长期只谈类型、少谈族属的重新审视，应当说是一次考古研究的思想解放和认识深化。

3. 郭先生在宏观上指出，双砣子文化的"影响扩及整个中国东北到东北亚地区"。从东北亚核心文化区角度看，正是有待深入探索的本文立论的整个"长白山区系考古与民族学"的一部分。

三、对林沄先生提出东北系铜剑"濊貊—真番—朝鲜说"的修改和补充

如上一节概述，本节辨析20世纪以来诸家关于中国东北系铜剑起源的各说后，择从以林沄先生为代表的"濊貊—真番—朝鲜说"，并从长白山区系考古与民族研究的角度，对东北系青铜短剑的文化源头和族属等问题进行重新定位。本书认为，林说的观点中至少尚有如下五个方面，需要进一步深化、细化甚至作某些必要的修正。

（一）中国东北系青铜短剑在本质上应纳入长白山区系的青铜文化系列

如上一节指出，不管是20世纪80年代林沄先生提出的"濊貊—真番—朝鲜

---

① 大连市文物考古研究所：《于家砣头墓地》，科学出版社，2018年。

说",还是21世纪以来郭大顺先生认同的"双砣子三期文化说",从本书认定的区域考古学看,笔者认为都可纳入"长白山南系"。如同前举赵宾福先生在《夏至战国东北地区考古学文化研究》中提出的"长白山—千山文化带",[①]这一辽东(含吉林等地)的文化带实质上是包括大连地区在内的长白山南系。所以,从东北大区系的考古学视野看,如果认同青铜短剑源出辽东,那么这一文化应纳入本书认定的"长白山区系考古与民族"文化系列中。

(二)青铜短剑族属的"濊貊—真番—朝鲜说"应更具体为"南貊说"

本文在上节的历史追述中已经提到,笔者在1992年的著文,将以"辽东石棚、石盖墓、积石墓、石棺墓和同类(同时)青铜短剑"为代表的青铜文化,比定为"前高句丽时期"的辽东貊系土著文化。这一看法,经过辽东(包括大连)地区近30年的后续考古发掘后,已在一定程度上逐渐被认同,则林沄先生等最早的提出并曾给笔者以启发的东北系铜剑源出濊貊、真番、朝鲜,是否应当更准确地定位为"辽东貊族说"——包括貊系的南支辽东半岛青丘部族。因为远在朝鲜半岛大宁江、大同江流域的古真番、朝鲜境内发现的青铜短剑及相关遗存,大都晚于辽东特别是大连地区。即真番和朝鲜并不是青铜短剑文化的原生地。这一看似悬疑的千古之谜,应当澄清并相信一定会随着研究的深入而被破解。

(三)双砣子三期文化发现的青铜短剑定为最早具有坚实的基础

本文在上节中,引据《于家砣头墓地》编者和序者所言,重申20世纪的源出"辽东说"观点,并以新的考古学测年和相关遗物断代,再一次肯定辽东系青铜短剑早于辽西系青铜短剑。这里应当指出,进入21世纪后最新的"源出辽西说",如吕军先生在《东北系青铜短剑起源辽西新论》中认为,"最早的东北系短剑是出现在大小凌河流域的"。[②]但就笔者自20世纪70年代以来近50年间对大凌河古道的十余次考古调查来看,考古学上与双砣子三期文化早期相当的大凌河魏营子文化从无短剑发现,而该地的青铜短剑墓也都在春秋时期以后,总体上年代多晚于辽东大连地区。从考古发现来看,铜兵器一般出现在商末和西周,但就东

---

① 赵宾福:《夏至战国东北地区考古学文化研究》,文物出版社,2009年。
② 吕军:《东北系青铜短剑辽西起源新论》,吉林大学边疆考古研究中心:《新果集——庆祝林沄先生七十岁论文集》,科学出版社,2009年。

北亚看，辽东铜剑上限最早可到西周中期，总体上早于辽西的春秋及以后。

（四）辽东地区青铜短剑族属为南貊的圭臬标志

谈到辽东青铜短剑的族属问题，前已有涉论。这里需要特殊强调的是：辽东系青铜短剑不仅多出于石构墓葬（积石墓、石盖墓、石棺墓），而且多伴有火葬习俗。这种辽东青铜时代（少数延至早期铁器时代，如高句丽早期）的积石火葬传统，从早期太子河流域的马城子文化到整个青铜时代的双砣子三期文化和普遍的大石盖墓、积石墓文化，至少有千年传续。这是辽东地区继马城子文化后，被称为新城子类型的更大范围的青铜文化区。而这一具有考古学和民俗学的标志性现象，既不见早期对辽东文化有强烈影响的山东半岛龙山文化和岳石文化，也不见辽西青铜短剑遗存、松花江流域的西团山文化。所以笔者在早年已论析，它是土著在长白山南系的辽东地区形成的具有独特标志的原生型土著文化——以貊族（本文称南貊）及受其影响的北发为主的地域文化。辽东系青铜短剑与积石火葬墓共生，是其与其他地区有别的族属和源头的文化圭臬标志之一。

（五）早期辽东系青铜短剑的工艺基础

在讨论辽东系青铜短剑的族属和源头时，双砣子三期文化的诸遗存（如大嘴子遗址和于家砣头墓地等）中，还有一种现象应当引起关注，那就是这一文化的族群中盛行磨制工艺精湛的石剑、石矛、石刀、石斧、石凿等石器和小型青铜工具，伴有少量的石范。从整个东北地区看，与青铜短剑共存的青铜时代文化中，双砣子三期文化的磨制石剑、石矛极为发达，为同时期辽西青铜短剑遗存、吉林西团山文化均不可比拟的，绝非偶然。从近年来西团山文化的中心区，如吉林市磐石市吉昌镇小西山等遗址发现的青铜短剑及伴出品，大都在战国以后。即长白山南系的青铜短剑有"渐北渐晚"的现象。这或许反映的是，由于某种原因（迁徙或者战乱）从辽东"南貊"北徙"濊"地部众的遗存。而辽东早期石剑发达，这说明双砣子三期文化的先民，在青铜短剑出现前，已有磨制兵器的文化传统。这种发达的磨制石剑和小型青铜器工艺的存在，应当是该文化区产生东北系短剑文化的社会基础。当然二者之间的必然联系和演变过程，尚需后续考古学的发现和补正。

概言之，可以用一句话总结本文的要点：从长白山区系宏观考古学与民族学看，东北系青铜短剑应纳入长白山区系青铜文化体系中，其文化族属的主体应是本书论定的长白山南系的辽东"貊"部（南貊与青丘）。

第十章
高句丽山城的考古学分类及其文化内涵

本章把高句丽山城的考古学分类与文化内涵作为长白山南系的考古与民族要点之一，主要因为高句丽山城特别是早期山城，重点分布在今吉林省南部和辽宁省东部的"二江"（鸭绿江、浑江及其支流富尔江）和苏子河上游流域。而对其考古学类型的分布及其城市考古学分类标准的把握，至今学术界概念模糊、莫衷一是。而这一问题的讨论，可举一反三。其分类标准可兼用于长白山区系的濊貊、夫余甚至影响靺鞨（渤海）、女真等古城的研究中，故作为长白山区系民族考古之一专论之。

一、研究缘起

高句丽古城的调查与研究，是自20世纪70年代以来伴随笔者半个世纪之久的，从专业启蒙时期即开始的基础研究之一。半个世纪的学习探索，包括已出版的两部专著和50余篇论文，[①]主要涉及长白山南系的吉林省通化市、吉林市以南地区，重点是以辽东半岛北部山地为中心的高句丽早期山城、附属墓地及其起源的文化探索，以及与高句丽起源直接有关的文献中著录的辽东"高夷""大水貊""小水貊""梁貊""卒本夫余"和"青丘"部族城邑（含墓葬）的分布与类型，一直是笔者关注的重点。前期从20世纪70年代开始对高句丽古城进行初步调查，到20世纪90年代初《高句丽古城研究》编写的30年间，重点围绕高句丽古

---

① 王绵厚：《踏寻高句丽古城四十年》，《我与文化遗产保护》，文物出版社，2009年。

城分期、分类和考古学文化源头进行探索。后期从进入21世纪以来的20年，重点由山城本身的考古学研究，进一步从考古调查层面迈向"三古研究"的文化层面。这就是与高句丽濊貊研究攸关的"中国东北三大地域文化"秦汉东北史和本书立题的"长白山区系考古与民族"研究的三大重点领域。

简顾上述发端于高句丽古城及其起源的研究，到长白山区系考古与民族的大区域文化的研究升级。而对于本章立题的高句丽山城类型分析，包括笔者在内20世纪至今仍滞留在几种较浅层次的分类研究中（见下节举证）。这与其有百年以上高句丽的研究历史显然极不相称。故本章从21世纪重新认识角度专题讨论该问题，或为这看似简单的考古问题，提供又一深入思考的文化命题。

二、以往学术界关于高句丽古城布局分类的主要看法

2012年，笔者应当时吉林省高句丽研究中心常务副主任张福有先生邀请为他的《高句丽古城考鉴》一书作序，文中指出，高句丽古城研究，特别是山城研究，是高句丽考古三大遗产类型（即高句丽古城、高句丽墓葬、高句丽碑刻）中，迄今保存体量最大、遗迹最丰富的考古学载体。但对它的分布类型的全面了解和分析把握，至今尚极其有限抑或忽略。回忆20世纪90年代初，当时孙进己先生最初动议编写《高句丽渤海研究集成》，曾委托笔者帮助收集高句丽古城的资料。[①]笔者查询了当时有关书刊，后发现（当时不懂电脑查询）尽管涉及高句丽古城的报道和专论提供其几十篇（出版时收录百余篇），但系统的研究类型专论却很少。其后陆续出版有魏存成的《高句丽遗迹》和《高句丽考古》、王禹浪的《高句丽渤海古城址研究汇编》、王绵厚的《高句丽古城研究》、张福有等的《高句丽古城考鉴》等考古学专著。[②]对高句丽古城特别是山城的类型分布及其规律性总结，有了进一步的归纳。但各家仍文章数量有限，且表述不一，莫衷一是。

本节为了研究分析的需要，将笔者以外具有专著出版的魏存成等三位先生专

---

① 孙进己主编、王绵厚副主编：《高句丽渤海研究集成》，哈尔滨出版社，1996年。
② 魏存成：《高句丽考古》，文物出版社，2009年；王禹浪：《高句丽渤海古城址研究汇编》，哈尔滨出版社，1996年；王绵厚：《高句丽古城研究》，文物出版社，2002年；张福有：《高句丽古城考鉴》，吉林人民出版社，2017年。

门论著中有关高句丽古城的类型划分看法，简列如下（其他个别论文具同见者可归类其中）：

1. 魏存成先生在《高句丽考古》第一章第一节山城的分布、类型、结构中列为四种类型，具体表述为：

> 山城的类型，从地形选择方面来看，大都是位于环山背之上。山脊往往是三面较高，一面较低……这种地势，一般称为簸箕型，也有的称为栲栳峰地形。
>
> 第二种类型是山城所在的地势，尽管有一面稍微倾斜，但总的看，都不失悬崖峭壁（悬崖峭壁形，如五女山城）。
>
> 第三种类型是两侧为相对的高山峻岭，在两山之间的峡谷"断筑为城"。
>
> 第四种类型是结合山势，修筑两城，左右相连，合为一体。①

2. 王禹浪先生在《高句丽渤海古城址研究汇编》的概论中，主要转述收集考古资料，将高句丽古城列有六种类型，②与上述大同小异。

3. 进入21世纪，国内学者对高句丽古城的全面系统调查，主要有张福有、孙仁杰、迟勇三位先生。他们从2004年到2011年（个别延至2013年）近十年间，驱车几十万公里，实地考察了辽、吉两省已知的几乎所有高句丽古城和相关遗迹，在调查的广度和数量上可谓是空前的。在此基础上，先后在《高句丽古城调查琐记》和《高句丽古城考鉴》两部论著中，将高句丽古城的类型归纳为五种：山腰簸箕形、谷底簸箕形、山顶形、左右式、叠加式。③这五型虽表述有异，但与前述魏存成先生的"四型"和王禹浪先生的"六型"，在本质上没有大的区别。如山腰簸箕形与谷底簸箕形，二者只存在高差；而叠加式是以同类且不同的山川谷底高差为依托的众多高句丽山城的布局，其对山城布构概念的描述并不准确，具有

---

① 魏存成：《高句丽考古》，文物出版社，2009年。
② 王禹浪：《高句丽渤海古城址研究汇编》，哈尔滨出版社，1996年。
③ 张福有：《高句丽古城考鉴》，吉林人民出版社，2017年。

模糊性。

纵观以上有代表的三家论见，山险式或盆谷簸箕式的山城布局分类，较为普遍认同。而其他诸如山顶式、内外城、叠加式等表述，不仅概念模糊，而且对山城结构内涵的随意性和不确定性突出，很难作为客观、直觉、准确地表述高句丽山城分类的专业语言。故下节拟以盆谷式、山险式、复合式三大类型，重新分析高句丽古城的布局类型及其考古学文化内涵，以供业内人士评鉴。

三、高句丽古城的三大类型疏论

从20世纪迄今业内对高句丽古城的考古学分类，之所以在其内涵把握和表述上莫衷一是，最根本的原因，是高句丽民族从一开始就在山城的选址和布局上具有原生型的特性——无规则性。这种无规则性，不是奠基于人们后天的人文设计理念，而是奠基于该民族世居"高山深谷"的自然条件和"因势择居"的生存规律。而且如笔者在20世纪论定，在本书前诸篇中已重申。如果说高句丽山城的直接源头，是青铜时代辽东濊貊（主要是南貊）族系的不规则"山地石垣聚落"（堡寨），那么，其不规则性其实早在高句丽建国前即已存在。即早在青铜时代的长白山南系"南貊"系统的"石垣聚落"，已具有不规则型的山城特色。其后续延至女真人，如吉林安图磨盘山金末东夏"南京"仍有继承。因此，从考古学上看，仅以在辽、吉两省普遍调查过的张福有先生等2008年后调查所收数量最多的《高句丽古城考鉴》为例。因五年前应邀为其书作序时，笔者认真通读过该书的全部文稿（附照片），而且有三分之一以上山城是亲历者。可以说，在其正式收录的一百多座古城和数千幅照片中，几乎没有任何两座高句丽山城的布局完全相同。尽管作者在分析中列了五型，但如上所述，其实无法涵盖其全貌。所以，根据笔者数十年对高句丽古城的有限实地调查（周长1000米以上者约占大部分）。笔者认为对高句丽古城的考古学分类的原则，应该是因山势定其基形、因结构和布局定其类式，宜粗不宜细。因为越是具化，越难概述其普遍规律。细化，只适用对单一具体山城结构的描述。这是笔者对宏观高句丽山城分类的疏见。

基于此，本节对高句丽古城结构布局在宏观上分成三大类，并作简要的分析。

（一）盆谷式山城

这类山城的盆谷式地貌，即如上述一些学者所称的"簸箕形"，这是众多高句丽山城结构的基形。即一般以一面式为主，也有两面较低山谷坡地为倾斜状的簸箕口（把）式山城，这类山城在盆谷低处多为泄水门沟或主要与马道相接的门址，周围以山背围筑成各类盆谷形山城。

这一盆谷式山城，与山险式和复合式的重要区别是，围筑盆谷的山脊较低缓，不如山险式高峻，又多以人工墙为主。在盆谷结构的数量上，一般以一个主盆谷为主，主城一般具有"独立簸箕形"特点。一般其泄水门方向为正门，与山下马道连通。它区别于复合式的山城可有若干个谷地相连，甚至有内外城和左右古城的连体结构（见下文例）。

根据笔者亲自调查过的辽东山城，比较典型的盆谷式山城有铁岭的马家寨山城，开原的龙潭寺山城，沈阳的塔山山城、石台子山城，辽阳的燕州城和本溪等地的高俭地山城和边牛山城等。[①] 这类山城总的布局可称为单谷式（或简谷式）山城。

（二）山险式山城

这类山城的最大特点是山险结构突出。因为高句丽山城均依托山势而定，笼统讲无不具山险。而所以强调"山险式"，应具有区别于一般"围山筑城"的特殊性。这种山险特殊性大体有：

其一，以险峻山城峭岩为构筑基本条件，即以往诸家所谓的山顶形、峭壁形、断筑山谷形等。总之，山顶、断筑等只是其局部的构造特征，它应尽可都包括在总的山险式万象中，故可总称为"山险结构式"。

其二，如果一定要区别山险与一般山城的区别，在余考古学实践中另一要素应区别山险墙与人工墙的差异及所占比重。一般讲，无论山城早晚，山险式山城在利用自然山险段落（包括峭壁和劈山为墙部分），不应少于整个山城周长的三分之一。此类山城，比较典型的据笔者亲历，如五女山山城、大黑山山城、霸王朝山城和凤凰山山城等。这里对凤凰山山城多说两句。从该山城的整体布局看，整

---

① 王绵厚：《高句丽古城研究》，文物出版社，2002年。

个山城围筑在凤凰山谷，南北呈船型的山险中。就平面来看，称其为条状盆谷式宜可。但该山城两侧山峰峭立"壁立千仞"。而且，山险墙比例较高。故与一般的盆谷式存在区别，应列入山险式山城。凤凰山山城的结构也同时说明，在以往分类中，有所谓山腰簸箕形和盒谷底簸箕形之说。但在诸如凤凰山山城的这类山城中，山腰与谷底式除高差以外，实则很难将二者从结构上区分，所以可总称为山险式。

（三）复合式山城

该山城之所以命名为复合式，本身即表达山城内涵其结构的多元性。如开篇所言，看似复合式，有些概观性，其实最能从结构的"多元一体"中表述除盆谷、山险之外的一切山城（因有的前二种也有复合元素）的特点。这类复合式山城，总的可具体分析其结构要素主要有以下四点：

第一，平面为高差不同的多盆谷式。即在一个山城内，存在若干个高差不同、形状不同的盆地或坡地。如大黑山山城、催阵堡山城、西丰城子山山城等。在山势地貌较复杂的大、中型山城中，多有此类山城，如集安丸都山城则较为典型。

第二，纵向结构的山城与平地城的结合。这类山城有人称之为山上式或山下式。其基本特征是山城和相对平地城的拱卫式，多在大型都城和五部镇城中存在。如五女山城和下古城子，丸都山城和国内城。

第三，横向布局的左右城或内外城组合。复合式山城的第三种形式，有的研究者称之为左右式或内外式，即横向布局的并联式或城中城。这种并联式山城的结构原因主要有两个：一是山势本身的多样结构决定的联体式；二是山城修筑早晚不同的叠加式。比较典型的代表如柳河罗通山城、新宾太子城。前者为左右城，后者为内外城。所以连体叠加式，故应归为复合式山城。

第四，城墙和城门结构的多样化。考察复合式山城，除平面布局的多元性外，考古实践中应当关注的还有其城墙和城门结构在一座山城存在多样化。如城墙结构同时有山险墙、垒石墙、夯土墙、叠土墙甚至木栅墙，城门同样有劈山豁口式、夯土包石式、断筑山谷式或木栅结构式等。其中，举经系统调查过的抚顺高尔山城为例。①其原有山险墙、垒石墙、石基堆土墙、夯土墙等多种和多个城围结构,而经20世纪40年代发掘和1989年试掘,其"夯土断壁结构东门址(推测已毁的南门亦如此)",与山城北门"东壁一横、西壁一竖"的交错式城门结构,显然反映了高尔山城在城墙和城门结构的复合式。这类山城可统称为结构复合式。

四、关于高句丽山城布局分类蕴含的三大考古学特质

在概要考察了高句丽山城的布局分类,并提出高句丽山城类型与传统看法不尽相同的三大类型后,与此相关的是,在其布局分类中有三项考古学文化特质,在考古实践中更有实际意义,特简述如下。

(一)布局无规则性是高句丽山城"因势而建"的原生型本质特征

高句丽山城的第一个在选址和建筑布局上的原生性和土著文化特征,是其建筑布局的无规则性。如前述,其根源是主要继承了长白山南系貊族的山地"石垣聚落"或"城邑"。在已知的高句丽山城中,几乎找不出两座布局完全相同的城址。②自然山势地貌的无规则性和起伏变化,决定"因山设险"的高句丽山城有几个不确定性:1.城垣平面形状不确定,依山势走向,变化而随山就谷;2.山城的城门方向和结构、数量的不确定性;3.山城的周长和朝向的不确定性。这几个方面决定高句丽山城不可能像《考工记》等古代文献记载的中原传统都城和府、州、郡、县城址那样规模化、礼制化、等级化。这是高句丽山城在考古学上表现出来的地域性、原生性、土著性和民族性特点之一。

(二)山城布局和结构的必备要素是其军事防御和实用价值的生存选择

高句丽山城在建筑和布局的内构要素上,有几个必备设施和条件:1.山险、山脊、坡地、谷地(台地)是其必备的依托条件;2.水源,包括不同山城地貌中的人工截流水塘(如丸都山城南门内)、垒砌的人工蓄水池(如五女山城、龙潭山城)、深凿的石筑水井(如虎山山城、燕州城)举凡常住的城民聚邑,水源为首选要素,分散各地的谷民或多利用自然溪泉;3.瞭望台是山城内外的必备建

---

① 陈大为:《抚顺高尔山山城结构布局辨析》,《辽海文物学刊》1992年第2期。
② 王绵厚:《高句丽古城研究》,文物出版社,2002年。

筑，其数量、方位不同，但各类山城概莫能外，在考古实践中应注意利用自然山峰和建筑旧址被毁的痕迹（如高尔山城西北台地）；4. 高句丽山城内的建筑居址和城门、水门多已被毁（水门尤甚），但此二项是必备设施，考古实践中应该关注城内台地、阶地上的半地穴式鱼鳞坑和山溪下泄水段的基石变化，以尽量复原山城的原始面貌。

（三）山城规模和等级的判定不应简单依其周长为据

在以往有些论著中，在论及高句丽山城的规模和等级时，常以周长作为基本依据。有代表性的著作，如对辽、吉二省几乎全部高句丽山城进行了系统调查的张福有先生，在《高句丽古城考鉴》述略中说："山城规模与行政设置的对应关系，大型山城周长4000米以上，褥萨—比都督。中型山城周长2000米—3999米，处闾—比刺史。小型山城周长1999米以下，可逻达—比长史（县令）。"[①]

应当指出的是，《高句丽古城考鉴》一书是迄今为止对中国境内高句丽古城调查中获取山城数据最多、最全面的专著。它的数据和分析，相对更具有代表性，甚至是权威性。因此，对上述述略的分析看法，就更有深入讨论的必要。因为，如按上述看法，有些重要的山城，如辽阳燕州城和沈阳塔山山城，前者周长不到3000米，后者周长不到2000米，只能列为中型甚至小型山城。但事实是这两座山城是公认的可与《旧唐书》《新唐书》印证的，在收复辽东后，曾设有都督重镇的"燕州城"和"盖牟城"。[②] 显然从对应高句丽山城的行政等级看，均应列入第一层次的"大型山城"。之所以出现如此反差，关键在于燕州城和盖牟城所在的石城山和塔山盆谷，周长均在3000米和2000米以下。就此可知，作为一种规律性的认识，对高句丽古城（特别是山城）规模、等级的判定，不宜按中原城邑规范——州郡城周长必大于县城，而应从山城本身的多元地理条件分析。如中国迄今为止发现的周长最大的丹东凤凰山山城——围筑在近15公里的山谷中。[③] 其占地规模远远超过集安丸都山城。但论及等级，仍必在丸都山城之下，而不能因为

---

① 张福有：《高句丽古城考鉴》，《高句丽与东北民族研究》，吉林大学出版社，2011年，第27页。
② 王绵厚：《高句丽古城研究》，文物出版社，2002年。
③ 王禹浪：《高句丽渤海古城址研究汇编》，哈尔滨出版社，1996年，第208页。

其前者周长数倍于都城就另设超大型山城。

　　有鉴于此，根据笔者历年考古调查实践，笔者认为判定高句丽山城的规模和等级，除周长因素外，更应注意城内的建筑规模、建筑等级、建筑材料，包括有无高规格的板瓦、筒瓦、瓦当等，甚至带铭文的陶、石建筑构件。在这里仅举经系统发掘调查过的沈阳地区两座高句丽山城为例。其一，是沈阳南塔山山城，其二是沈阳北石台子山城。两座山城从20世纪80年代初开始，笔者都有三次以上的全面勘察，对其全部城垣和城门址均亲自踏勘过。从平面布局规模看，均在1000米至2000米之间，似乎差别不大。但后者石台子山城，经沈阳市文物考古研究所连续数年全面考古发掘，迄今尚无一片筒瓦或者板瓦发现，也无大型建筑基址发现。而塔山山城，仅笔者调查，即两次发现高句丽时期重要山城常见的红褐色陶板瓦和筒瓦，凸显出塔山山城具有石台子山城所不具备的高规格、高等级建筑。这与文献中互为引证，该山城应与设有"褥萨"高等级官署的"盖牟城"规模相当。

　　总之，如开篇立意，本文旨在从宏观上对高句丽古城的分类、分型的考古学要素，在以往散论基础上进行扼要归纳为三大类型，以对其分类研究作进一步的深化分析，并将其纳入长白山南系考古与民族研究的要论之一。因为对高句丽山城分类的准确把握，在考古学上不仅有理论意义，更有实践意义。

第十一章
长白山区系在汉郡文化影响下趋同汉制的历史进程

如本书开篇所言，作为东北亚地区的独立文化区，长白山区系的考古、民族与文化也可称为长白山区域文化或长白山地域文化。按照史学家许倬云先生的提法，更可以称为"长白山文化圈"。它在进入公元前3世纪即中国战国中期以后，与周边地域文化的关系发生了具有划时代意义的历史演变。这就是辽东早期长城内的汉郡文化同长白山区系文化之间的关系。拟从以下两个方面阐释：1.长白山区域文化与汉郡文化的地缘关系、互渗影响和诸多在文化内涵上的交融、变异、趋同；2.汉郡文化在促进长白山区域进入帝国阶段并整体提升为"中华多元一体"地域文化组成部分的文化表征及深刻的考古学与民族学内因。

一、长白山区系文化进入汉郡时代的标志

在讨论长白山区系文化与汉郡文化的关系时，一个首先需要回答和解读的问题，是对汉郡文化研究命题和文化内涵的诠释。

从学术体系认知的角度，汉郡文化的命题构想，最早缘于笔者20世纪90年代出版的《秦汉东北史》。[1]当时的提法，沿用了传统的"汉文化圈"概念。在进入21世纪初的2008年，笔者参与辽宁省重点文化工程——《辽宁文化通史》的编写，并主执秦汉卷。[2]这使笔者进一步感到"文化圈"概念尽管运用普遍，但具体

---

[1] 王绵厚：《秦汉东北史》，辽宁人民出版社，1994年，第1—9页。
[2] 王绵厚：《辽宁文化通史·秦汉卷》，大连理工大学出版社，2009年。

到一种区域文化史的研究时总有一种泛泛而论的模糊感。而对于中国（包括中国东北和东北亚）这样一个以秦汉统一郡县为政治标志，以汉族和汉文化共同体的形成为文化标志的东方文明古国，"汉郡文化"的命题似乎更切合具有中国地域特色的历史实际。所以，在《辽宁文化通史·秦汉卷》中笔者初步总结了三点汉郡文化的本质内涵：

其一，以郡县制为标志的封建制政体和国体文化。

其二，以统一文字、礼法和度量衡制度为载体的人文社会文化。

其三，作为主体的华夏（汉）文化，与"四夷"边郡、边域不断交汇、交融，形成多元一体的多民族趋同汉制的民族文化。

以上三种文化的基因和表征，可概括为政体文化、典制文化和民族文化的三个趋同，这在燕秦以后的长白山区系文化中都有反映。故本书将汉郡文化也列入长白山区系考古与民族研究中的重要概念。限于篇幅，本章拟综合《秦汉东北史》和《辽宁文化通史·秦汉卷》，重新对进入考古学上帝国阶段的中国东北汉郡文化内涵概述以下几点。

（一）长白山区系汉郡文化的确立

郡县制在中原列国先行，并北渐至中国东北与长白山区系。该地域的汉郡文化以南临长城沿边的郡县为政治载体，经历了周王室"分封制"的衰微、春秋战国列国争霸、秦始皇"扫六合而御宇内"以及西汉初平削诸藩，特别是汉武帝奠定中国东北汉郡疆域基础等历史性转变。这种历史转变是指，在中国东北南部即秦"三十六郡"的北边和汉"十三州刺史部"的东北幽州范围内，已经同步完成了从列国分封制向统一郡县制的变革。可见，东北亚汉郡文化的确立应同汉民族的形成一样，在中国北方燕秦汉时期历史文化转型中具有标志性的时代意义。因此，本书也借此将其命题为汉郡时代。

（二）长白山区系汉郡文化的历史意义

秦汉时期东北亚汉郡文化的确立，反映了从公元前3世纪前后，由秦开却胡开始的文化北渐，至汉武帝时已经在长白山区系毗邻的汉郡地区取得了主导地位。这种主导地位，奠定了2000余年中国东北地区郡县政体的基础。其后即使在少数民族政权控制时期，汉郡文化及其制度的影响，仍然稳固存在，并成为垂2000年东北亚封建政体的主要形式。

（三）汉郡文化对长白山区系地域文化转型的影响

东北亚地域的汉郡文化，从民族文化趋同发展角度观察，由西汉初灭卫氏朝鲜到汉武帝确立四郡这一时期，实际上也是一个重要的转型标志期。从考古资料来看，公元前2世纪以来，在包括中国东北、朝鲜半岛在内的东北亚地区，真正成熟的早期铁器文化、金属铸币技术与统一的文字、度量衡，以及封建典制、官制、礼俗、葬俗等一系列边郡文化，基本上达到了趋同汉制。即中华帝国趋同汉制的实现，均发生在公元前2世纪末至公元前1世纪初的汉武帝时期，这已为学术界所公认。也可以说，趋同汉制是奠基在秦汉时期的汉郡文化，在东北亚前沿的黄渤海北岸、长白山南缘文化区内总体上得以确立的重要社会文化标志。包括朝鲜半岛在内的中国东北和东北亚地区，从青铜时代的"方国（王国）"和部族邑落向秦汉以后封建郡县体制的转化，具有划时代意义。

（四）汉郡文化蕴含着"华夷一体"的多元民族文化史观

汉郡文化蕴含着"华夷一体"的多元民族文化史观。这是东北亚"汉郡文化"形成的又一特征，是具有多种民族文化共融的多元内涵。这种多元内涵，从"汉郡文化"北渐开始时就已存在，而且越是深入东北亚腹地，其多元内涵就表现得越加充分。因为燕秦汉文化的北进，一开始就融合了东胡文化、山戎文化、濊貊文化、高夷文化和青丘文化等。汉武帝时代的学者，与司马迁齐名的西汉"两司马"之一的司马相如，在其所著汉赋《子虚赋》中就描述过，山东齐鲁的"青州"境（古代含辽东）："右以汤谷为界，秋田乎青丘。"[①] 该"青丘"部族，即指从青铜时代开始直至秦汉之际，世代居住在长白山南系（今辽东半岛千山以南）黄渤海北岸，属于濊貊系南支的一个古老部族（这一"青丘"部族的历史定位，笔者早在1989年合著《东北历史地理》时就已提出）。至秦汉之交，燕人卫满率众千余人，东迁进入辽东和朝鲜半岛，在"箕子故地"创立了卫氏朝鲜，不仅将大批燕秦汉遗民徙居东北亚，而且把已日趋成熟的汉郡文化直接传入长白山区系和朝鲜半岛北部，并与当地民族文化进一步交融，建立了东北亚最早的"方国"政权。这是汉郡文化在秦汉之际，进一步向东北亚和长白山区域传播

---

① 班固：《汉书》卷57《司马相如传》，中华书局，1962年，第2545页。

进程中民族文化的又一次重新整合。继卫满之后，汉武帝重新开拓朝鲜四郡并复修辽东故塞。汉昭帝时，又在内迁玄菟郡的同时，重筑玄菟城并开拓辽东边郡屯田。直至汉元帝时册封辽东"夫馀王"和"高句丽侯"，这些都一次次地增进了长白山南系、东系和西系的汉郡文化与周边多民族文化的交融，从而开启了千百年来汉郡文化汇融中国北方多民族文化趋同发展的历史先河。从文化史的角度，这种趋同发展，不仅确立了汉郡疆域，也在客观上促进了"华夷一体"文化观念的形成。

（五）汉郡文化逐渐成为长白山区系地域文化的主体

汉郡文化延续了2000年东北亚郡县政体的文化传承。前面指出，汉郡文化在本质上属于包括多元人文内涵的政体文化，所以它在文化载体上最终表现为封建郡县体制。确立在燕秦汉时代的汉郡文化，连同长白山区系东北夷各部族的独特文化，成为整个中国东北乃至东北亚地区从战国末至秦汉时期近500年间具有母体意义的地域文化。这一内涵丰富的地域文化，将随着考古发现和研究的深入而凸显其兼容性和多元性的区位优势。这是对长白山区系与燕秦汉汉郡文化关系及深刻影响的正确历史评估。

（六）长白山区系汉郡文化发展阶段的划分

以公元前秦开却胡为标志的东北亚长白山区系文化与汉郡文化的关系，总的来说应经历三个阶段。一是以公元前3世纪秦开却胡设五郡为开篇。二是从公元前220年燕王喜东逃辽东及四年后秦将李信平辽东至西汉初。三是从元封四年（公元前107年）汉武帝设朝鲜四郡至东汉末，前后计500年。

总之，在汉武帝元封年间至汉昭帝时期，继燕昭王辽海五郡开设后，特别是朝鲜四郡的开拓和玄菟郡内迁辽东，汉郡文化的主体地位最终在长白山各部族地区广为传布。燕秦汉奠定的东北亚长城内外郡县政体文化，及其传衍的汉郡文化的地域深远文脉，一直传续至后来的夫余、高句丽、渤海等东北亚各部族政权中。以下各节拟逐一胪列汉郡文化进入长白山区系的文化表述。

二、长白山区系文化与汉四郡依托地缘关系的历史溯源

在中国东北和东北亚进入早期铁器时代后，长白山区系文化（或称长白山地域文化）与汉郡文化的关系，除了前文六个划时代的社会人文和制度标志外，还

有一个重要的地缘因素，即长白山区系文化，特别是东系、西系和南系，都分别与燕秦汉早期长城及汉四郡或接壤或毗邻。由此发生了一系列政治的、经济的、文化的和民族（部族）的多元联系与文化交融，并在东北亚的社会史和民族史上演绎了壮阔的历史画面。

如上所述，长白山区系文化，是从公元前3世纪战国燕秦开拓辽西、右北平、辽东等五郡并修筑燕长城直抵"浿水"（今清川江）后，始进入汉郡时代。从当代考古发现并结合文献记载的历史地理、民族谱系变迁格局来看，长白山区域文化在早期汉郡文化影响的历史进程中，与本书考古与民族文化分期吻合，亦经历了从青铜时代晚期（战国至西汉初）的古朝鲜后期到公元前2世纪末以后汉武帝开启苍海、乐浪等四郡这两大历史时段。

（一）长白山区系汉郡时代第一阶段：箕氏后期和卫氏时期

从文献记载看，长白山区系进入汉郡时代的第一个阶段，主要反映在箕氏朝鲜（后期）和卫（满）氏朝鲜与相临东濊部族方国的关系。据《史记·朝鲜列传》记载，"全燕时（古朝鲜）尝略属真番、朝鲜"。①这是最早的关于汉郡时代始于"全燕"的信史文献。

所谓"全燕"，应指公元前3世纪处于鼎盛时期的燕国（昭王）。燕昭王派秦开却胡设五郡——即本书记述的长白山区系早期铁器文化开始的汉郡时代初期。所谓"略属真番、朝鲜"，是指从秦开却胡设五郡开始，包括真番、东濊、沃沮（北）等汉武帝以后的乐浪郡属地部族都已为燕秦"略属"（秦称"辽东郡外徼"）而成为汉郡统域内的边郡部众。尽管由于东夷濊君等地居偏远，史迹罕稀，但从《长白山区系考古与民族论纲》第五编看，长白山东系的部族早在古朝鲜后期已进入早期汉郡时代，亦应当是基本史实。可补充的史料，再略举下端：

其一，前引《史记·律书》载："历至孝文即位，将军陈武等议曰：……（朝鲜）自全秦时内属为臣子……今陛下仁惠抚百姓，恩泽加海内，宜及士民乐用，征讨逆党，以一封疆。"②此条西汉孝文帝即位时，长白山东系尚处在箕子朝鲜末期和卫氏朝鲜初期，即在汉武帝元朔元年设苍海郡和元封三年开朝鲜四郡以

---

① 司马迁：《史记》卷115《朝鲜列传》，中华书局，1959年，第2985页。
② 司马迁：《史记》卷25《律书》，中华书局，1959年，第1242页。

前。其反映的史实，属本节划定的长白山东系方国部族与"全秦"以来汉郡关系的第一阶段。即"全秦时内属为臣子"和"以一封疆"，反映着汉郡前期长白山东系部族进入比郡县的新的历史封域时代。

其二，《史记·留侯世家》记载"良尝学礼淮阳，东见仓（苍）海君"，同书"集解"云"秦郡县无仓（苍）海，或曰东夷君长"。①此句的"淮阳"为汉初淮阳封国，在今河南淮阳，为汉高祖十一年（公元前196年）设。比汉武帝元封年间设朝鲜四郡早了近一个世纪。此时，留侯张良已从中州郡国，东行或接待了当时日本海西岸的"仓（苍）海君"（东濊酋长）。而且其"东见"，早于"仓（苍）海郡"之设整整七十年。说明早在西汉初年，汉朝君臣已东通日本海的苍海濊君，故后来有苍海郡之设，乃水到渠成。

其三，亦前引《史记·朝鲜列传》记载："会孝惠、高后时天下初定，辽东太守即约满为外臣，保塞外蛮夷，无使盗边。"②此条记载尤为重要。汉初文景、高后时期，初定辽东诸郡，尚无苍海和朝鲜四郡之设。当时的卫氏朝鲜已列为辽东（郡）"外臣"，并"保塞外蛮夷"。而伐箕子朝鲜立卫氏朝鲜的卫满，是汉初燕王卢绾的部下。当西汉初卢绾叛汉被灭时，卫满则率余众东逃鸭绿江以东的古朝鲜方国而自立。此"塞外"指《史记》中记载的燕秦汉初"辽东故塞"，即与古朝鲜以"浿水"（今清川江）为界的辽东长城。据21世纪初全国长城资源调查显示，鸭绿江右岸已发现了具有标志性的辽东早期（燕、秦、汉）长城。③同时，在鸭绿江左岸也发现有大宁江长城的明确史迹。所以，这条史料反映了一个准确的事实：在进入汉郡时代初期，长白山东系古朝鲜部族方国及受其约制的"塞外蛮夷"，最先纳入汉郡文化范围。这是司马迁以"太史令"的"国史"之笔在汉武帝时成书的《史记》中，最早明确记述长白山区系（主要指南系和东系）已进入汉郡文化圈的真实写照。综观二十五史中的《史记》《汉书》两部最早的正史，在早期"四夷传"的"东夷列传"中只有"朝鲜列传"，而并无后来

---

① 司马迁：《史记》卷55《留侯世家》，中华书局，1959年，第2034页。
② 司马迁：《史记》卷115《朝鲜列传》，中华书局，1959年，第2986页。
③ 辽宁省文物局编：《辽宁省燕秦汉长城资源调查报告》，文物出版社，2017年，第222页。

出现的诸"东夷"如濊、貊、夫余、高句丽、倭等传记。由此也奠定了汉武帝以后，长白山区系文化进入第二阶段汉郡时期的历史基础。

（二）长白山区系汉郡时代第二阶段：西汉初至乐浪、玄菟郡时期

这一时段，又可分为前后二期：前段包括西汉初至元封三年，汉武帝设立朝鲜四郡；后段为汉昭帝始元年间，内迁玄菟郡于辽东，并直接领属肃慎、高句丽和夫余。现分记如下。

1. 汉武帝时朝鲜四郡的设立

汉武帝元封年间，将军杨仆等率军5万，从山东"齐郡"取海路渡渤海至辽东，又遣左将军荀彘领陆军出辽东，水陆并进，合力攻卫满朝鲜之王险城（今平壤）。此战，由太守公孙遂和左将军荀彘统一指挥。在汉军强大攻势下，朝鲜王尼谿相参杀卫满孙右渠降汉。汉武帝遂在与辽东郡"番汗县"隔"浿水"（今清川江）相望的卫氏朝鲜故地设置四郡。《后汉书·东夷列传》记载：

> 元封三年（公元前108年），灭朝鲜，分置乐浪、临屯、玄菟、真番四郡。①

26年后，汉昭帝始元五年（公元前82年），又调整合并四郡设置：

> 昭帝始元五年，罢临屯、真番，以并乐浪、玄菟。玄菟复徙居句骊……复分岭东七县，置乐浪东部都尉。②

上述始置于汉武帝元封年间的乐浪等四郡，不仅是汉代中国东北和东北亚最早设置的统属于西汉十三州刺史的郡县建置，而且是东北地区由部族、方国间的邦国、部族进入郡、国、县、邑制的重要奠基。自此朝鲜半岛上及东濊、真番，方真正进入汉帝国郡县管理体制中，即进入汉郡文化深入传播至朝鲜半岛时期。20世纪80年代出版的《韩国儒学史》也记载：

---

① 范晔：《后汉书》卷85《东夷列传》，中华书局，2012年，第2817页。
② 范晔：《后汉书》卷85《东夷列传》，中华书局，2012年，第2817页。

从汉朝传入的经学思想，使韩民族受到中国思想的影响。这种影响不只在政治原理方面，另外对礼俗、法制等整个三国时代的社会生活，皆产生了广泛的影响。①

据《秦汉东北史》和《中国东北与东北亚古代交通史》考证，由辽东郡番汗东南行至乐浪、真番、带方和"三韩"的古道，也真正开辟于汉武帝时期。西汉时代的辽东郡番汗县，最早是在公元前3世纪的燕秦时代（即前文第一阶段）已远设在今朝鲜半岛北部的内郡属县。其故址经文献记载并印证当代考古发现推测，应为清川江下游平安北道博川郡的坛山里古城。这是燕、秦、汉各代幽州辽东郡的最东部边县。据《汉书·地理志》"番汗"注释载，"沛水出塞外，西南入海"。②该"沛水"，应为故"浿水"支流，即西南入黄海的大宁江。而其县故境，应为朝鲜半岛上的古朝鲜真番部族，也是燕、秦、汉辽东郡长城的东部起点。由此可见，当时辽东郡东部的番汗县，东北翻过狼林山脉即进入东濊之沃沮地。

2.有明确史迹可证的汉武帝时乐浪郡重要属县的地望考察

元封年间汉武帝所设朝鲜四郡，既是对箕氏朝鲜和卫氏朝鲜方国政权地域范围的扩大，又是将西汉幽州刺史监领的郡县体制延伸至大同江、汉江流域的发展，而四郡的中心则为乐浪郡治。自20世纪初日本学者在平壤发现乐浪太守印以后，可断定乐浪郡应在平壤西南1公里古城洞土城。而且在大同江流域的平壤一带，曾经发现有西汉元帝永光三年（公元前41年）铸造的汉孝文庙铜钟，其铭有"孝文庙铜钟容十升重卅斤，永光三年六月造"。③这当是武帝开四郡后，经辽东流传至朝鲜半岛的汉代重要高庙祭器。另据《汉书·地理志》记载："乐浪郡……县二十五：朝鲜、訽邯、浿水、含资、黏蝉、遂成、增地、带方、驷望、海冥、列口、长岑、屯有、昭明、镂方、提奚、浑弥、吞列、东暆、不而、蚕台、华丽、邪头昧、前莫、夫租。"④从该文献可知，乐浪郡下辖25县，不过这是

---

① 柳承国：《韩国儒学史》，台湾商务印书馆，1989年，第11页。
② 班固：《汉书》卷28《地理志》，中华书局，2013年，第1626页。
③ 朴真奭：《中朝经济文化交流史研究》，辽宁人民出版社，1984年，第11页。
④ 班固：《汉书》卷28《地理志》，中华书局，2013年，第1627页。

其极盛时期的状况。在汉武帝元封三年（公元前108年），乐浪郡始设初期只辖朝鲜等11县。到汉昭帝始元五年（公元前82年）撤真番、临屯二郡时，乐浪郡才在扩辖原真番郡南部都尉的含资、带方等7县和临屯郡东部都尉的东暆、不而等7县后，成为长白山东系汉幽州刺史下领县最多的边郡。汉武帝以后乐浪郡拓展的东部都尉七县，就是《长白山区系考古与民族论纲》第七编考证的长白山东系东濊地区的旧苍海郡。长白山东系有史籍可确证的乐浪郡属县考古遗存有：

（1）屯有县和黏蝉县

该二县在两汉时期均属乐浪郡。关于屯有县的地望，古今有三种说法，即朝鲜黄海北道黄州、黄州东南之凤山郡和京畿道的丰德。今采用多数中外史家认可的黄州说。该说的主要依据有二：

其一，据《三国志·乌丸鲜卑东夷传》记载，"建安中，公孙康分屯有县以南荒地为带方郡"。①这说明在东汉末屯有县与带方郡不仅地境相接，而且屯有应在带方之北。带方故地应在载宁江下游，所以其北的屯有县应置于载宁江以北今黄州川上的枢要之地。

其二，在今平壤南约40公里的黄州郡黄州邑东得月山上，至今仍有周长4000米的高句丽重要古城，俗称"南平壤城"。②虽然该城现存遗迹的年代为高句丽，但从该地居于带方、乐浪（平壤）正中的交通地理形势看，可将其视为前高句丽时期乐浪郡屯有故县之地。

而关于黏蝉县，应在今平安南道龙冈郡城岘里（一称于乙洞土城）。因该城址东北发现有东汉元和二年（公元85年）黏蝉神祠碑而确知其地为古黏蝉县所在。该遗址现存东西约1500米、南北约1300米，当包括县城及周边的聚落区。

（2）含资县

《汉书·地理志》和《后汉书·郡国志》均载其属乐浪郡，而《晋书·地理志》则记其于"带方郡"条下。③《汉书·地理志》"含资"注释记载："带水西

---

① 陈寿：《三国志》卷30《乌丸鲜卑东夷传》，中华书局，2013年，第851页。
② 王绵厚：《高句丽古城研究》，文物出版社，2002年，第132页。
③ 班固：《汉书》卷28《地理志》，中华书局，2013年，第1627页；范晔：《后汉书》志23，中华书局，2012年，第3530页。

至带方入海。"①带水，从20世纪初在黄海（北）道凤山郡文井面胎封里1号汉墓发现"使君带方太守张抚夷"铭文砖后，可确知其为今凤山郡境内之月唐江（下游称载宁江）。按照班固在《汉书·地理志》自注的水道地理方位来看，含资县境应有"带水"，其水下流"至带方入海"。此条的"带方"，指设郡治以前的带方县。由此观含资县的位置，应在"带方县"入海处以南的载宁江上段月唐江一带。据此，韩国学者李丙焘在《真番郡考》中论及今月唐江（一名瑞兴江）为汉时的"带水"，考含资县应在今黄海北道凤山郡东南瑞兴郡。②从确认的带方县位置和《汉书·地理志》的明确记载来看，黄海北道瑞兴郡为含资县地当无疑。

（3）带方郡

带方郡始设于三国魏时的辽东公孙康在位期间，其后兼领乐浪郡"南部都尉"7县，而郡治仍在"带方县"。由上条"含资县"可知，"含资县"与"带方县"应南北相邻，同在月唐江即瑞兴江流域。由前述黄海北道凤山郡文井面胎封里发现的"使君带方太守张抚夷"铭文砖和古墓旁发现的东汉灵帝"光和五年韩氏造宅"方砖，可以确认此处为"带方"之汉魏墓群。而在此处邻近地区发现的黄海北道凤山郡石城里，正是带方县和带方郡治所在地无疑。③其城址略呈长方形，东西556米、南北730米，规模大于当时的一般县城。带方郡和带方县与乐浪郡（今平壤）一样，是迄今朝鲜半岛上有考古发现可以明确认定的汉代重要郡县城址和交通枢纽之一。

（4）昭明县

昭明县旧属乐浪南"真番郡"地，昭帝以后的两汉时期属"乐浪郡"，三国和晋以后属"带方郡"。20世纪初，日本占领朝鲜后，在黄海南道信川郡北部西湖里（又称土城里）发现一处遗迹——青山里土城。该古城址呈长方形，东西约500米、南北约200米，城址附近发现有"太康四年三月昭明王长造"等铭文砖。

---

① 班固：《汉书》卷28《地理志》，中华书局，2013年，第1627页。
② ［朝鲜］李丙焘著、周一良译：《真番郡考》，《禹贡》1934年第7期，第28页；［朝鲜］李丙焘著、周一良译：《真番郡考（续，终）》，《禹贡》1934年第10期，第31页。
③ ［日］榧本龟次郎、野守健著，闫司晋译：《乐浪·带方郡时代纪年铭砖集录》，宫长为、朱明歧主编：《字砖研究（第3辑）》，文物出版社，2020年，第66—72页。

"太康四年（公元283年）"为西晋年号，"昭明"是晋时延用两汉的旧县名。韩国学者李丙焘据此将昭明县定位于黄海（南）道信川郡土城里。① 根据铭文砖墓葬一般距县城颇近的汉晋旧制，可推测青山里土城为昭明县治所在。

（5）列口县与"列口"

列口县，在《史记》《汉书》中均有记载，当以"列水"（今大同江）而得名。《汉书·朝鲜列传》记载，楼船将军杨仆，自山东齐郡过海征朝鲜，"坐兵至列口"。宋《资治通鉴》卷21记汉武帝元封三年事，在"列口"下胡三省注："班志，列口县属乐浪郡……余谓其地当列水入海之口。"《资治通鉴》及胡三省注极精审。自日本学者今西龙在朝鲜半岛发现东汉时"黏蝉长"所立"平山神祠碑"以后，已经确知"列口"当在大同江口。而汉杨仆征朝鲜"王险城（平壤）"时，"坐兵列口"，即应在平壤以南的江口外。日本学者今西龙在考证"列口"为大同江口的同时，根据《三国史记·地理志》记载，"'栗口'，一云栗川，今殷栗县"，认为"栗口"应即"列口"，即今黄海南道殷栗郡。又据1974年平壤出版的《考古学资料集（4）》之《云城里遗迹发掘报告》认为，汉"列口县"当在今殷栗郡出土有"千秋万岁"汉瓦当的云城里土城。至高句丽时期乃称"栗口"。

（6）长岭县

位于黄海南道信川郡凤凰里。考古证明，因该地发现有魏正始九年（公元248年）"守长岭县王君碑"而得以确认。长岭县亦为由载宁江南通开城和汉城（今首尔）的汉魏时代历史名城和交通重镇之一。其南则进入"三韩"之境。

以上可确考的乐浪郡六县，包括了长白山东系的旧"东濊"和"真番"地。

三、汉昭帝后第二玄菟郡领属高句丽的历史文献和考古发现

探讨汉昭帝以后长白山南系玄菟郡与高句丽的部族关系，首先要考察"玄

---

① ［朝鲜］李丙焘、周一良译：《真番郡考（续，终）》，《禹贡》1934年第10期，第37、38页。

菟郡"的内迁过程及"第二玄菟郡"的准确位置。它涉及前已考述的汉武帝首开"朝鲜四郡"之一的"玄菟郡",由长白山东系"东濊"之"沃沮"故地,向辽东苏子河上游"句丽"部族内迁的历史过程。

（一）第二玄菟郡领属高句丽的历史文献

根据前引《汉书》《后汉书》和《三国志》中"高句丽传""沃沮传"等的记载可知,西汉玄菟郡的建置经历了如下变迁过程：

"玄菟郡"为汉武帝元封年间所置"朝鲜四郡"中的重要边郡之一。"玄菟"一词的含义：有释"玄（北）菟（虎）"为"北方之虎",或为俗称不咸山（今长白山）的"长白之虎"；有指为"沃沮"部族的民族语言——濊貊语对"沃沮"的自称。虽然国内外学术界对此素有争议,但有一点可以肯定,"玄菟"初设于汉武帝元封三年（公元前108年）时,应在朝鲜半岛北青郡一带,即狼林山脉以东的"沃沮"部族之地是无疑的。至汉昭帝始元五年（公元前82年）,方内徙玄菟郡治于辽东"句骊西北"之"高句骊县"（今新宾）。据《后汉书·东夷列传》之"濊"条记载："至元封三年,灭朝鲜,分置乐浪、临屯、玄菟、真番四郡。至汉昭帝元始五年,罢临屯、真番,以并乐浪、玄菟（郡）复徙居句骊。"①自此,"玄菟郡"方迁至辽东苏子河上游的"句骊"部族地区,并下属三县。

（二）第二玄菟郡领属高句丽的考古发现

据《后汉书》等记载,内迁辽东的玄菟郡治高句骊县,应为迁至辽东"句骊"地区的郡城。20世纪初以来,国内外学者力图在浑江（佟佳江）和苏子河上游寻找昭帝时的辽东"玄菟城"。至20世纪80年代,方在苏子河上游的新宾县境有所突破。由"沃沮"城西迁辽东的玄菟郡第一迁址"高句骊县"故城,发现于辽宁省新宾县永陵东南苏子河南岸500米的二道河子西部。1985年,笔者与徐家国、孙力等首次前往调查。该城址位于新宾县城西23公里、永陵东南1公里处,文物普查时发现。城址四周群山环绕,面向由苏子河谷东西驰行的交通孔道上。经当时考古调查和勘探显示,城址为长方形,当时仅存高出地面1—2米,东、

---

① 《后汉书》卷85《东夷列传》,中华书局,1965年,第2817页。

西、南三面城垣为100余米，北面城垣被苏子河支流二道河子冲毁，残存的城垣呈"U"形。南墙正中探知有一处长29米、宽8米的缺口，应为当时古城的南门。从城址内采集和发掘的遗物看，有汉代的云纹瓦当、绳纹板瓦、筒瓦及稍晚的文字瓦当、莲瓣纹瓦当、素面方砖和陶瓷、陶釜残片等，并有西汉五铢钱出土。后于2006年至2008年，辽宁省文物考古研究院李新全先生等再次发掘，更发现了较大型带础石的建筑址和汉代云纹瓦当、汉魏"千秋万岁"瓦当和五铢钱等大量重要文物，特别是出土了"高句丽丞"封泥。这是迄今为止，苏子河流域最大、最重要的无可争议的汉城址。经考证，该城址应为汉昭帝时玄菟郡由"沃沮"第一次迁徙后的第二个治所"高句骊县"。

同样经1985年调查，在上述二道河子古城东30公里，又有经勘定的新宾县旺清门以西的白旗堡古城。该古城地处辽宁新宾苏子河上游永陵南二道河子古城，即西汉"玄菟郡"治"高句骊县"的东境。自20世纪80年代，笔者先后三次亲自调查过的（现已毁平）这处与二道河子古城东临仅30公里的白旗堡汉城，虽规模稍小，但正处在由二道河子古城（玄菟郡治）沿苏子河古道东行的"高句丽北道"上。[①]该"北道"是"玄菟郡"通向丸都城的高句丽南北二道中，较宽阔的"苏子河—富尔江—集安（丸都）"主干线。从当年调查时夯土城垣尚存约1米高，特别是城垣中出土有西汉云纹瓦当来看，白旗堡古城的性质应是笔者早年在《东北古代交通》中根据《三国志》等记载已考定的，由"玄菟郡"向高句丽颁授"朝服衣帻"的"帻沟娄城"。[②]这是辽东"玄菟郡"管辖汉"高句丽侯国"，具有"郡国—县侯"明确领属关系的考古学确证。不仅如此，在《三国志·陈留王本纪》中还记载："辽东郡言肃慎国遣使重译入贡。献其国弓三十张，长三尺五寸，楛矢长一尺八寸，石弩三百枚，皮骨铁杂铠二十领，貂皮四百枚。"[③]《三国志》如此真实记载肃慎事，其资料来源必有信史凭据。这是汉末三国时代，东北"汉郡"与部族方国关系的历史真实写照。以此作为两汉当时长白山区系部

[①] 王绵厚、朴文英：《中国东北与东北亚古代交通史》，辽宁人民出版社，2016年，第85—107、180—191页。

[②] 王绵厚、李健才：《东北古代交通》，沈阳出版社，1990年，第117—130页。

[③] 《三国志》卷4《三少帝纪》，中华书局，1959年，第149页。

族,辽东郡曾领属肃慎、玄菟郡领属高句丽的实证。

四、汉郡文化与高句丽关系的又一交通地理坐标

在考察"汉郡文化"与西汉"高句丽"建国后的历史和文化关系中,长白山南系自汉昭帝始元年间内迁"玄菟郡"至辽东苏子河上游后,玄菟郡内的郡县古道与汉元帝时建国后的"高句丽南北二道"的演变关系,是从20世纪80年代初笔者启动《东北古代交通》,到2016年出版《中国东北与东北亚古代交通史》的30余年间不断探索的问题。隐藏在这一"汉郡与高句丽交通地理变迁"背后的历史内因,是长白山南系辽东汉郡与高句丽侯国之间的关系。鉴于其重要性,本节在上一节已涉论"玄菟郡"的变迁和"南北道"初见的基础上,再对"高句丽南北二道"与汉郡历史关系进行具体分析考察。

(一)汉昭帝内迁玄菟郡至辽东第二玄菟郡后形成的"高句丽南北二道"

高句丽研究者们皆知,国内外对于"高句丽南北二道"争论的焦点是该道的西部起点方位。现引证历年有代表性的观点如下:

其一,白鸟库吉、箭内亘等在《满洲历史地理》中最早提出:"南道"从今沈阳出发,沿浑河、苏子河,经通化到集安;"北道"则自开原沿清河东行,经辉发河上游至通化和集安。近年来部分国内论著,仍有"南道"发自沈阳南的辽阳说,或有持"北道"经由今辉发河和东辽河(辽源)一线者。

其二,津田左右吉等认为,"南道"发自辽阳(辽东郡)后,沿太子河或浑河东进,"北道"则在其北一线,是谓发自辽东郡说。

其三,今西春秋等认为"南北道"也都由辽阳出发,"南道"沿太子河经新宾到集安,"北道"向东北沿浑河、苏子河到集安。

其四,国内有代表性的吉林学者,认为"南北道"的起点是从集安由东往西逆行。"南道"从集安出发,沿麻线沟越老岭到浑江;"北道"由集安西行,越老岭到浑江。

上述诸论的一个共同点,就是离开了汉"玄菟郡"境,在辽东郡治"襄平"(今辽阳)或北边的"侯城"(今沈阳)一带,寻找"高句丽南北二道"的西部起点。所以百年寻证,终无破解。从20世纪80年代初与李健才先生启动《东北古代交通》编写开始,笔者与以往诸家的不同研究视角是离开辽东郡,从今苏子河

上游的汉昭帝时内迁辽东的"第二玄菟郡"（今新宾县境内）去寻证"高句丽南北二道"。当时，笔者与健才先生议定，各自在辽吉二省寻找"高句丽南北二道"的史迹。在孙力、徐家国等同仁的陪同下，笔者先后于1984年、1985年和1986年连续三年，调查了新宾县永陵南二道河子古城、旺清门白旗堡古城，太子城，桓仁五女山城、下古城子，以及通化赤柏松古城和集安国内城等。其中最重大的考古学收获是，在诸同仁的襄助下，确认了辽宁省第二次文物普查中发现的永陵南二道河子古城为汉昭帝时内迁的"第二玄菟郡治高句丽县"旧址，新宾白旗堡古城为《三国志》中的玄菟郡东境"贡道"（北道）上的"帻沟娄城"。[①] 迄今为止，虽然对白旗堡古城是否是"北道"上的"帻沟娄"尚存个别异议，但对永陵南汉城，经李新全等的考古发掘，已确认为玄菟郡治，并被国内外公认。这是确认"高句丽南北二道"起点坐标的实证。就此，在进入21世纪后的2004年秋，笔者与桓仁王俊辉先生和辽宁社会科学院廖晓晴等，又先后驱车调查了高句丽"南道"上的桓仁二户来和四道河子等地的龙头山石盖墓、望江楼积石墓以及当地乡民院地出土的燕刀币（窖藏）、汉五铢钱和铁器等。而且，当年笔者与省社会科学院廖晓晴一行，专门沿从新宾至桓仁的"南道"至集安，返程又由集安国内城到通化赤柏松古城（上殷台县），再经白旗堡（帻沟娄）至旺清门和永陵南北，重走2000年前"高句丽南北二道"的全程。以下即将这"南北二道"上调查过的重要史迹简述要录，以证玄菟汉郡与早期高句丽深刻的文化渊源。

（二）玄菟郡古道——高句丽南北二道上重要史迹的考察回顾

其一，从前节的历年考古调查来看，当汉昭帝始元二年（公元前82年）"玄菟郡"从朝鲜半岛"沃沮城"内迁至辽东苏子河上游"高句丽县"（二道子古城）后，首启玄菟郡境内的"南北二道"。其"南道"中桓仁二户来等地燕刀布、五铢钱和"北道"上西汉孤脚山墩台、白旗堡古城等地西汉早期半两钱的发现等，证明了早期汉郡古道的拓行在"高句丽"建国前。

以下介绍的经20世纪以来实地考察的相关交通史迹，可作进一步的辅证。

1. 南道：在进入"玄菟郡"时代以前，浑河古道可从今沈阳东部青桩子古

---

① 王绵厚、朴文英：《中国东北与东北亚古代交通史》，辽宁人民出版社，2016年，第85—107、180—191页。

城（辽东郡"东部都尉"）、上伯官古城（"第四玄菟郡"）开始东行约25公里，到达抚顺高尔山山城（新城）；再东行约10公里至东洲甲邦古城，由此继续东行过新宾南杂木进入苏子河古道。苏子河古道上先抵木奇镇和五龙山城（木底城），之后进入五龙沟（古称"南狭"之道）；由此东向10余公里有下房子古城，由下房子东行10公里即至新宾永陵，在永陵东南1公里即可至二道河子古城（第二玄菟郡）。至此，沿东南方向前行方真正进入了"南道"上的二道河子古道。二道河子古道上东行约10公里，至榆树乡彭家村（有早于高句丽时期的大石盖墓群）；上行东南过玉皇顶西麓约20公里至桓仁县境的铧尖子二户来（华来镇）等发现有燕刀币地。从铧尖子到四道河一线，是浑江支流头道河至六道河的东西向古今干道（二户来东南有重要的龙头山遗址，其中石盖墓群在2004年再次调查过）。再东南则到达浑江右岸上古城子、下古城子、望江楼积石墓及左岸桓仁县城、五女山山城。"南道"过今桓仁县城东行后转向东北，过五里甸子东北的北关关隘，又经石庙子、头道阴岔、麻线进入麻线河下游古道，再东北行即到达"南道"的终点集安国内城。

2. 北道：亦先经历上述由今沈阳东的青桩子古城和上伯官古城（"第四玄菟郡"）至二道河子古城（"第二玄菟郡"）的前段。然后由二道河子古城发轫，沿苏子河南岸东行约20公里抵达新宾县城。继续东行至苏子河上游最大的古城——上节提到的白旗堡古城（帻沟娄城），在过白旗堡后东经红升乡进入富尔江流域，再东行经旺清门以东的孤脚山墩台和孤脚山山城，至吉林通化西南的快大茂赤柏松古城（这一线，笔者从1983年至2008年曾做过3次调查）。沿"北道"至快大茂子赤柏松古城后，折而沿富尔江南行，先至今富尔江与浑江汇合处的集安西北之江口村，这也是古代高句丽"北道"的重要河险关口（1992年笔者与徐家国调查过）。由江口村渡浑江后，沿古道南行至新开河谷，进而入麻线河上游。此段路线上的第一要镇，为今集安财源镇北之霸王朝山城。由霸王朝山城沿新开河南行10公里至财源镇（这里有高句丽古墓群），又东南行10公里到花甸镇，由花甸沿新开河谷东行达台上镇（这两地也有高句丽古墓群）。由台上镇沿新开河南行到荒崴子，这里有望坡岭关隘，是进入丸都以前的重要关口。过望坡岭关隘后，"北道"由新开河进入麻线河上游。从望坡岭沿新开河上源——双岔河继续南行至天门沟，再由天门沟至双岔村（这一带也发现有大量的高句丽墓群并出土有铁器等，说明这里是高句丽的重要交通要冲和聚邑之地）。过双岔村沿双岔河谷东南过老岭（此段山高路险）后，再沿麻线河上游东行到小板岔岭（1906年在小板岔岭西北天沟山坡，发现了曹魏毌丘俭丸都山记功碑残石，现藏辽宁省博物馆，这是当年曹魏征高句丽丸都所经板岔岭的千古石证）。过小板岔岭沿麻线河东行2公里至石庙子后，再东南行约1公里则到二道阳岔。由二道阳岔东行，翻过山岭即到达丸都城（今集安）。根据1987年李健才等的分工调查，由二道阳岔到丸都的这段山路，道路险狭，难通车马，独有石庙子谷地宽阔。因此，笔者与李健才在合著的《东北古代交通》中，将二道阳岔西北的石庙子乡故地，分析考定为文献中记载的"悬车束马登丸都山"[①]的舰岘所在，过北达终点丸都。

（三）高句丽北道上的帻沟娄城与高句丽、上殷台、西盖马三县地望

前已指出，"高句丽南北二道"中的"北道"，应开拓于高句丽建国以前的汉昭帝时代。笔者先后在1996年《新城、南苏、木底道与高句丽南北二道的关系》和2008年《西汉时期的玄菟郡"帻沟娄"城与高句丽早期"南北二道"的形成——关于高句丽早期历史文化的若干问题之六》两篇文章中论述了"高句丽南北道"与"第二玄菟郡"的关系："早期高句丽的南北二道，连接的不仅是第二玄菟郡与高句丽的早期都城纥升骨城和国内、丸都城，而且也是第二玄菟郡三县（高句丽、上殷台、西盖马）之间的交通大动脉。"现将这条古道上几处重要古城，即自20世纪80年代初以来，多次调查过的白旗堡、快大茂、集安土城予以简要介绍，以进一步印证三者的历史渊源。

1. 新宾县东升乡白旗堡汉城

1985年笔者初次调查时，其城址尚可见纵横近100米、高约1米的台地，其遗迹、遗物尚未明确。当时同行的徐家国，出示了1980年前后调查发现的该遗址出土的云纹瓦当、五铢钱等遗物照片。而到2001年笔者与辽宁省长城学会同仁再次调查时，遗址已被夷为平地。但这里为一处重要汉城（帻沟娄）的可信性不容怀疑。"沟娄"为高句丽语"城"，已为学界公认。因此，笔者认为该城址应为"北道"上的"玄菟郡"向高句丽颁送"朝服衣帻"的"贡城"无疑。

---

① 《北史》卷94《高句丽》，中华书局，1974年，第3112页。

2. 通化快大茂赤柏松古城

2004年至2008年秋，笔者在1985年首次调查的基础上，又两次亲临其地。特别是最后一次（2008年），与国家文物局长城资源调查项目组专家一起，在调查完孤脚山墩台后，专程赴该地调查。适逢该城刚经过吉林省文物考古研究所发掘，其遗迹和遗物（战国和汉陶片）俯拾皆是。从快大茂赤柏松古城发现的西汉早期的陶片看，所谓"北道"，应至少开拓在高句丽建国以前。以往将"北道"置于富尔江一线的学者，又多将"北道"定在旺清门以西，沿富尔江的西岸南折至集安。而2004年的专门调查时发现，由旺清门过富尔江以东，即新宾至通化快大茂子一线的沿河大道，远比由富尔江西岸南下的道路宽阔而平直。所以考证真正的高句丽"北道"平阔，应由今快大茂赤柏松古城（上殷台县）折而南行，经财源镇江口村南进沿新开河谷至集安。

3. 集安国内城下的土城

集安国内城下汉代土城遗址的存在和性质亦分歧较大。早年与李健才、李殿福先生等调查时，笔者明确认为在高句丽国内城的石城下有汉代土城。2004年出版的《国内城：2000—2003年集安国内城与民主遗址试掘报告》，否定了这一说法。近年来，张福有在《高句丽古城考鉴》中重新肯定了"国内城下有土城"的观点。从历年的考古发现看，笔者一直认为国内城下有土城无误，并且还认为高句丽迁都"国内"前地名的来源，应是高句丽迁都集安前鸭绿江中游统属于"大水貊"的古"盖马国"。而与"高句丽县"设于"句丽"故地一样，昭帝以后的"西盖马县"（今集安），应即设在古"盖马部"的故地。综上可知，"高句丽南北二道"不仅与汉昭帝以后内迁辽东的"第二玄菟郡"密切相关，而且其"北道"更直接继承了"高句丽—上殷台—西盖马"三县的古道交通基础，是为汉第二"玄菟郡"与高句丽诸多关系中的重要一环。它的确认在长白山南系的汉郡文化与高句丽政权关系研究中具有重要地位。

五、长白山区系民族从部族聚邑向汉郡、属部、侯国制度的演变

长白山区系考古与民族文化，在进入早期铁器时代第二阶段以后，受汉郡

文化影响，在社会结构形态方面反映出的一个重要现象，是诸多土著部族集团的"酋邦制"聚落向汉郡体制的属部、侯国的演变。

（一）从部族聚邑向汉郡、属部、侯国制度演变的历史文献

散见于正史文献可举证要录如下：

1.《史记》卷25《律书三》记载："（孝文继位）南越、朝鲜（《正义》解为：高丽平壤城本汉乐浪郡王险城，古朝鲜地）自全秦时内属为臣子。"[①]《史记》中的该条文献，记载的是孝文帝继位时将军陈武的话。当时尚在汉武帝开拓"朝鲜四郡"半个世纪前。故"朝鲜"如《正义》解读乃指"古朝鲜"，即本书长白山东系青铜时代的部族方国。而"全秦"一词，在《史记》中常指燕秦统一设郡县初期。这说明长白山东系的古朝鲜之地，早在汉武帝开"四郡"以前已纳入"全秦"属地。在长白山区系的区域民族历史演变中，其无疑具有划时代意义。

2.《史记·张良传》记载："良尝学礼淮阳，东见仓（苍）海君。"[②]该条所记亦在汉武帝以前的汉初，说明留侯张良曾亲见过长白山东系日本海西岸的"仓（苍）海君"——即当时的部族君长（酋长）。故《汉书》同条的《正义》解注："汉武帝纪云：（元朔）元年，东夷濊君南间等降，为苍海郡，今濊貊国。"这是正史记载长白山东系，从东夷"濊君"部族方国向郡县体制演变的历史确认。

3.《汉书》卷6《武帝纪》记载："东夷濊君南间等，口二十八万人降，为苍海郡。"[③]

4.《汉书》卷28《地理志》记载："玄菟、乐浪，武帝时置。皆朝鲜、濊貊、句丽蛮夷。"[④]以上《汉书》两条，所说的长白山东系之苍海、玄菟（第一治）、乐浪三郡，均与"东濊""朝鲜""濊貊""句丽"诸"蛮夷"旧部有关。即本章第二节考述的长白山东系文化与玄菟、苍海、乐浪郡的地缘关系。这

---

① 《史记》卷25《律书》，中华书局，1959年，第1242页。
② 《史记》卷55《留侯世家》，中华书局，1959年，第2034页。
③ 《汉书》卷6《武帝本纪》，中华书局，1962年，第169页。
④ 《汉书》卷28《地理志》，中华书局，1962年，第169页。

种地缘政治，决定了进入燕秦汉早期铁器时代后，东夷（东北夷）各部族从"酋邦"方国、方邑（邑落）向郡县（侯）体制的历史演变。这种演变，从战国末的"全秦"时代开始，一直到本书下限的西晋"乐浪郡"末期。虽然在演变过程中具有阶段性的某些制度层面的变化，但它在长白山区系考古和民族文化发展的总趋势中却有其共性，那就是"趋同汉制"。

5.《三国志》卷30《东沃沮传》记载："汉武帝元封二年（公元前109年），伐朝鲜，杀（卫）满孙右渠，分其地为四郡，以沃沮城为玄菟郡……汉以（沃沮）土地广远，在单单大岭之东，分置东部都尉，治不耐城，别主领东七县。时沃沮亦皆为县。汉光武六年，省边郡，都尉由此罢。其后皆以其县中渠帅为县侯，不耐、华丽、沃沮诸县皆为侯国。"[①]《三国志》此条，追述了长白山东系的沃沮部族，由西汉初"卫氏朝鲜"所领部族酋邦方国，到汉武帝以后列地为县，再至东汉后改各部"渠帅"为"县侯"的过程。它记录了这样一段历史实事：秦汉之际的"卫氏（满）朝鲜"，是"古朝鲜（箕氏）"的直接继承者。至汉武帝元封二年（一说元封三年），伐朝鲜卫满之孙"右渠"而始设"四郡"。这是朝鲜半岛正式纳入郡县体制的开始，也是朝鲜半岛上，从公元前1000年前后的"箕氏朝鲜"经秦汉之交的"卫氏朝鲜"及与其同时的狼林山脉东北的古濊（东濊），先后结束青铜时代步入早期铁器时代汉郡文化的标志。

以上简要引证的五条信史资料，类似的记载尚有很多。按照王国维先生"两重证据法"的治史依据，不唯多而更为确。以上五条，亦可见证长白山区系文化从先秦"酋邦"部族体制，向秦汉以后郡县体制转化的历史轨迹。这种演变在东北亚地区和长白山区系的社会文化史上具有划时代的影响，并持续了2000余年。这也是本书在长白山区系考古与民族研究中，将其作为青铜时代与早期铁器时代分界的重要理由之一。尽管国内外学术界对是否存在可称为铁器时代尚有争议，但是作为一种考古学文化上的与青铜文化对应的早期铁器文化，则是本书在考察长白山文化"趋同汉制"进程中的一种地域文化的合理命题。

---

① 《三国志》卷30《乌桓鲜卑东夷传》，中华书局，1959年，第846页。

（二）长白山区系从部族向郡县趋同汉制演变进程的深刻意义

这种划时代的考古学标志，在长白山区系之南系的辽东高句丽侯国、西系的夫余王国以及东系的东濊、乐浪等部族属国、侯国的管理体制上，特别是在汉武帝重开"玄菟、乐浪、真番、临屯"四郡后（真番、临屯后并入乐浪，玄菟内迁至辽东），均发生了趋同汉制的深刻变化。这里仅举《三国志·东夷高句丽传》的明确记载，以从制度层面上"窥一斑而知全豹"。

《三国志·东夷传》所载较为准确。其文曰："汉时赐鼓吹技人，常从玄菟郡受朝服衣帻，高句丽令主其名籍……当此时为侯国。汉光武帝八年，高句丽王遣使朝贡，始见称王。"①《三国志》中的这条记载，可以举一而反三。它与上节提到的辽东苏子河畔发现的玄菟郡城、"帻沟娄"城相互印证，并记载了这样一段在长白山区系考古与民族研究史上，具有深刻影响意义且名垂千古的历史事实，不可不详查。

其一，汉时高句丽部族"侯国"（包括夫余等）等，已纳入辽东"玄菟郡"的管理体制。"常以玄菟郡受朝服衣帻"，这不仅是礼仪性的，而且是从属汉郡制度层面的管理行为。即当时汉庭对"四夷"部族采取二重管理体制，各部族方国、侯国的"君长""县侯"虽由其渠帅（酋长）世袭（包括高句丽侯、夫余王）。但首领册命、印绶、官服凡二百石以上管职，均由汉廷统一任免，这显然已实质性地纳入到汉郡管理体制。故同书《扶余传》中，亦有"其印文言'濊王之印'，国有故城名濊城"。该"濊王"应为汉廷册封名号。

其二，"高句丽（县）令主其名籍"，说明正式册封为"侯国"的东北各部族，"王拟郡，侯拟县"。长白山东系"苍海郡"的"濊君"，与后来的如松花江流域"北夫余"之"濊王"以及"东濊"地区"沃沮濊君""不耐县侯"——乐浪郡"东部都尉七县"等，都是采用的这种管理体制。唯一不同的是，高句丽隶归"玄菟郡"，"东濊"则隶归"乐浪郡"。

其三，汉以后对东北边郡部族这样郡县与部族的双重管理体制，如前节考述，开启在燕秦汉（初）时期，确立在汉武帝以后，并首先推行在长白山区系的

---

① 《三国志》卷30《乌桓鲜卑东夷传》，中华书局，1959年，第843、844页。

边域民族中。在进入战国中晚期"五郡时代"以后，社会与民族体制出现的划时代变化，引发了东北亚早期区域和民族历史文化的深远变革。汉郡文化对后世包括东北亚区域边疆民族"属国都尉"和羁縻制度的影响，应是长白山区系考古与民族研究的重要方面。特别是如《长白山考古与民族论纲》开篇绪论等所言，本书研究的时间下限在东汉末至西晋"乐浪郡"废止（公元313年）以前。所以其受早期汉郡文化影响的时段，也应在西晋后朝鲜半岛上高句丽、新罗、百济并存的"三国时代"形成以前。这与公元3世纪成书的《三国志》在时代上是相吻合的。即本书包括《长白山区系考古与民族论纲》记述的时间下限，都止于公元3世纪末（个别如乐浪废止的313年超出此限）。其后则进入朝鲜半岛的"三国时代"。在半岛的南部，则有继"三韩"之后的"加耶"诸国。而大同江以南，多不属本书记述的地理范围。因此，如前述该文化对长白山区系文化的奠基作用和本质内涵的影响，应是有待不断深入的当代东北亚区域考古学与民族学研究的跨国课题。由此也彰显了本书立题的"长白山区系考古与民族"，在中国东北及东北亚早期（公元3世纪前）考古学与民族学研究中所蕴含的深刻潜力和重要意义。

最后需要指出的是，在汉郡文化影响下的"趋同汉制"历史进程中，长白山区系文化汉玄菟郡及长城以北千里的夫余王国，在考古学上更具有典型的标志意义。从当代考古发现并印证文献记载可知，在夫余部族王国都城——"濊城"（今吉林市东团山一带），及其周围的帽儿山古墓群出土的精美漆器、纺织品、五铢钱和汉式工具、铁器乃至濊王印等众多遗物，特别是墓葬形制以汉式的二椁、三椁竖穴土坑墓为主，都凸显出玄菟郡属下夫余、高句丽王国的汉郡体制特征。可见，在长白山区系各民族共同体中，"南貊"和"北濊"这两大主体民族是最毗邻汉郡的，所以受汉郡文化和汉郡体制影响也最深。所以，长白山区系考古与民族的跨国研究，已然成为中国边疆考古与民族研究体系中最热点的问题之一。长白山区系作为本书初步认定的独立文化区，必然成为"一体多元"的中国区域史和边疆学关注的重点和焦点之一。长白山区系考古与民族文化的研究，也是中华民族文化"多元一体"形成过程中，"多元不平衡发展"的重要案例之一。

第十二章
先秦时期中国东北三大土著族系及考古遗存再论
——从长白山区系视角重看东北古代民族分布

中国东北地区自商周进入有明确文献记载和金文著录的青铜器时代以后，在作为"商周北土"的白山黑水和松江辽土上，部族方国及其民族分布，成为19世纪末至20世纪初，特别是20世纪80年代以后，国内外学术界长期关注并似乎已有定说的重要问题。举其代表性观点，有1930年史学家卞鸿儒在《历史上的东北民族之研究》中首次提出东北古族的"东胡—濊貊—肃慎"三系说。而最早把东北古代民族分为四系的，是东北史专家金毓黻先生。他在20世纪40年代出版的《东北通史》中，以卞著为基础加一个"汉系"，而提出四大族系的观点。[①] 其所列之东北民族系统表如下：

　　肃慎族→挹娄→勿吉→靺鞨→女真→满洲（清）
　　夫余族→高句丽→百济
　　东胡族→乌桓→鲜卑→契丹

自此以后，有代表性的东北通史和专史著作，多基本沿袭此说。如佟冬先生在其主编的《中国东北史》中，依然把东北地区的古民族分为四系："辽西古商族（燕族、孤竹与古朝鲜）""西部的山戎（东胡）""南貊与北濊""东北部

---

① 金毓黻：《东北通史》，五十年代出版社，1981年，第25页。

文化却早已分布于东北地区西南部的辽河中上游地区，应当是不争的史实。其后周武王封召公于燕地的民族基础和文化基础，应当正是该地区早在夏商已存在的可称为"先燕"的土著文化，即辽西古"燕亳"邦国文化。笔者认为，这一文化区可称为"西辽河—燕山文化区（严文明先生称燕辽文化区）"。

上述分布于商周北土的辽河中上游（含大凌河老哈河和燕山以北）的先燕时燕亳族团的存在，同样可以从当代考古发现和民族地理中得到验证。这就是从20世纪60年代以来，发现在辽河中上游的继红山文化之后的夏家店下层文化及其后续的魏营子文化。

对于夏家店下层文化的时代及文化性质，辽宁学界曾经以"先商说"较为流行。而从考古类型学角度分析的，则分别有张忠培、李伯谦、郭大顺、许玉林、王立新等诸位先生。[①]而那些从文献中推其为先商的，应主要是在近人"蕃出砥石""商源北说"基础上，由红山文化的"黄帝说"和"颛顼高阳说"下溯并进一步推衍而来。如丁山说："契所居蕃，我很疑惑是亳字音讹。"在20世纪80年代以后，又有红山文化的"先商论"等。但此"先商论"至今无系统论据公开发表。应当说明的是，对5000年前辽西红山文化性质及其在中华文明起源中特殊意义的研究，因有诸多专家考论，故本文不予重述。作为"商源北说"的先导，如果从辽河文明的历史地位来估价，红山文化无疑是一个重要的文明之源，这可为一家之言。但在红山文化以后，特别是公元前2000年前后，医巫闾山以西的上辽河流域，真正可以与上述文献和金石互证的早期民族及考古学文化，与其笼统地说成"先商"，不如推定为先燕时期的"燕亳"更为准确。正如林沄先生认为，"该地区已确认的考古学文化（夏家店下层文化），一直是不同于先商-商文化的

---

① 张忠培：《夏家店下层文化研究》，张忠培编：《中国北方考古文集》，文物出版社，1990年，第187—206页；李伯谦：《论夏家店下层文化》，北京大学考古系编：《纪念北京大学考古专业三十周年论文集》，文物出版社，1990年，150—170页；郭大顺：《试论魏营子类型》，苏秉琦编：《考古学文化论集（一）》，1987年，第79—98页；许玉林：《辽宁商周时期的青铜文化》，《考古学文化论集（三）》，1993年，第311—334页；王立新、卜箕大：《对夏家店下层文化源流及与其他文化关系的再认识》，吉林大学考古系：《青果集——吉林大学考古系建系十周年纪念文集》，知识出版社，1998年，第179—187页。

它系文化"。①本文在20世纪80年代以来的考古调查基础上认为，这种区别于商文化而广泛分布于辽河中上游早期青铜时代的夏家店下层文化，主要应当是夏商周以来中国北方"燕亳"及其先世民族的遗存。仅从可与金石互证的考古发现来看，再举其主要依据如下。

（一）文献中先秦北土的燕亳与夏家店下层文化分布的地域相合

将先秦文献中的商周北土的燕亳文化的分布区，与夏家店下层文化的分布区比较看，两者均地处医巫闾山以西、燕山以北以辽河中上游为中心的辽西地区。在燕山以南的冀北地区，尽管也分布有夏家店下层文化的一些遗存，但笔者认为其主流文化应属燕、蓟地区的燕文化和山戎文化区。有的学者推其为"先周"文化。而从近半个世纪的考古发现看，夏家店下层文化的主流分布区，应集中在西至河北承德的燕山北麓、南至七老图山、北及西拉木伦河以南的老哈河流域、东至医巫闾山，即以大凌河和西辽河为中心。这和文献中与肃慎相近而地近于燕山以北的燕亳地理区域恰相吻合，本书认为可视为夏、商、周三代燕山以北辽西土著的燕亳文化核心地区，即"燕亳"中心在燕山以北。

（二）先于西周的夏商北土之燕亳集团存在的时期断限与夏家店下层文化亦相合

与夏家店下层文化（燕亳）的分布地域对应，从该文化分布和存在的时间看，夏家店下层文化及其分支——魏营子文化与具有先燕和亳（貊）两种文化内涵"燕亳"文化存在时间相合。从文献和金文来看，《左传·昭公九年》与西周初铜器铭文中的"燕亳（貊）"，显然在西周建立前的夏商时代已存在于"北土"。夏家店下层文化及魏营子文化的考古学年代，约为公元前2000年至公元前1000年，即它们是距今3000年以前的一支典型的辽西土著青铜文化。在同一时期黄河流域，有真正"先商"的河南平粮台等遗址。而医巫闾山以东的辽东地区，西周时至今没有典型的燕文化遗存，却存在着另一支以石棚、石盖墓等为特征的本地土著——"南貊系"早期青铜文化，一般称为马城子文化或新城子类型。②因此，只有夏家店下层文化与文献记载的辽西"燕亳"文化的时空相合。

---

① 林沄：《"燕亳"和"燕亳邦"小议》，《史学集刊》1994年第2期。
② 华玉冰：《新城子文化初步研究》，《考古》2011年6期。

（三）夏家店下层文化具有"先燕"文化与北土亳（貊）文化的双重因素

除上述地缘和时代特征外，夏家店下层文化还具有先燕时期的北方亳（貊）与燕文化的双重因素，这是又一值得注意的文化现象。以前因为多囿于笼统的"先商文化说"，在微观上对夏家店下层文化内涵辨析不够。本书认为，夏家店下层文化不是"先商"，而是"先燕"之源。今作为尝试，姑举出以下几点考古学因素以进一步说明。

其一，夏家店下层文化出土的无腰隔瓦、深弧腹盆及深腹罐等器物（受中原后冈二期文化影响），特别是陶器上的绳纹加弦纹或抹平粗绳纹装饰，均具有商周时代特征。而这些特征，在从红山文化、小河沿文化到夏家店下层文化的序列中，均缺少与当地文化的渊源关系。这种现象应视为受早期中原文化如二里头、陶寺的影响所致，而时代上正相当于西周建国前的先燕或者先周。

其二，在总体造形上，夏家店下层文化中泥质磨光灰陶或灰褐陶三扁舌足尊形鬲、钵形鼎等器物，应属商周时期先燕地区的三足器传统。但显然鬲的上部和鼎的足部在造型及其胎质等方面，又有别于典型的商周三足器型，明显具有北方特色，这应理解为辽河中上游北方燕亳的土著特征。

其三，有迹象表明，夏家店下层文化的彩绘陶和尊、簋等器形，在辽西继承了晚于红山文化的小河沿文化后，同时又具有山东半岛从大汶口到岳石文化等早期东夷文化的某些共同传统，应属辽西燕亳在大的文化谱系中受到东夷等早期文化影响的又一标志之一。

其四，将夏家店下层文化有代表性的横耳直筒鬲分解来看，具有上部为北方夹砂褐陶筒形罐与下部为中原商周之三袋足结合的特征，在胎质上又更接近北方夹砂褐陶系统。这种典型陶器，与商周中原陶器及北方的筒形陶器均不完全相同，而又均有某些相近的痕迹，也应当视为辽西燕亳集团的标志性器物。而从夏家店下层文化发现的"彩绘陶器"看，在本土红山文化等均找不到源头。据1975年调查大甸子遗址，1984年与马洪路参观临汾博物馆藏陶寺遗址出土的稍早的同类黑陶土的彩绘花纹看，辽西"燕亳"陶器应有陶寺因素。

其五，众所周知，夏家店下层文化中的围壕聚落、山上石城和土坯墙等建筑，显然既有别于中原龙山文化和夏商时代的夯筑土城，又受中原如石峁石城等先进的聚邑制影响较深，更多地表现为河套石峁石城因素与辽西本土文化结合的特征。这可视为上辽河流域以农耕、渔猎、畜牧经济并存为基础的青铜时代独立的北方"燕亳式"石构聚落传统。这一从带有石垣围壕的聚落,向山上或高台地上的石城的过渡,甚至深深影响着其后青铜时代辽东南貊系的石垣聚落和高句丽早期山城。[1]这种聚落形式在中国东北夷民族构建中华文化的青铜文明中,具有特殊的区域文化特征。考古实践证明,它既不同先商,也区别于先周文化(有西戎文化因素),应是辽西当地典型的土著类型。

（四）夏家店下层文化与后继魏营子文化应为同一文化传统即燕亳系统

上文叙述的主要是夏家店下层文化,即相当于西周建国前的先商和先燕时的夏家店下层文化。在周建国以后的辽西,夏家店下层文化后继可称为魏营子文化。这种文化的总体特征,早在该文化发现的初期即20世纪80年代,已有专家论述过。[2]其中一个突出的特征是:从墓葬形制和出土青铜器看,燕文化的特征显著。而从陶器特征及其集中分布于大、小凌河和西辽河偏南区域来看,与前期的夏家店下层文化又具有基本衔接、文化类同而地域略有集中和收缩的特点。本文认为,这一文化(魏营子)应是西周召公建国前后,分布于辽西地区的典型燕亳文化与燕文化进一步融合的产物。其区别于周文化的夹砂红褐陶器,则属典型的燕亳(貊)特征。在时代晚于夏家店下层文化的魏营子文化,突出的特点是燕文化影响的彰显,笔者称其为"燕戎文化"特征。

总之,在初步分析了夏家店下层文化及其分支魏营子文化后,结合文献记载和区域地理研究,可作如下小结:广泛分布于辽河中上游的夏家店下层文化,其时代为先商,但不是先商文化,而应是文献中的古燕亳文化,夏商文化的本源仍在河洛。正如考古学家李伯谦先生指出的,"夏家店下层文化与商文化并无直接承袭演化关系"。[3]这一文化后继的魏营子文化,则是早期燕亳文化在西周初吸纳

---

[1] 王绵厚:《燕亳、北戎与东胡——夏家店下层文化与上层文化的区系类型与族属论析》,中国社会科学院考古研究所编:《二十一世纪的中国考古学——庆祝佟柱臣先生八十五华诞学术文集》,文物出版社,2006年,第431—447页。

[2] 郭大顺:《浅论魏营子类型》,苏秉琦编:《考古学文化论集（一）》,1987年,第79—98页。

[3] 李伯谦:《论夏家店下层文化》,北京大学考古系编:《纪念北京大学考古专业三十周年论文集》,文物出版社,1990年,150—170页。

了燕文化进步因素后形成的更成熟的燕亳文化。直到西周末和春秋初期，这一文化才让位于由草原山地的北狄或山戎系统外迁而来的东胡和山戎文化。

在概括了夏家店下层文化的时代、区域特征与文化内涵，并与文献和铭刻中的先燕之亳作了比较后，可以为夏商至春秋战国以前医巫闾山以西的上辽河流域早期族团主体，作出比较符合实际的历史定位。大体在红山文化之后的夏商之际，这一土著于中国东北的先燕民族，与燕山南北之殷即先商（先周）文化不断发生交融，二者共同构成了上辽河流域早期华夏文化的先基。但先燕时期辽西青铜文化的主体，不是商文化，而应是燕亳文化（夏家店下层文化）。它才是构成中国东北地区西南部青铜时代形成早期华夏文化的主流。这一在世纪之交提出的结论，在21世纪得到了考古学家李伯谦先生的首肯。这一文化所具有的凝聚力及其与中原商周文化融合的优势，构成了西周初召公封燕的历史基础，并促进了燕戎文化的进一步北渐。到了西周中至春秋前后，北方山戎、东胡等草原民族方崛起并东迁进入辽西之"燕亳"地境。这支曾以先进的先燕文化为主体的燕亳文化，因貊部的衰落和东迁，而让位于东胡或山戎文化。后继以魏营子文化等滞留于大凌河下游并东渐。这就是分布于同一区域中的辽西夏家店上、下层文化在考古学文化内涵上具有明显反差的历史内因。正如王立新等的分析，"魏营子类型在大、小凌河流域的继承者从本质上有别于夏家店上层文化，属于一支新的考古学文化"。①这一"新的考古学文化"，笔者初步认定为源于辽西的土著燕亳（戎）文化。而其后的夏家店上层文化，则属于山戎、东胡两系统。辽西东北系青铜短剑的上限，亦大体发生在这一时期。其文化内涵当是，辽西貊（亳）文化之一部进入辽东并与高夷等当地文化汇合后，形成了辽东二江（浑江、鸭绿江）流域的"貊系"文化。与此同时，辽西的燕亳文化退出并让位于东胡草原文化后，东进并主要融入魏营子文化或燕南的大坨头文化，构成了真正的西周以前的先燕文化。

---

① 王立新、卜箕大：《对夏家店下层文化源流及与其他文化关系的再认识》，吉林大学考古系：《青果集——吉林大学考古系建系十周年纪念文集》，知识出版社，1998年，第179—187页。

二、长白山南系环黄渤海北岸的东北夷濊貊集团

在中国东北南部医巫闾山以东的环渤、黄海北岸，与商周之际的燕亳集团几乎同时出现在先秦文献中的，是被称为高夷及濊与貊的东北夷民族。濊貊族群属东夷系统的北支，故晋孔晁在《逸周书·王会解》中注其为"东北夷"。① 这一族群沿黄渤海北岸和长白山区系分布广泛，因而在地域上又可分为南部之貊和北部之濊。而位于长白山南系之貊和位于长白山东、西两缘的濊部，又可按山系和水系分为各具地理和文化特征的若干小族团。② 其中南部之貊族，以辽东"二江（鸭绿江、浑江含富尔江）"为中心，成为高夷和大水貊及小水貊的核心。其南分布在辽东半岛上的青丘，中部在辽东"二河"为中心，而其北分布于柳河和辉发河上游之北发。考古学上则分别有双砣子、马城子、新城子、梁泉文化类型。而北方之濊系，亦可分为松花江流域的"北濊"和环日本海沿岸的"东濊"。③ 这南貊和北濊，与燕亳和肃慎一样，是最早见于先秦文献的东北古老土著民族。如《逸周书·王会解》记载"北方台正东，高夷嗛羊"，孔晁注"高夷，东北夷高句丽"。④ 此外，相关文献还有：

《尚书大传》："古者十税一。多于十税一，谓之大桀、小桀；少于十税一，谓之大貊、小貊。"⑤

《古本竹书纪年辑证》："魏襄王十七年（公元前302年）……命将军、大夫、适子、戍吏皆貉服。"⑥

《汉书·高帝纪》："四年（公元3年）……八月，北貉（貊）、燕人来致枭骑助汉。"⑦

---

① 孔晁注：《逸周书》卷7，王会解。
② 王绵厚：《再论辽东"二江"和"二河"上游青铜文化与高句丽起源》，《北方民族》2004年第3期。
③ 王绵厚：《高句丽与濊貊研究》，哈尔滨出版社，2004年，第360—383页。
④ 孔晁注：《逸周书》卷7，王会解。
⑤ 伏生：《尚书大传》，上海书店出版社，2012年，第42页。
⑥ 方诗铭、王修龄：《古本竹书纪年辑证》，上海古籍出版社，1981年，第154页。
⑦ 班固：《汉书》卷1《高帝纪》，中华书局，1962年，第46页。

《逸周书·王会解》："西面者正北方，稷慎大麈，濊人前儿……前儿若弥猴。"孔注："濊，韩濊，东夷别种。"①

环黄、渤海沿岸的中国先秦之东夷集团，除上述北支濊貊族团外，在与辽东相对的山东半岛腹地的南支，还有被称为莱夷和淮夷的族团，即《诗经·鲁颂》所说的"淮夷来同，莫不率从，鲁侯之功"和"淮夷蛮貊，及彼南夷，莫不率从"。②对于山东半岛的东夷民族创造的文明，当代考古学家亦作出明确定论："东夷族是最早建立国家、进入文明的中华古族之一……东夷文明诞生与发展进程，将在很大程度上反映黄河文明的诞生、发展历程。"③这里把东北夷民族在构成华夏早期文明中的贡献和历史地位，作出了客观的评价。如果把山东半岛上的东夷文明，与辽东半岛和长白山南系的东北夷文明联系起来看，这两支文明对黄河文明和辽河文明的贡献和历史地位无疑应当重新估计。④与山东半岛早期东夷文明相比，黄、渤海北岸濊貊系东北夷文化如同辽西夏家店下层文化之燕亳文化一样，与同期黄河流域的商周文明、山东半岛的龙山或岳石文化相比可能稍逊一筹。但作为东北地区的土著文化，又表现出明显的地域性和民族性特色。从考古学类型看，这种区域性民族文化特征可概要归纳为如下各点：

1. 源于中国北方新石器时代夹砂褐陶篦纹筒形罐传统的夹砂褐陶平底多耳陶器，是该民族区域文化的固有传统。尤其在其核心地区的辽东"二江"和"二河"上游，不见或极少见三足器是其考古类型学上的显著特征，并常常影响到鸭绿江以东朝鲜半岛和日本海西岸的东濊文化区，由此构成濊貊系陶器文化的特质。

2. 从青铜时代早期貊系（含青铜短剑文化）的石棚、石盖墓、积石墓到高句丽早期积石墓，这种地上或半地上式石构墓葬是该地区一脉相承的区域文化特

---

① 孔晁注：《逸周书》卷7，王会解。
② 《诗经》卷20，鲁颂。
③ 张学海：《论东夷文明的诞生与发展》，北京大学中国考古学研究中心、北京大学古代文明研究中心主编：《古代文明》第1卷，文物出版社，2002年，第152页。
④ 王绵厚：《辽河文明在中华文明形成中的历史地位》，《辽宁省博物馆学术论文集》第三辑，辽海出版社，2009年，第837—846页。

征，其传承关系日益明确。在北濊地区，则多为土圹石棺墓，表现出长白山区系中南貊与北濊的文化差别。

3. 陶器胎质及组合均具有区域文化特征。其胎质以夹砂红褐陶为主，与辽西夏家店下层文化和魏营子类文化中的红褐陶应属同一传统。在辽东"二江"的中心区，更有含滑石粉的特点。陶器的组合，以壶、罐、钵（碗）为基本形制，少有瓮和豆。其中又以带板耳或瘤状横耳的高斜领壶和筒式罐最具特色，可视为东北夷濊貊系陶艺的基本特征。

4. 与石构墓并存的火葬习俗特征突出，构成辽东南貊系统独特的石墓火葬土著文化特点，并深深影响着后来高句丽的积石火葬习俗。

5. 环黄、渤海北岸因多山地、川谷地貌而形成的渔猎、采集经济和铜石并用的早期青铜文化风格，并且大量的生产工具仍以双孔石刀与扁平石斧、石矛、石镞为主。前者反映本区系借助山林、海洋从事渔猎经济生活的固有传统和早期农业相对欠发达的区域特征，后者反映了与渔猎、采集经济相适应的青铜器制作工艺相对落后的特点。

总之，纵观黄、渤海北岸以长白山区系为中心的先秦时期东北夷濊貊系统文化区，除了在地域上可分为南貊、北濊和环日本海西岸的东濊（沃沮）文化区外，即使在同一貊系内，文化上亦存在着微观的差别。如以辽东为例，地处千山山脉以南的辽东半岛南部濊貊系统之南貊的青丘部族，由于与山东半岛隔海相接，其文化中表现出受山东半岛龙山和岳石文化的明显影响，反映出环黄、渤海两岸古代东夷文化圈的一些共同因素。而与辽东貊系地缘相近的长白山南支余脉吉林龙冈山脉以北辉发河、柳河（含今浑河源）一带，分布着同属貊系的"北发（貊）"文化。由于地近松花江流域的濊系西团山文化，明显地具有受中原商周和辽西夏家店下层文化（燕貊）影响的三足器和土坑竖石棺墓等特征，但仍以貊系的石盖墓、积石墓为主。[①]只有辽东"二江"与"二河"上游的南貊核心地区，为古文献中的辽东高夷、句丽和高句丽的主体文化区，即典型的青铜时代辽东貊族土著文化区。其突出的考古学文化特征是：以地上、半地上为主的石棚、石盖

---

① 王绵厚：《高句丽与濊貊研究》，哈尔滨出版社，2004年，第360—383页。

墓、积石墓、石棺为主要墓葬形制，以夹砂手制多耳平底褐陶为特色，绝少见三足器的素面带横耳和附加堆纹为装饰，以大型火葬积石墓为传统的南貊文化内涵。①至于北部之濊系文化，以长白山主峰为分水岭可分为东、西两区。其东部应为滨日本海的东濊即沃沮文化区，而西部为北濊的西团山文化区，即汉代以后北夫余的先世（北濊）文化区。总之，以长白山南系的龙冈和吉林哈达岭为分界（松辽分水岭），濊貊系青铜文化进一步可分为南貊与北濊两个支系。即秦汉以前中国东北土著的三大族系中，东北夷濊与貊集团分布在两个南北对应的区域，该区域应是长白山区系的主体文化区之一。

三、长白山北系的肃慎挹娄集团

长白山北系的肃慎族，是先秦时期中国东北三大土著族系中最北部的一支民族集团。从文化的发展上看，受地缘因素限制，其文明发端略晚于南部的燕亳和濊貊族团。但其出现于历史上的时间，却不晚于燕亳和濊貊二族。最早的史籍是《尚书·序》，据其记载："成王既伐东夷，肃慎来贺。"②其后有《逸周书·王会解》记载："周公旦主东方……一西面者正北方：稷慎大塵。"③此"稷慎"即肃慎。又据《左传·昭公九年》记载："肃慎、燕亳，吾北土也。"④此外，《国语·鲁语》记载"昔武王克商，通道于九夷、百蛮……于是肃慎氏贡楛矢石砮"，《史记·周本纪》记载"成王既伐东夷。息（肃）慎来贺，王赐荣伯，作《贿息慎之命》"。⑤以上举略的先秦之东北肃慎族，以其分布的地域来看，基本处于长白山北系的今牡丹江、图们江上游及其以北的牡丹江、松花江、乌苏里江汇合的三江平原丘陵山谷中。其南临和东临分别为北濊和日本海西岸的东濊（沃沮）文化。与北濊（即西团山文化）相比，亦具有其自己的特征：

---

① 王绵厚：《再论辽东"二江"和"二河"上游青铜文化与高句丽起源》，《北方民族》2004年第3期。
② 《尚书正义》卷18。
③ 孔晁注：《逸周书》卷7，王会解。
④ 《国语》卷5，鲁语上。
⑤ 《史记》卷4《周本纪》，中华书局，1962年，第133页。

1. 地处长白山北系的山林、川泽当中，具有高寒地带的穴居和山居的双重特征，直至两汉时仍"筑城穴居，屋形似冢，开口于上，以梯出入"。

2. 在饮食器具上，继承了中国北方民族——东夷的夹砂褐陶平底筒式罐传统，极少用豆和三足器。陶器多素面磨光和带陶衣的红衣陶特征，具有北方民族的土著陶艺特征。

3. 盛行土坑（土圹）竖穴墓或土坑石棺，受濊貊系统之濊系影响较深，而又与沃沮的墓制相近，具有山林、原泽间民族的葬俗特点。

4. 磨制石器尤其是细石器发达，特别是一种以墨曜石压制或琢制的石镞最具特色。这恰与文献中记载的肃慎民族善制楛矢石砮相合。以山林间的楛木为矢，以石砮为镞，正是习于山林狩猎、采集经济的肃慎人的生活特征。

5. 骨角器和桦树制品突出，具有山地森林民族的渔猎经济特色。肃慎是中国北方主要以渔猎、采集、畜牧经济为主并进入青铜文明阶段的代表性部族之一。其在中国多民族多形态文明发展史上，应具有标识地域文明的特殊意义，是长白山北系的重要部族。

纵观肃慎集团的经济生活和文化特征，考古学界一般把牡丹江流域的莺歌岭上层文化作为古肃慎的代表性类型。而其北三江平原上的考古学文化，应是长白山北系肃慎文化的主源。它与南临之西团山文化相异较大，而与东临的日本海沿岸之东濊（沃沮先世）的早期文化关系密切。从这个意义上说，肃慎文化应主要体现为以长白山区系为中心的具有山地森林文化且面向山地海洋发展的独特文化。由于具有内陆山林文化与海洋文化结合的优势，肃慎文化与其南部的燕亳、濊貊文化成为中国东北地区三支并重的具有深厚底蕴的区域文化。这正是肃慎族系在长期发展过程中，历经"肃慎—挹娄—勿吉—靺鞨—女真"连续发展数千年经久不衰，并成为构建中华文化的重要组成部分以及东北三大土著族系之一的历史内因。

综上所述，通过对中国东北地区先秦时期燕亳、濊貊、肃慎三大土著族系及其考古学文化的初步分析可知：先秦中国东北最早形成的上述三大土著族系文化区，有的称为东北文化区，[①]其分布范围应以环黄、渤海北岸的辽河流域和沿日本海西岸的大长白山区系（含朝鲜半岛北部和俄滨海南部）为中心。[②]在这一东北亚腹地，其早期区域文明和民族集团的形成，与山东半岛同属东夷系统的海岱文明同样具有深厚底蕴和独自特色。而且其文明的内涵，主要是受本身的自然地理和民族文化传统影响，并不是外部文化作用的产物。正是由于这一区域民族文化的不断发展，早在青铜时代早期中原华夏系统的商、周移民进入东北以前（即箕子东迁以前），在当地已经开始形成以辽西燕亳为代表的华夏文明北系的文化传统，它与环黄、渤海南岸山东半岛的东夷文化相呼应并相互交相趋同发展，成为夏、商、周三代以来中国北部青铜文明和方国文明的一支重要异军。从当代考古发现来看，这东西两大族系板块分别代表"长白山区系"和"燕辽文化带"。而辽西燕亳方国（夏家店下层文化）文化区，在考古学上可冠之"上辽河—燕山文化带"。它应有别于大兴安岭南北的草原文化区北亚系统考古学文化。而前者（燕亳）在中国东北和东北亚青铜时代，奠基方国文明中的意义，应当被重新认识。所以，传统的东北历史考古论著将东胡草原民族作为汉系外的三大族系，应让位于辽西更早的构成北方华夏文明多元组成主体部分的燕亳民族。因为东胡与山戎一样，甚至是比商人后裔箕子迁民更晚才由北方草原迁入辽西的部族，它们并不是中国东北最早的土著民族之一。总之，尽管将考古学文化与族系比定在考古学界曾经是一个涉嫌避谈的问题，但如张忠培先生的"亲族考古学文化区"，在进入青铜时代以后，显然又是一个不可回避的重要问题。这篇区别于"四系通说"的对先秦中国东北土著三大族系及考古学文化的初论，其核心观点是：上辽河燕亳文化方是构成东北华夏文明的方国中心，且先商不在辽西，即辽东之南貊、北濊和辽西之燕亳为东北土著民族的主体。

[①] 郭大顺：《我对东北文化区的认识》，辽宁省文物考古研究所编：《辽宁考古文集》，辽宁民族出版社，2003年，第1—11页。

[②] 王绵厚：《高句丽与濊貊研究》，哈尔滨出版社，2004年，第360—383页。

附录

附录1：
作者历年主要从业经历和重要论著年表（1964—2022）

1964年

8月31日：由故乡辽宁省海城腾鳌高中（海城五中）考入北京大学，赴北京大学报到，住三十八斋。同日报到的有姜念思等。

9月：入学初，吕遵谔、孙淼先生带队参观周口店。归途经卢沟桥参观。因构思诗作并观摩碑文，被校车弃之桥头，傍晚独自返校（常为师友引为笑谈）。

10月：分配至考古专业班。不久，与师生参加北京科技会堂举办的庆祝蓝田猿人考古发现大会。亲聆郭沫若、裴文中、翦伯赞、贾兰坡等先生发言。本学期，刘惠达先生授考古绘图，白蓉基老师授旧石器考古，孙淼老师授先秦史。古代汉语、政治、外语专业一同上课，可谓是文、史、哲三系同堂。除上课外，习读冯友兰先生《中国哲学史》等。课余在校图书馆借读《昭明文选》和《唐宋八大家文钞》，学习汉赋和文钞。本年课程主修《中国史稿》《中国史纲》和王力《古代汉语》。本学期印象最深的是，入学初副系主任周一良先生讲"研究历史要多问为什么"。教研室主任苏秉琦先生讲类型学、地层学、文物学，使我终生受益。宿白先生说，辽海学子有空读点金毓黻的书。

1965年

3月：上学期开学，李仰松先生授新石器考古，张传玺先生讲秦汉史，田余庆先生讲魏晋南北朝史。课余，予读邹衡先生商周考古讲义稿；结合秦汉史教材，习读《史记》和《汉书》等。

5月：经宿白先生介绍，在系图书馆结识阎文儒先生，经宿、阎二位先生推荐借读《东北通史》，初识辽海史迹（一个月后还）。

9月：下学期开学上二年级，汪篯先生授隋唐史，邓广铭先生授宋元史，许大龄授明清史。课余，习读《中国考古学纲要》《昭明文选》《古文观止》及邓之诚先生的《中华二千年史》等。

12月：月初，北大开展《海瑞罢官》讨论，曾撰《海瑞为谁而罢官》刊于1966年2月《红湖——北京大学校刊增刊》，为平生公开正式发表的第一篇文章。12月9日，参加北大学生演出队在人民大会堂举行的纪念一二·九运动三十周年演出活动，彭真、胡耀邦同志接见演出师生。

1966年

3月：北大历史系在昌平太平庄"教改"开班。北京市委书记邓拓、高教部部长蒋南翔、校长陆平出席开班式。习读冯友兰先生《中国现代哲学史》。周日闲暇，与同班同学两次游十三陵、八达岭。教改课时比较少。闲空继续读《古代汉语》《昭明文选》等。

5月：25日，聂元梓贴出大字报。

6月：1日，回校参加"文化大革命"。业余仍读《中国考古学纲要》等。

8月：25日，开始"大串联"南行。26日，到郑州，住河南大学，参观河南省博物馆。28日，至武汉，住湖北大学，游东湖。29日，至长沙，住湖南大学，天热难忍，在湘江游泳。31日，启程去湘潭韶山冲，当日返湘潭，住市一中教室。

9月：1日，夜搭车去南昌，参观南昌八一起义纪念馆。本拟去井冈山，但三天内排不上汽车，暑热难挨。2日，搭夜车前往广西柳州（柳州站为转车站）。次日，抵达柳州，在柳州未住，直接转车赴贵阳。5日，抵达贵阳。在贵阳被北大红卫兵联络站委派为驻站值班员（住省总工会招待所）三周。抽空骑自行车参观博物馆和甲秀楼，留有诗作（见《三古斋诗赋》）。

10月：月初，由贵阳北返，先后抵遵义、重庆、成都、西安。下旬，与姜念思、贾圣敏结伴从西安徒步至延安。中途因肠炎在铜川医院住院三天。

1967年

春："大串联"告一段落。学校停课冷寂，在海淀旧书店购得旧本《唐诗三百首》和《古文观止》。曾与高中同校同时考入北大东语系的郑万森偕游利玛窦墓（阜成门外）、颐和园、南口、居庸关，分别留有诗作（见《三古斋诗赋》)。

夏秋：校内派争加剧，一度武斗升级。暑假回家后，所存少量图书、笔记多毁于动乱中。

1968年

春：军宣队入校。

6月：受红卫兵总部委派，为筹办北京市革委会成立事项服务，在人民大会堂工作一周。在北京市"革委会"成立大会当天，在人民大会堂做前台服务工作，亲见周恩来、叶剑英、江青等人。

秋：闻朝阳区发现元大都城垣遗址，专门乘车参观，归有诗作。

11月：从月底开始，为筹备校、系革委会人选外调，奉派随军宣队张指导员，先后赴山西、陕西、四川、重庆、湖北等地。赴各地外调时转车和等车、船的空闲时间，先后参观了太原晋祠、芮城永乐宫、西安碑林、西安大雁塔、成都武侯祠、重庆红岩旧址、万县长江三峡（当时夜三峡渡停航）、荆州古城、武汉黄鹤楼等。这次是在1966年"大串联"后，又一因公事游历数省万里行。

1969年

春：一度短期"复课闹革命"，但学时极不正常。五一节后的周日，与覃圣敏、姜念思参观东城区的中国历史博物馆和文天祥祠，文天祥祠只有旧建筑无展出内容。归来作《瞻文天祥祠》七律，末句为"久慕苏武仗汉节，千古传颂正气篇"（见《三古斋诗赋》）。

秋冬：9月初已届毕业，却未分配。全系师生集体赴房山县霞云岭公社庄户台劳动至翌年元旦。此行因按连排军事编制活动，除携带必要行李外，随身只带一本毛选和一本王力先生的《古代汉语》。几个月间，未写一文，只有几首闲诗偶记。其一为："劳顿终日落暮归，霞云岭上乱云飞。卢沟残石寒宫月，借问吴刚秋几回？"

1970年初—1972年春

由北大考古专业毕业后，分配至辽宁省开原县。先后在上肥地中学和县教育局（当时称县革委会教育组）工作。两年间，利用公余先后调查过开原老城、西丰县城子山山城及开原县的威远堡、龙潭寺山城、马家寨山城等。其中1971年秋因公余首赴马家寨高句丽山城调查。38年后（2008年12月26日），铁岭市博物馆副馆长周向永先生在《辽沈晚报·铁岭版》上接受采访时，称我为第一个作为专业的考古工作者对这处山城进行田野调查的人。

1972年

4—7月：调入辽宁省博物馆后，不到月余即参加北票县丰下夏家店下层文化遗址的全程发掘工作。其间首次考察朝阳、北票等辽西地区的部分出土文物和交通史迹。

秋：与辽宁省博物馆副馆长李善义，开车调查被破坏的辽南盖县鲅鱼圈东汉墓群，系首次调查汉墓。

1973年

夏：短期参加中国科学院古脊椎动物与古人类研究所张森水先生主持的朝阳鸽子洞发掘工作。小住喀左水泉乡瓦房村半月多。朝夕往返大凌河谷，初步了解"大凌河古道"的交通和文物史迹。

秋：为编写出版《"文化大革命"期间出土文物》，与李宇峰两次赴丹东（印刷厂），并考察鸭绿江断桥等史迹。

10月：与郭大顺陪李文信先生去北京，在文物局见王冶秋先生后，与李文信先生同游十三陵。

11月：在魏国忠先生陪同下，与馆长张坤生和姜念思首次赴黑龙江省阿城考察金上京会宁府，初步了解金源文化与金代交通。

1974年

春节：回海城腾鳌探亲。借假日过杨柳河北去辽阳唐马寨和首山，考察隋唐东征遗迹。

5月：借回开原探亲休假一周期间，考察了《辽宁史迹资料》中提到的开原老城、中固和昌图马仲河等地辽金时代的咸、铜、肃诸州遗址和交通史迹。补充在开、铁工作时的初步踏察。

6月：借调到省委宣传部理论处，参与法家著作注释等。直至次年5月回馆任研究室副主任。

1975年

夏：赴鞍山倪家台，参观考察冯永谦、姜念思发掘的明崔源墓，登千山庙宇并有诗作。

9月底：为考察敖汉旗大甸子夏家店下层文化出土文物，奉派前往由中国社会科学院考古研究所刘观民先生等发掘的敖汉遗址，并与研究室杨仁恺先生一起实地考察了大甸子出土文物。这是在1972年北票丰下发掘3年后，又一次专门赴辽西考察文物史迹。出发时由北票金岭寺下火车，转搭汽车北出东官营子大黑山炮仗沟隘口（大青山交通古道），经贝子府至敖汉。承蒙刘观民先生现场介绍，对夏家店下层文化墓地及其出土陶器有了清晰的认知，受益匪浅。在与刘观民先生探讨过程中，曾一度认为该遗址是夏家店下层文化的中心区。归途经赤峰北上，首次考察了辽代祖州和上京等契丹始兴地区的部分史迹与大凌河北源的古道交通。此行认定北票大黑山隘口为大凌河北源的重要通道，大黑山南北很可能与文献中三燕鲜卑的"徒河青山"有关，为后续研究打下基础。

1976年

春：大甸子遗址调查后，奉命执笔撰写《从大甸子等地出土文物看历史上的阶级分化》，以辽宁省博物馆名义发表在《文物》1976年第1期。

5月：为撰写《明代管理努儿干的历史新证》，专程赴吉林长春拜会李健才先生，并与李健才先生一起首次考察吉林"船厂"旧址和阿什哈达摩崖、东团山遗址等松花江史迹，为其后二人合著《东北古代交通》打下了基础和因缘。

秋：首次调查沈阳东郊的汉代上伯官屯古城以及北郊刚刚发掘的新乐遗址等。在李文信先生指导下，借阅馆藏的《辽海丛书》（后自购）等。与姜念思一起，在独身宿舍手抄《契丹国志》和《大金国志》。

1977年

5月：时任研究室副主任。用三周时间与冯永谦、王增新等赴当时归辽宁所辖的昭乌达盟（今赤峰）各旗县考察文物史迹，并商借出土文物以作展览。其间，先后考察辽上京、赤峰缸瓦窑以及巴林右旗、巴林左旗、阿鲁科尔沁旗、翁牛特旗、林西、克什克腾旗等诸多博物馆和文物点。这是第一次较系统地考察赤峰和辽西地区的县域交通文物古迹，为后续调查研究打下基础。此行系第三次辽西和赤峰考古践行，是从业中重点关注的辽西三大考古问题的奠基期。

6月：与杨仁恺先生再赴北京中国社会科学院考古研究所，商借大甸子出土文物。在中国社会科学院考古研究所办公室，首次巧会初识夏鼐、佟柱臣、张忠培先生。

1978年

春：为最后修改《明代管理努儿干的历史新证》（发表于《文物》1978年第11期），赴辽阳、鞍山两地考察所藏明代碑志和相关史迹。亲录油印本《辽阳碑志》，并在张喜荣陪同下考察千山、旧堡，后至东京城、东京陵等史迹。初步认定鞍山旧堡遗址为"新昌县"（后记入1994年出版的《秦汉东北史》）。

6月：为筹备展览，与副馆长郝汇川和研究室杨仁恺、刘忠诚等进行专业考察。先后考察了河南、陕西、江苏、山东文物古迹。在河南省博物馆安金槐先生陪同下，首次参观河南郑州商城、登封考古工地。后又向西行，考察了九朝古都洛阳城、汉唐长安城、岐山周原遗址、乾陵等重要史迹。最后，赴南京（金陵）、山东齐鲁故城等地。行程万里，大开眼界。

1979年

春：以"博文"署名，为《经济日报》连发（半年）历史文物短文约30篇。

5月：约李健才先生首次调查吉林省农安古城，确认其为辽金之"黄龙府"，而非"扶余城"。由李健才推荐读《奉使行程录》和元《经世大典》《析津志》。归来独自乘车由吉林农安返沈阳。一路经由当年金许亢宗《奉使行程录》所经之"黄龙府"至"沈州"故道中的黄龙府、信州、通州、肃州、咸州、兴州、沈州诸地。途中夜宿当年毕业分配时参观的开原老城，归后撰有《寻迹觅史话"开元"》。

秋：为完成《辽宁史迹资料》修订（研究室任务），赴辽西考察阜新塔营子和北土城子等，途经八虎山北古道。后撰写辽代有"南北二懿州"的文章。

冬：为筹备展览，在保管部开始系统查阅两仪玄览图、九边图和广舆图等资料。

1980年

6月：为修订《辽宁史迹资料》，与徐秉琨先生再赴凤城县凤凰山山城、丹东市叆河尖古城、丹东市九连城以及东沟县（东港市）大孤山古镇、大鹿岛等地考察史迹。重点考察了凤凰山山城和叆河尖古城，以及由沈阳至凤凰城、丹东转向鸭绿江口、东沟县一线的交通史迹。

7月：先与何蒲莹赴本溪、抚顺两地考察史迹，重点是两地的博物馆馆藏文物和本溪湖等地的明清碑刻。其后回馆请教李文信先生，又独自复查了本溪县威宁营战国至汉代遗址和明代边堡。在本溪威宁营，首次调查并确认在明边堡旁确有战国至汉代的重要遗址（可能为障城，次年"二普"时此地发现了战国瓦当）。

10月：为补充《辽宁史迹资料》的调查，再赴鞍山驿堡、辽阳唐马寨、海城析木城、营口、盖州等地考察，实地调查了相关城址和交通史迹。归来曾撰有《辽代"衍州"与"鹤野"探考——兼论东京曷术馆女真部》（收入1985年《辽金史论集》第三辑）。

本年度：应顾奎相先生约稿，《寻迹觅史话"开元"》发表于《理论与实践》9月号。首次在《辽宁文物》上发表《利玛窦和他的两仪玄览图简论》，此文是国内第一次公开介绍两仪玄览图（见黄时鉴、龚缨晏：《利玛窦世界地图研究》，上海古籍出版社，2004年）。

1981年

5月初：为修订《辽宁史迹资料》，与阎万章先生再赴辽南考古调查。主要是复查20世纪60年代由李文信、阎万章先生曾调查过的汉和高句丽古城及相关交通史迹。先后调查了沈阳南塔山山城、辽阳燕州城、海城析木城、海城英城子山城、盖县青石岭山城、熊岳古城和营口县汤池堡、英守沟古城等，并勘察了普兰店陈屯古城（考为"沓县"）。

6月：从月初开始，因阎万章先生被借调到辽宁大学编"清史"，独自主持研究室工作近一年。事务缠身，其间少有外出和写作。主持展览过程中，继续关注三部古地图，并撰写广舆图论文。

10月：发表首篇东北交通史论文《张成墓碑与元代水达达路》（《社会科学辑刊》1981年第5期）。

1982年

5月：月初，与回馆的阎万章先生赴铁岭等地继续考古调查。重点调查了辽北铁岭县催阵堡山城、铁岭县小屯村李成梁家族墓、昌图县四面城、昌图县八面城以及明边墙等遗迹。与阎先生在小屯村李家查看了李成梁家谱，并考四面城为安州。其间对辽北之"铁岭—开原—昌图—四面城—八面城"一线的古交通，更有切身体察，萌生编写《东北古代交通》的想法。下旬，为完成辽宁省公路交通史编委会撰稿任务前往朝阳。在邓宝学先生陪同下，对喀左水泉、朝阳木头城子和建昌后城子等地进行调查。撰写《大凌河水系历史地理考辨——兼与张博泉同志商榷》，发表在《社会科学战线》1982年第1期。

6月：月初致信邀请李健才先生，共同商议编写《东北古代交通》，得到李先生赞同。议定先拟订提纲初稿。中旬调查了金王寂《辽东行部志》中记载的沈州、懿州（阜新塔营子）、成州（阜新红帽子）等史迹。

秋：赴康平参加全国第二次文物普查辽宁省业务总结会。会后访小塔子和棋州。

国庆至年底：应辽宁省公路交通史编审委员会之邀，完成撰写《辽宁古代交通地理述略》（后发表于该机构内部刊物1984年第1期）。并与该委员会同志考察了省内沈阳、新民境内的高台山、公主屯、辽滨塔、永安桥、马三家子等交通史迹。自此集中精力思考"七五"规划项目《东北古代交通》研究，开始系统收集东北三省的交通史迹资料。

1983年

春：李健才先生来辽宁参加学术会议。与其议定草拟的《东北古代交通》的编写提纲和书稿撰写分工。第1—6章（先秦至辽金）由王绵厚执笔，第7—9章（元明清）由李健才执笔。李还提供了部分北方部族交通的考古调查资料。同时又与地名办薛作标共同考察了新民辽滨塔、巨流河、公主屯等史迹。调查中，对旧说辽滨塔为"通定镇"产生怀疑，认为唐时"通定"应在新民县北境的辽河渡口。

6月：为纪念利玛窦来华400周年，杨仁恺副馆长让我主持"利玛窦来华400年文物展"。馆藏两仪玄览图首次公开展出（展览后期以摹本替代）。

9月至次年7月：由辽宁省博物馆和辽宁省文化厅推荐，离职入吉林大学古文献研究生班，师从历史学家金景芳先生。在吉大主修先秦文献（《五经》）和先秦史，其间通读《史记》《汉书》《说文解字》《资治通鉴》。暂停《东北古代交通》写作。

1984年

夏：结业时，吉林大学组织赴长春、沈阳、大连、天津、北京、承德、太原、大同、洛阳、西安、成都等地考察史迹，行程近万里。其间正值《东北古代交通》启动时，重点记录了经由地区的重要古城址、博物馆文物和交通史迹。

7月底分头回京。经西安会同班马洪路兄。共同参观宝鸡和晋南临汾博物馆。

8月：参加在哈尔滨召开的全国辽金史会议。会后与王承礼、王侠、干志耿、孙秀仁、王禹浪等赴宾县庆华古城考古调查。归后撰有《东北古代夫余部的兴衰及王城变迁》（1990年）。文中首次提出黑龙江省宾县庆华古城应为夫余先世——北濊的橐离国王城（索离沟文化），并考证文献里的"弱水"为今东流松花江、"掩淲水"为今拉林河。

9月：吉林大学结业后，任辽宁省博物馆副馆长。与王明琦先生赴锦州、葫芦岛等地考古调查。重点考察了辽西碣石宫、山海关、朱梅墓、崔家河沿、兴城和锦西台集屯古城等重要遗址及辽西走廊古代交通。

10月：月初，赴朝阳，与邓宝学馆长共同考察十二台营子、北洞、安杖子古城、大庙乡土城子等大凌河古道遗址。其中，在大凌河右岸（东岸）调查北洞窖藏坑时，与邓宝学馆长携带的发掘照片进行对照，对两个窖藏坑年代同为西周以及出土钵形器的断代产生怀疑。下旬，赴抚顺高尔山考古工地，与孙力调查高尔山城、沈阳上伯官屯遗址、抚顺东洲古城等玄菟郡古道和高句丽北道。推证新宾白旗堡为"帻沟娄"。

11月：应邀与阎万章先生代表辽宁省博物馆赴北京参加由曹婉如、葛剑雄等先生主持的国家自然科学基金项目《中国古代地图集》编辑讨论会。会后应约执笔撰写了辽博藏九边图、两仪玄览图、彩绘柳边图等的研究论文（见曹婉如等编：《中国古代地图集（明代）》，文物出版社，1995年）。会后，去北京大学图书馆，查找《利玛窦传》等资料，以备进一步研究馆藏的两仪玄览图。

1985年

5月：与在抚顺发掘高尔山山城的孙力、徐家国先生，一起调查了高尔山山城、新宾永陵南汉城和本溪边牛山城等高句丽山城。归后草撰《辽东梁貊与貊城》初稿。该文是在20世纪80年代的考古调查基础上完成的，在学术界较早地提出：高句丽的主源应出自辽东汉以前的貊族（大石盖墓文化）；太子河上游晚期青铜时代的马城子文化上层应为先秦之梁貊遗存（后修改稿发表于《中国考古学会第14次年会论文集》），并由此最早产生"南貊北濊说"的思考。

7月：参加在吉林市召开的全国辽金史学术讨论会，会间与李健才、王侠先生再次共同调查了龙潭山山城、东团山山城等史迹，共同认定东团山遗址为濊城。基本完成了与李健才合著的国家"七五"规划项目《东北古代交通》的提纲细目和资料收集工作，进一步确信"南貊北濊说"。

8月：与郭大顺、辛占山、曹汛等再次考察抚顺等地的高句丽和辽代史迹。

10月：苏秉琦先生在兴城讲学，与徐秉琨先生同去探望。其间再次考察辽西史迹，重点考察辽西走廊傍海道。

本年度：在《东北地方史研究》等期刊，连续发表三篇东北历史地理的论文。

1986年

5月：与孙力等再次调查新宾县太子城山城、杉松山城。后修改《辽东梁貊与貊城》，推断太子城为梁貊故城。

6月：与《东北历史地理》编写组李健才、孙进己、冯永谦等先生，专赴辽、吉二省和东南三省（江、浙、沪）考察史迹。其间在上海拜访了《东北历史地理》总顾问谭其骧先生，讨论书稿事宜并合影留念。

本年度：在考古调查基础上，进一步形成辽东"二江"与"二河"上游的南貊故地为高句丽起源及早期古城分布的中心地区的想法。

1987年

4月：邀李健才先生在辽、吉两省交界地带的新宾、海龙、通化等地再考察高句丽南北道交通史迹。研讨交流辽代"四时捺钵"交通和唐代渤海国交通诸问题相关资料。重点调查新宾白旗堡、赤松柏二地，并推断前者为"帻沟娄"。

6月：与李健才、何明、孙力、魏海波等再次考察辽东桓仁五女山山城、下古城子等史迹及太子河、浑江流域的古今交通。由本溪经太子河过八盘岭进入浑河最后至桓仁的古道，其前段应为太子河上游的梁貊古道，后段由新宾进入桓仁境则为高句丽的南道。

1988年

5月：为筹备辽宁省博物馆建馆40周年文物展，赴赤峰和省内朝阳、锦州、阜新等各博物馆考察业务。同时重点考察辽西地区的相关古城和交通史迹。赴京参加北大九十年校庆，在校刊纪念号发专文《不能忘记"我们这一代"》。

夏：随文化部副部长王济夫率领的中国文物代表团访美，考察了华盛顿、纽约、洛杉矶、西雅图、旧金山等地的博物馆和重要史迹，并由美至加拿大温哥华。

秋：应张泰湘先生之邀，首访黑龙江依兰古城，探寻唐代黑水靺鞨和辽代五国部之"鹰路"等黑龙江流域古代交通史迹，并赋诗两首。

12月：与孙守道先生和宣教部刘阿娟、田力赴京参观，并带队赴河北省博物馆，举办齐白石书画巡展。此行考察中山国刘胜墓和正定隆安寺（唐—宋）。

本年度：发表主要论文《后晋末帝北迁地理考》等两篇。

1989年

夏：与房果大先生等随辽宁省文物展代表团首次访日。重点考察了东京、冈山、富山、京都等地的史迹与交通。在东京国立博物馆，亲见乐浪郡出土封泥和瓦当。

秋：为编写《东北古代交通》，再次赴辽南考察隋唐东征之唐马寨、辽泽等史迹。进一步对东征的南、中、北三道作深入思考，包括认定文献中的"辽泽之险"地理方位和通定镇的地点非今辽滨塔等。

9月：参与主编的第一部国家"七五"规划项目《东北历史地理》前二卷正式出版（与孙进己同为第一卷主编）。在《东北历史地理》第一卷中，首次考证先秦"青丘"应在辽东半岛（双砣子文化）。

1990年

夏：应张泰湘先生邀请，为庆祝渤海上京遗址博物馆落成，首次赴黑龙江省宁安渤海上京。考察了宁安渤海古城、镜泊湖、城墙砬子（湖外）及敦化旧国等牡丹江流域史迹和北邻黑水靺鞨的古道交通。当时推测：牡丹江支流——沙河右岸的石湖古城可能为旧国遗址。

9月：参加大连召开的第三次环渤海考古国际学术讨论会，提交《辽东梁貊与貊城》文稿。会后考察岗上、楼上、双房、老铁山等处青铜时代遗址、墓葬。体察秦汉以前辽东半岛的巨石文化墓葬以及与山东半岛有文化交流的海上自然交通情况。

11月：与李健才合著的《东北古代交通》由沈阳出版社出版。李健才先生致信祝贺。

1991年

5月：辽宁省博物馆学会成立大会在绥中姜女石工作站召开。被选为副理事长兼秘书长。

8月：为编写《关东文化大辞典》，与李治亭、孙玉良、干志耿等，集中在吉林市考察史迹、审定书稿。再次考察松花江交通史迹。

10月：上旬，去北京出差，与北大学兄、中国社会科学院考古研究所杨虎、马洪路等，专程考察了北京琉璃河董家林古城和燕下都，探求燕国古史与古燕赵交通等。下旬，以辽宁省博物馆学会秘书长身份，主持在旅顺博物馆召开的学会年会，会后考察大连史迹。

1992年

5月：与抚顺博物馆长徐家国驱车再次考察新宾永陵、二道河子汉城和通化县富尔江江口村和望坡岭关隘，以确认毌丘俭登丸都道的"岘岭"和"丸都山"。

9月：参加在石家庄召开的"第四次环渤海考古国际学术讨论会"。会间与林沄、田广金等与会北大学兄，共同考察邯郸赵国故城、中山国故城、刘胜墓等史迹。再次驱车历经燕赵古道交通。会上提交论文《关于汉以前东北"貊"族考古学文化的考察》（收入该会议论文集）。从考古学方面提出，西汉以前青铜时代的辽东貊族的大石盖墓等巨石文化是辽东高句丽文化的先基。

本年度：被任命为辽宁省博物馆党委书记，开始以常务副馆长身份主管全面业务工作。曾赴京至国博等地，在俞伟超馆长支持下考察古地图和玺印，参加《中国古代地图集》编委会，执笔撰写《九边图》《两仪玄览图》等。

1993年

年初：孙进己先生邀商编辑《高句丽渤海研究集成》。因馆内事务无法脱身，仅为该书收集百余篇文物考古研究目录，提供其抄录（挂名副主编）。

春：为编写国家文物局边疆考古项目《高句丽古城研究》拟订提纲，先后复察了省内燕州城山城、塔山山城、高尔山山城和下古城子遗址等，并去抚顺、本溪、桓仁等地博物馆考察高句丽文物。

夏：赴赤峰参加会议后，调查三官甸子等夏家店下层石城址。又在北大学兄、吉林省文物考古研究所王侠陪同下，首次调查通化万发拔子遗址，并著有专文。

11月：参加在济南召开的中国考古学会第九次年会，并重访山东大汶口、龙山、齐鲁故城等史迹。拜会业师苏秉琦、宿白、邹衡、严文明、俞伟超等。

本年度：重点收集吉林和朝鲜半岛高句丽山城资料，撰写完成《利玛窦〈坤舆万国全图〉和〈两仪玄览图〉的比较研究》。发表论文《"玄菟"与"新城"新解》等4篇。重点考证沈阳东郊上伯官屯为最后一个玄菟郡，并在《秦汉东北史》中正式提出"汉文化圈（汉郡文化）"概念。

1994年

4月：时任辽宁省博物馆党委书记。奉派参加国家文物局在山东泰安举办的中国博物馆中高级管理人员培训班。结业后统一组织考察齐国故城、曲阜、大汶口、临淄、邹县等史迹。归途由烟台走海路赴大连，体察古登莱与辽东间的海上交通。

夏：辽宁省"八五"社会科学重点规划项目《秦汉东北史》出版。

秋：应韩国国立博物馆邀请，与朴文英同赴韩国考察，专门考察了汉城、光州、扶余、全州、庆州等地博物馆和古汉城、熊津、扶余、泗沘、庆州等地高句丽与新罗部分史迹及相关古代交通。

12月8日：以党委书记（代馆长）身份，赴市公安局鉴定验收辽博"6·26"被盗文物。

1995年

年初：以党委书记（代馆长）身份主持全面工作。提名马宝杰为馆长助理。

秋：为编写《高句丽古城研究》，再次抽空就近踏查塔山山城、边牛山城、石台子山城等。参加北京故宫博物院70周年庆典。

冬：完成了《高句丽古城研究》编写提纲和省内外考古资料的汇集工作（全部用业余时间）。因馆长任上事务缠身，只整理点辽、吉两省高句丽山城文物档案和考古简报，全年未成一文。

1996年

5月1日：陪来辽博办画展的台湾画家江兆申考察千山，鞍山书法家王廷风陪同。

夏：馆藏丝绣展首次赴香港展出，带队护送文物并出席开幕式。

秋：参加在阜新举行的全国辽金史学术讨论会。再次考察塔营子、红帽子等地辽金古城和懿州路上的古代交通史迹。初步认为由吉林扶余城经桦甸、开原、阜新、大凌河北源北票大黑山的草原古道，为"扶余—契丹"古道。参与编辑（副主编）的《高句丽渤海研究集成》（六卷）出版。

9月：赴京与炎黄艺术馆黄胄先生交流展出事项。顺访房山金陵和云居寺石经山遗址，留有诗作。

11月：去合肥参加安徽省博物馆建馆40周年活动。

本年度：发表主要论文《新城、南苏、木底道与高句丽南北二道的关系》（《社会科学战线》1996年第5期）等两篇。参与编写的《中国历史文化名城》由山东友谊出版社出版，执笔"沈阳篇"。

1997年

春：赴山东泰安参加全国博物馆工作会议。再次登泰山、观三孔。归途由烟台返大连前，顺访鞍山同宗王廷风先生介绍的清初闯关东前的祖籍福山县（今烟台市福山区）石砚村。同时亲历古代蓬莱至辽东的海路。

8月：应韩国京畿道博物馆邀请，与由智超先生赴韩进行业务考察。专门考察了韩国国立博物馆、汉城大学博物馆和京畿道博物馆及汉城大学等。同时应邀作《关于高句丽后期都城平壤"三城一宫"地理考证》的专题学术报告。又代表辽博专赴上海探视病中的谢稚柳先生，与先生在延安饭店鉴定组初识，后赴辽博鉴定书画。

秋：为新馆选址，由张毓茂先生介绍，专赴市长办公室，商请市府广场用地。后参加河南博物馆馆庆活动。

本年度：完成三篇高句丽起源和高句丽古城论文（见《辽宁省博物馆学术论文集第二辑》）。

1998年

5月：赴北京大学参加百年校庆。又应辽宁社科联和新疆社科联邀请，与吴世良等赴乌鲁木齐参加中西文化学术讨论会。考察天山南北、吐鲁番、交河、沙州、敦煌等中西"丝绸之路"交通史迹。酝酿东北亚草原交通与西域丝绸之路关系，惜21世纪后方成文。下旬与东北设计院张总，为完善辽博新馆（市府广场）的设计规划，专赴上海博物馆和北京故宫考察学习。

6月：应邀参加在吉林通化召开的全国首届高句丽学术研讨会，提交名为《关于确认高句丽历史地位的三要素》的论文。

8月：发表《高句丽的城邑制度与山城》等论文。

11月：与副馆长马宝杰等参加在内蒙古锡林郭勒盟召开的北方十省区博物馆馆长业务交流会。其间，途经京北居庸关、北口、宣化、张北等古道，专程考察了内蒙古正蓝旗滦河上游闪电河流域的元上都等遗址。对辽代"四时捺钵"和元上都至和林的草原古道，在《东北古代交通》的基础上，又有了进一步的新认识。

本年度：主持编写并亲自审定国家文物局要求上报馆藏一级文物的全部档案。

1999年

5月：参加在旅顺召开的辽宁省博物馆学会代表大会，并被选为该学会理事长。会间与刘俊勇、周向永等先生，考察了金州博物馆、营城子汉墓和大黑山山城等地，对辽东半岛南部的滨海交通和文物古迹有了进一步了解。

10月：主持辽宁省博物馆建馆50周年活动，主持编写《辽宁省博物馆五十年》，在《中国文物报》发表纪念辽宁省博物馆50周年专文。纪念大会当天（8日），国家文物局长张文彬、故宫博物院副院长朱诚如、省委副书记张行湘、副省长张榕明等出席。

11月：应日本东洋文库东亚研究所邀请，赴日讲学和考察。先后在东京、大阪等地作名为《高句丽古城研究的相关问题》的讲座。其间由日本友人和徐光辉先生陪同，先后考察了东京、京都、奈良、平城京等日本古都以及大阪、滋贺（鬼城）等重要古城。考察了日本从关东到关西部分交通史迹和重要文物点，并在日本东京国立博物馆等处，参观考察了早年汉代乐浪郡和奈良、京都等地出土的文物。

本年度：应约发表《高句丽古城的建置分期及其历史背景》（刊于韩国汉城出版的《高句丽山城研究》）。

2000年

春夏：先后赴阜新、朝阳、锦州等地参加学术活动，再次有重点地考察辽西各地与交通史迹有关的闾阳、蛇山子等。计划为修订和进一步补充《东北古代交通》一书做前期准备。其中在黑山县西南蛇山子发现了明确的汉城址，推测或为"无虑县"（早年佟柱臣先生等已调查过）。

秋：参加中国历史地理学会在昆明大学召开的历史地理学术讨论会，会间参观云南省博物馆，重点考察了大理古城、丽江古城、长江第一湾等西南文物古迹。

本年度：发表《关于"辽东城冢"壁画中若干问题的考析》（《历史地理》第16辑，上海人民出版社）。专著《东北古族古国古文化研究（中）》由黑龙江教育出版社出版。与郭守信主编的《辽海印信图录》由辽海出版社正式出版，编写前曾去长春、大连拜访本书顾问金景芳、罗继祖先生。

2001年

5月：赴京与文物出版社长苏士澍和肖大桂先生商议《高句丽古城研究》定

稿。大桂告知书稿得到了徐苹芳先生终审的肯定。

6月：在哈尔滨阿城参加全国辽金史学术会议后，与参加会议者专赴俄远东地区考察。从绥芬河出关，先后考察了双城子、海参崴等地俄远东史迹和博物馆。第一次亲自考察了东北亚俄远东滨海区的部分交通史迹。

8月：应台湾大学邀请，与孙守道、周晓晶等，经香港赴台北参加"海峡两岸玉文化学术讨论会"，同时与会的有故宫博物院杨伯达、北京大学赵朝洪等。其间考察了台北故宫博物院等地文物古迹。回转至深圳博物馆交流业务。

12月：发表论文《辽代佛学字书〈龙龛手镜〉考略》（《社会科学辑刊》2001年第6期），是国内第一篇研究这一名著的论文。考证了该书的作者经历、小五台地名和传播至高丽等关键问题。

本年度：发表《辽代佛学字书〈龙龛手镜〉考略》等论文共6篇。

2002年

春：赴吉林通化师范学院参加高句丽学术讨论会。与马大正、魏存成、李殿福等再次考察通化、集安等地的丸都城、关马墙等高句丽史迹。

4月：作为评审专家之一，赴长春应邀为吉林大学魏存成教授的博士研究生王培新博士毕业论文《乐浪墓葬研究》提出评阅终审意见。

秋：为筹备新馆"辽河文明"主题展览，与徐秉琨等驱车专赴辽西朝阳、建平、喀左、凌源等地考察文物史迹。重走辽西大凌河古道。

12月：承担的国家文物局"九五"边疆考古规划项目《高句丽古城研究》，由文物出版社正式出版。后被《中国文物报》列为当年文博考古"十佳图书"提名，并在2006年授予辽宁省第一届哲学社会科学成果奖（省政府奖）一等奖。

本年度：发表《辽河文明在中华文明形成中的历史地位》等论文5篇。

2003年

春：与省长城学会吉长胜、冯永谦、肖景全等，专程考察阜新、沈阳、抚顺、新宾一线古长城和交通史迹。确认汉初"辽东故塞"与昭帝后第二玄菟郡障塞分途点。

4月：应王禹浪先生之邀为大连大学博物馆鉴定文物。归途中与孙守道、徐秉琨先生专门考察了大嘴子遗址。推测包括大嘴子遗址等青铜文化在内的双坨子三期文化，应为古青丘部族遗存。

6月：为编写《中国长白山文化》，与东北师范大学刘厚生等赴牡丹江、镜泊湖考古调查。重新考察长白山北系民族史迹。

8月：应东北师范大学刘厚生先生邀请，参加担任副主编的《中国长白山文化》书稿讨论会，驻吉林松花湖一周。其间再次考察了松花江中游相关史迹和交通路线。同时应聘为该校"东北民族与疆域研究中心"特聘专家委员会委员。

10月：应邀参加吉林省"纪念高句丽迁都国内城（集安）2000周年暨第三届全国高句丽学术研讨会"。与会期间，再次考察集安、通化、长白等地高句丽史迹和相关交通路线，并提交《再论辽东"二江"和"二河"上游青铜文化与高句丽起源》论文。

本年度：申报的国家"东北工程"项目《高句丽的族源与疆域》正式被中国社会科学院"东北工程"批准立项（2003—2006年已完成）。为辽宁文化艺术职工大学文博班讲授一学期"中国博物馆学"课程。

2004年

3月：为五女山山城申报世界文化遗产，受省文化厅委派，与梁志龙等踏雪考察桓仁五女山山城。

4月：为筹备辽宁省博物馆新馆"辽河文明"展览，与纪兵、蔺新建等，专赴山西、河北、北京等地考察。主要考察了新建的山西博物院及晋祠、华严寺、应县木塔、大同、云冈等史迹。再沿太原—大同—宣化—承德—居庸关—北京等张北古道驱车前行，实际体察古今文物史迹和燕山南北交通。

5月：与辛占山先生、魏存成先生等作为中方申遗专家，在沈阳接待联合国教科文组织派华考察高句丽等世界遗产专家——日本考古学家西谷正。

7月：应海拉尔市邀请，参加"北方草原文化学术讨论会"。其间重点参观考察了海拉尔博物馆、黑城子、呼伦池和满洲里等，赴行草原之道数千里。

8月：应齐齐哈尔市政协邀请，参加齐市城市史讨论会，与李健才、齐心、孟广耀等共同考察金代庞葛城和金代西北界壕等史迹及嫩江流域古代交通。

9月：应内蒙古社会科学院邀请，赴呼市考察并参加"草原文明学术讨论会"，会上作重点发言。提交的论文《论草原文明形成的三个标志》后来刊登在2005年1月25日《光明日报》（理论版）。

10月：应辽宁社会科学院历史研究所廖晓晴等之邀，专赴桓仁、集安二地考察"申遗"成功后的高句丽史迹。专门驱车经桓仁的高句丽南道至集安，回转经通化快大茂子和新宾旺清门的高句丽北道。考察高句丽都城至玄菟的两条交通古道，重访相关史迹。又应邀为桓仁满族自治县科局级以上干部，讲座《五女山城的历史文化价值》后，再调查龙头山、望江楼等史迹，认定下古城子等为"卒本夫余"史迹。

11月：参加在京召开的"高句丽文化的历史价值"中韩学术讨论会，为中方指定的五名专家代表之一。

本年度：《高句丽与濊貊研究》专著由哈尔滨出版社出版。

2005年

5月：应邀参与国家文物局第三次全国文物普查前期项目组和长城资源调查专家验收项目组工作（春节前即接到荣大为电话，据其说是徐苹芳先生推荐）。近三年间（2005年—2008年初），结合项目考察，先后赴全国10余个省、自治区、直辖市（北京、内蒙古、山西、陕西、河南、重庆、宁夏、甘肃、湖南、浙江、广西、福建）等实地考察文物史迹。对经由省区的重要史迹和古今交通进一步亲自体察。至此，除西藏以外的全国30个省、自治区、直辖市，特别是长江以北的历代古都，都留下了史地考察的足迹，总计里程数以万计。

6月：在京项目组时，与荣大为首次考察山西襄汾陶寺等遗址。观其布局规划、气势恢宏，更坚信河洛汾为商周文化的中心（而非商源自西辽河），司马迁《史记》中的记载应为确论。

9月：双休日乘旅游车访房山云居寺，进一步考察北方佛经藏石圣地、幽州第一名山。

2006年

5月初：在京参与第三次全国文物普查业务指导组期间，与北大学兄魏正瑾、杨志军专赴河北易县清西陵等地考察史迹。再次体察古代燕赵交界的易水河及燕云地区的交通史迹。

5月底：与荣大为等考察陕西的春秋芮国王侯墓、汉墓和唐陵等。

6月：在沈接受《辽宁日报》专题访问《长城脚下是故乡——辽宁省博物馆学会理事长王绵厚专访》。在辽海讲坛讲《中华长城史迹》，提出重视辽海长城史迹与长城文化。

8月：应黑龙江省文物局和中央电视台专题组邀请，与徐秉琨、魏存成、朱国忱等赴渤海上京考察，专题报道渤海上京相关重要发现，再次考察黑龙江渤海史迹。

9月28日：借国庆假日回沈。在唐山火车站下车，乘旅游车参观清东陵。

年底：准备对《东北古代交通》进行重修，拟撰写《中国东北与东北亚古代交通史》。在京、沈两地收集资料。专著《高句丽古城研究》获辽宁省第一届哲学社会科学成就奖（省政府奖）一等奖。

2007年

5月：在京项目组赴河南郑州，与黄景略、魏正瑾等先生为全国第三次文物普查培训班学员授课。同时参与郑州、新郑等地的文物普查试点。回京途中，与项目组魏正瑾等专程参观考察河南登封和安阳殷墟等文物史迹。

6月：奉国家文物局"三普"项目组委派，赴广西北海为该区"三普"培训班讲课，同时参与北海和合浦地区汉代窑址、城址的调查，并在广西文物考古研究所长陪同下考察了右江流域旧石器时代遗址。

8月：应陕西省文物局邀请，与国家文物局第三次全国文物普查项目组侯石柱，一同赴西安为陕西省文物普查培训班学员讲课，同时再次考察了阳陵和汉长安城等古迹。又应甘肃省博物馆邀请，参加"西部博物馆论坛"，会后考察河西走廊和甘南藏区文物。

9月：应重庆市文物局邀请，与第三次全国文物普查项目组吴峰云为该市培训班学员讲课。其间考察了大足石刻和钓鱼城等史迹。

10月：回沈，应东北师范大学刘厚生先生邀请，指导该校博士研究生实习。赴朝阳、赤峰两地，系统考察了龙城遗址、辽上京、祖州、庆州、牛河梁、中京、敖汉、赤峰红山后和夏家店遗址等重要史迹。重走辽代"二京"（中京、上京）之草原古道。重新思考和印证夏家店下层文化与燕亳等辽西三大考古问题。

2008年

春：回沈参加省"三普"培训班，在喀左为学员授课。课后与辛占山、徐英章驱车再次考察该县境出土有商周窖藏青铜器一线的土城子和黄道营子等重要古城。进一步思考大凌河古道考古问题，至此已有十余次调查大凌河古道。

3月：经辽宁省博物馆和辽宁省文物局推荐，并报国家文物局批准，与朴文英申报的"中国东北与东北亚古代交通史"，被国家文物局"文化遗产保护研究课题"正式立项。该项目也是辽宁省文物局和辽宁省博物馆"十一五"期间的重点研究规划项目之一（2012年完成）。

4—5月：应邀参与国家文物局长城资源调查专家验收组，成员有吴加安、荣大为等。先后赴山西、陕西、青海、宁夏、甘肃、内蒙古六省区考察和验收明代长城资源调查。在内蒙古期间，以验收专家组组长的身份验收该区长城资源调查成果，塔拉、王大方等接待验收组。

6月：与辛占山、李向东等，考察北镇医巫闾山辽陵。归后撰有《北镇龙岗耶律宗政墓北邻辽墓发现的考古学窥探》（《辽金历史与考古》第四辑），考证该墓应为乾陵（琉璃寺）南的辽圣宗胞弟耶律隆庆的陪葬墓。并推证医巫闾山龙岗西南的二道沟应是辽景宗乾陵及其子孙陪葬陵的中心。

7月：应大连市文物考古研究所邀请，与郭大顺、辛占山先生考察金州哈斯罕关长城等辽东半岛古长城关隘和交通史迹。后撰有《辽金元三代哈斯罕关与哈斯罕关长城》。

8月：应黑龙江省双鸭山市文物局邀请，参加三江平原早期古城学术讨论会。会间与张碧波、朱国忱、魏国忠等先生重点考察了黑龙江三江平原地区相当于汉魏至两晋时期的古城数座。对长白山北系松花江、牡丹江下游的凤林古城等遗址和挹娄、豆莫娄、靺鞨诸史迹和交通地理有了更切身的了解。推证凤林古城或应为夫余北支勿吉的都邑（方国）。

本年度：被省委宣传部、省文化厅推荐为"国家社会科学基金项目"同行（考古类）评审专家。发表《试论桓仁"望江楼积石墓"与"卒本扶余"——兼论高句丽起源和早期文化的内涵与分布》等论文6篇。

2009年

5月13日：与姜念思、陈山及长城项目组荣大为，一同调查新宾孤脚山汉墩台和赤柏松。初步确认赤柏松为上殷台县，为玄菟北道上重要的交通节点。

5月下旬：与沈阳文史研究馆副馆长宋淑华及张志强、齐守成等，赴山东泰安、济南、曲阜以及河南郑州、开封、云台、洛阳等地考察相关史迹，重踏齐鲁、中州诸名城，重点调查龙门石窟等。

9月：应呼伦贝尔学院邀请，与辽宁省社会科学院彭定安、曲彦斌等先生，赴海拉尔市参加草原游牧民族文化学术会议。会上正式提出"中国东北三大地域文化说"。其间再次考察了大兴安岭和呼伦贝尔草原一带的文物古迹和草原交通古道。在市博物馆考察哈克遗址出土文物，初步认为洮儿河南北为不同文化区。

10月：参加辽宁省第三次文物普查和长城资源调查专家验收组。历经近一年（至2010年9月），先后赴全省近100个区县，再次实地考察了全省各地的文物古迹情况。其间正是《中国东北与东北亚古代交通史》的编著时期，故有目的地重点考察记录了辽海各地区的古城遗址和交通路线，收获颇大。

本年度：发表《踏寻高句丽古城四十年》等论文5篇。受聘为沈阳市文史馆馆员。与顾奎相等合著的《东北古代民族论纲》出版。

2010年

7月：应邀主持辽宁大学历史文化学院中国古代史和考古学及博物学硕士研究生毕业论文答辩。自1995年以来，已经10余年以客座教授身份担任该校历史学院研究生毕业论文答辩委员会主任委员。

8月：与辛占山、姜念思先生等一起，陪同国家文物局长城项目组专家考察辽宁、内蒙古二省区燕秦汉早期长城对接点，历经朝阳、建平、赤峰、敖汉诸地多处文物史迹考察。

9—10月：偕辽宁省辽金契丹女真史学会同仁及各市博物馆共20余人，再次专程考察朝阳、赤峰一带史迹，历时半个月。沿途经过朝阳、赤峰、宁城、敖汉、巴林左旗、巴林右旗、翁牛特旗、林西诸地。其中，上京与庆州、祖州间，上京与永州（今翁牛特旗白音他拉）间，均为辽帝"四时捺钵"草原交通的重要古道，多数史迹为20年前考察过的。先后去省内各长城调查队，指导检查长城资源调查报告的资料整理工作。重登锥子山等长城段。

11月20日：偕国家文物局长城资源调查验收项目组专家吴加安、荣大为、杨招军一行，再次实地考察沈阳北全盛堡、沈阳东陵东山烽燧遗址（汉、明）和沈阳市东陵区上伯官屯古城。这是从20世纪80年代开始近30年间，第四次亲自调查沈、抚之间相关汉代长城烽燧遗址和交通史迹。

12月：应大连市文物考古研究所邀请，为该所考古文集提交《再论千山和龙岗山脉在辽东考古学文化分区上的意义与高句丽起源》。提出东北考古学和长白山区系研究，应重视文化分区的"两纵""两横"山系标志与高句丽早期文化的关系。

年底：省内全部长城资源调查资料汇集沈阳，开始主持统编文稿（学生熊增珑助力尤多）。承担的辽宁省"十一五"重点文化工程——《辽宁文化通史》（秦汉卷）由大连理工大学出版社出版，后获辽宁省哲学社会科学成果奖（省政府奖）二等奖。根据国家文物局要求，各级博物馆学会改为协会，辞去担任十余年之久的学会理事长职务。

本年度：发表《关于传承沈阳城市文脉》等论文2篇。

2011年

6月：为担任总撰稿的《辽宁省明长城资源调查报告》做最后审定，交付文物出版社。赴京时探望宿白、徐苹芳先生。

7月：与田立坤、吴炎亮、梁志龙、李新全等赴桓仁，考察论证高句丽古墓保护状况。其间，驱车再次经沈阳、抚顺、新宾、桓仁，再由桓仁南路经本溪雅河过太子河上游的八里甸、八盘岭等古道，实地考察史迹。重走太子河上游的古"梁貊之道"。

9月：担任总撰稿的《辽宁明长城资源调查报告》，由文物出版社正式出版。18日，参加在沈阳召开的中国辽金契丹女真史国际学术讨论会后，偕北京文物研究所原所长齐心先生，在沈阳市文物考古研究所李晓钟同志陪同下，赴法库、新民等地考察叶茂台辽墓和辽滨塔（辽州）等。途经101国道上的今新民市辽河西岸乌尔汉村隋唐东征时的"通定镇"遗址。重寻20年前《东北古代交通》编写时已认证的隋唐东征之"北趋甬道"的辽河渡口乌尔汉古道。

11月：应中国考古学会第十四次年会之邀，整理20年前的旧稿《从辽东"梁貊"故城到高句丽早期山城的考古调查与思考：以新宾太子城等为例——关于高句丽早期历史考古的若干问题之八》（刊发在《中国考古学会第十四次年会论文集》，文物出版社，2012年）。

12月：《中国东北与东北亚古代交通史》书稿，通过国家文物局项目专家组结项验收。

2012年

4月28日：赴京参加母校北京大学考古专业（系）成立60周年庆典，与业师宿白先生等合影。

5月：受国家社会科学基金规划办公室委托，作为评审专家为国家社科基金项目《辽西走廊——文明起源、民族迁徙与文化交流》一书提出函件评审意见。

6月：应邀赴通化参加"纪念好太王逝世1600年"学术讨论会。会后与张福有、肖景全、孙仁杰等，专题考察柳河罗通山城、集安良民古城和沿鸭绿江右岸的交通古道。考察后提出良民遗址应是高句丽北部即盖马国的中心。

8月：与省辽金契丹女真史学会刘宁、张力等，再次考察金上京、依兰、渤海上京等史迹。重寻长白山区系考古遗迹，为第三次亲历长白山南北古道。

10月：《从辽东"梁貊"故城到高句丽早期山城的考古调查与思考：以新宾太子城等为例——关于高句丽早期历史考古的若干问题之八》收入《中国考古学会十四次年会论文集》。

本年度：完成《中国东北与东北亚古代交通史》出版前考古资料的再核实。重新核实辽西大凌河古道北洞青铜器窖藏、要路沟等史迹的调查资料。

2013年

3月：在沈参加省文物局召开的《辽宁早期（燕秦汉）长城资源调查报告》编务会，再次被聘为总撰稿人（主编之一）。

4月4日：应邀与吉林省高句丽研究中心主任张福有和抚顺市博物馆原馆长肖景全一起，赴新民市乌尔汉（隋唐通定镇）和沈阳市东陵区青桩子调查史迹。在青桩子首次发现正遭破坏的战国至汉代重要古城址。后著文认为应是辽东郡中部都尉驻地（次年城址发现"都官"铭文陶瓦）。

5月：为编撰《辽宁省燕秦汉长城资源调查报告》，与郭大顺、姜念思、田立坤、李向东等，专赴宽甸、本溪考古复察。重驱车经辽东连山关、通远堡、碱厂堡、凤凰城及沿鸭绿江的交通古道。重新认定"辽东故塞"重要史迹。

7月：赴吉林通化参加高句丽与东北民族研究年会。再次考察古丸都山城和麻线高句丽碑出土地。

8月：为国家社科基金规划办公室完成通讯鉴评《昂昂溪考古文集》的出版评审意见。

9月：与王雅轩等赴盖州、熊岳，考察金王寂《辽东行部志》行迹和青铜时代石棚山石棚等。进一步思考辽东半岛的青铜短剑文化的族源问题（见本书第九章）。

10月：应中国社会科学院中国边疆研究所和吉林省社会科学院之邀，赴长春参加"地域文化与生态文明高峰论坛"并发表专题论文（载于2017年长春出版社出版的《东北地域文化与生态文明研究》）。

2014年

年初：在《东北史地》2014年第1期上，发表《沈抚交界处"青桩子"古城的新发现及考古学意义——兼论秦汉辽东郡"中部都尉"与"侯城县"的关系》。考证了青桩子古城是沈抚间最早的古城，应为燕秦汉辽东郡之"东部都尉"治所。

4月和6月：两次应萝北县邓树平邀请，赴黑龙江考察邓树平等新发现的黑龙江右岸江岸古城等隋唐黑水靺鞨重要史迹。驱车经松花江和黑龙江中下游交通古道。

6月：赴通化参加好太王碑1600年学术讨论会，发表《从集安高句丽碑的命名论及内容补释》。提出：高句丽早期的"国内"地名，应源出古盖马国旧部；高句丽北部盖马部的中心即今集安北良民遗址。

7月初：被《社会科学战线》2014年第7期专版列为"当代学术名家"。同期刊有都惜青撰《探索中国东北"三古研究"四十年——简记著名东北史专家和考古学家王绵厚》。

7月中旬：与沈阳市文史研究馆许光明、孙丕任等，赴山西太原、大同、平遥、云冈、五台和陕西西安等地考察史迹。著有《秦晋行》10首。

7月30日：应齐齐哈尔社会科学院等邀请，再赴鹤城考察、研讨黑龙江与内蒙古交界处的甘南县境内音河北段的金长城。重寻30年前考察过的嫩江流域诸古城址和古代交通。

8月：与刘宁等赴吉林大安参加中国辽金契丹女真史会议。重新考察20世纪与李健才等考察过的城四家子古城和他虎城以及嫩江、洮儿河流域的"捺钵"史迹和交通。

9月中旬：应邀与杨靖天考察辽西凌源等地红山文化玉料产地和汉城址。归后撰文初步认为，红山玉器的玉料产地不应如以往传统的"岫岩玉说"，应主要产自辽西（载《中国文物报》2014年12月19日第6版）。同时，重点调查了凌源盖子山等夏家店下层文化遗址，进一步确认了夏家店下层文化为"燕亳"。

10月6日：与李向东、付兴胜赴北京文物出版社送《辽宁省燕秦汉长城资源调查报告》文稿。在宾馆卫生间洗浴时摔倒。次日，在北京军区总医院拍照检查腰腿部骨伤。过一日，转软卧回沈（原拟乘飞机），静养至年末。

冬：与刘厚生先生等合著的《中国长白山文化》（执笔"考古篇"）出版。刘厚生先生亲来沈阳送书，共议长白山文化后续的研究问题。

2015年

年初：被渤海大学东北亚走廊与丝绸之路研究院聘为特邀研究员、"东北亚走廊与丝绸之路研究丛书"特约编委。

4月：受沈阳市文史研究馆委托审读《盛京福陵》一书，由儿子驾私家车再次考察东陵和沈、抚间古道、史迹。腰腿部骨病稍好，坚持完成终校、定稿《辽宁省燕秦汉长城资源调查报告》。

5月12—13日：与齐心、冯永谦等，应萝北县政府之邀赴黑龙江佳木斯、萝北考察史迹和博物馆。

12月：与朴文英合著的《中国东北与东北亚古代交通史》由辽宁人民出版社出版。

2016年

春：参与沈阳市文史研究馆编写的《沈阳地域文化通览》出版。执笔汉魏晋及高句丽有关篇章。

5月：受沈阳市文史研究馆委托，审定并修改的沈阳系列文化丛书《盛京福陵》一书出版。附录有作者《盛京福陵赋》。回第二故乡开原，驱车经铁岭银州和开原马家寨山城故地。原中学已迁出山城。

6月29日：由辽宁人民出版社、辽宁省博物馆、渤海大学联合举办的《中国东北与东北亚古代交通史》出版座谈会在辽宁省博物馆召开。省内学术、文化界专家学者彭定安、王向峰、李仲元、顾奎相、徐彻、田立坤、马宝杰、张星德、刘宁、华玉冰、李新全、李龙彬、程义伟、李宇峰、张力等30余人与会，省社科联党组书记杨路平亲临指导。

8月：接东北师范大学副校长韩东育先生电话和吉林省社会科学院副院长刘信君电话邀请，准备赴长春参加全国史学会和"东北古代方国、属国史论证会"。

9月底至10月初：参加省可移动文物普查专家验收总结会，住东北大厦10天。其间，北大学兄姜念思拿出《函可传》书稿并征询意见。因不熟清史婉辞弁言，建议其请清史专家张玉兴作序。

12月：赴澳大利亚女儿家。在澳重读新编唐诗、宋词、元曲。整理自撰《三古斋诗赋》四百篇。

2017年

春节：与夫人和孙女在澳大利亚墨尔本女儿家。女儿乔迁新居，与女儿全家开车去悉尼、堪培拉一周。游览蟹岛、蓝山、悉尼大剧院、国家博物馆等。作记咏八首（见《三古斋诗赋》）。

3月初：时在澳洲传文稿《五载同窗半纪情缘》至《中国文物报》，悼念1月15日病逝的北大同班学兄姜念思。

4月：回沈。适逢老友、画家宋雨桂先生仙逝，与时任辽宁省博物馆长马宝杰参加追悼会。又被吉林省社会科学院聘为吉林省重点文化工程"东北古代方国属国史研究丛书"编委会编委和学术顾问，赴长春讨论规划。

6月：担任主编之一和总撰稿的《辽宁省燕秦汉长城资源调查报告》，由文物出版社出版。

10月：应辽宁省文物考古研究所吴炎亮邀请，与郭大顺先生考察凌源牛河梁遗址和北镇医巫闾山辽陵遗址。归后撰写《重访闾山琉璃寺断想》，追忆自1987年以来30年间三次调查闾山辽陵。

冬：赴北京参加国家规划办召开的东北古民族研究专家委员会专门会议。与会者有马大正、李国强、陈星灿、魏存成、耿铁华等。

2018年

春：闲读王充闾《国粹》和毕宝魁的《论语精评真解》。

5月：参加沈阳慈恩寺纪念函可入寺建立"冰天诗社"360周年诗坛聚会。发表诗作两首。

6月：在中国医科大学附属医院做腰椎手术，静养百日。闲来重读《昭明文选》和《资治通鉴》有关篇章。

9月：开始思考国家社科基金重点专项《长白山区系考古与民族论纲》的框架与理论体系。认为长白山学和长白山区系考古与民族研究，是具有独立学科体系的"显学"。东北师范大学教授刘厚生先生来舍探视，共同回忆十年前（21世纪初）共同编写《中国长白山文化》，并谈及拟报课题，刘先生极为赞同。

10月：申报国家社科基金课题重点专项《长白山区系考古与民族论纲》，并被批准，列为首席专家。课题组成员有学生、助手都惜青和温科学。开始准备课题撰写，并完成课题提纲的编写。19日，应邀参加沈阳城市学院辽河文明研究院举办的"辽河文明高峰论坛"，发表《辽河文明的三个特质和五大亮点》。

本年度：完成主要论文《重访闾山琉璃寺断想》《闾山辽陵文化论略》《〈长白山区系考古与民族论纲〉绪论》等论文。

2019年

1月：系统整理东三省有关长白山考古资料，重读有关先秦东北文献。

春：《辽沈晚报》资深记者张松等动议编写《东北亚考古践行录》。着手准备历年考古和文博从业资料（因早年笔记多毁于水患，需要重新回忆）。

夏：为渤海大学崔向东教授主编的《义县通史》书序，并聘为学术顾问。

9月：应渤海大学和义县政府邀请，参加《义县通史》定稿会。驱车途经30年前调查过的永安石桥等遗址。有感作《蒲河石桥赋》。

年底：被新成立的燕山大学东北亚古丝路文明研究中心聘为客座教授和学术顾问。

本年度：除准备长白山课题外，共计发表论文2篇，即《对〈汉书〉和〈三国志〉中"单单大岭"和"苍海郡"再考辨——"长白山区系考古与民族"要论之一》（《地域文化研究》2019年第3期）和《关于北秽、东秽与北夫余、东夫余的再考察——"长白山区系考古与民族"要论之二》（《渤海大学学报（哲学社会科学版）》2019年第6期）。

2020年

春：新型冠状病毒肺炎在全国多地疫传。居家闲读《史记》《汉书》等。与张松等动议编写《东北亚考古践行录》总计60篇。

5月：辽宁日报记者张中鹤在读报新闻栏以《〈中国东北与东北亚古代交通史〉获全国大奖》为题报道该书获"第七届中华优秀出版物奖（图书奖）"。省博物馆网站就此也专门报道。

夏：《吉林市博物馆研究》内部刊物开始连载《东北亚考古践行录》。

8月2日上午：沈阳市长姜有为，在市府大楼邀请六名省内专家，召开沈阳历史文化名城文化遗产规划保护座谈会。作为历史考古和文博系统的唯一专家与会。同时与会有鲁迅美术学院院长李象群和沈阳建筑大学徐伯超教授等。

10月：应邀为燕山大学"东北亚古丝路文明研究中心新型智库论坛"提交

论文《东北亚草原丝绸之路概说》。中旬，温科学代表参加锦州召开的全国课题会，汇报题目《长白山区系考古民族要论》前言及十二章概要。28日，被聘为辽宁省政协文史馆首批馆员，夏德仁主席颁发聘书。

年底：主编和总撰的《辽宁省燕秦汉长城资源调查报告》，被王巍先生列为"十三五"重要考古成果之一（见《中国文物报》2020年12月4日）。

本年度：正式启动并完成大部分《长白山区系考古与民族论纲》的编写。另发表主要论文4篇，即：①《长白山区系考古学中马城子文化与西团山文化关系》，《吉林市博物馆研究》2020年1期；②《突出专题性是考古博物馆的第一要素》，《中国文物报》2020年9月4日；③《东北亚草原丝绸之路概说》，《地域文化研究》2020年第6期。④《长白山南系含青铜短剑遗存的考古学文化分区思考——答华玉冰教授》，《黑龙江社会科学》第6期。

2021年

春节后，由张松、温科学、熊增珑、都惜青、么乃亮等帮助整理的自述体学术回忆录《东北亚考古践行录》正式交付辽海出版社。

3月：月初应辽宁政协文史馆李景阳馆长和辽宁大学考古系主任华玉冰邀请，分别准备"论盛京文化"和"中国考古学跨世纪发展的新航标"讲座，提出文化核心竞争力的意义与盛京学的概念。月末，已完成《长白山区系考古与民族论纲》全部书稿（初稿）30余万字。进入修改和配置图表阶段。

5月1日：由儿子驾车重访50年前在开原工作时首次调查发现的马家寨高句丽山城。

9月，中秋前夕，沈阳晚报关彤专访：《历史考古学家王绵厚——探寻文化之根是毕生事业》。

本年度：作为首席专家的国家社科基金重点专项《长白山区系考古与民族论纲》编著进入最后一年（2018—2021）。另发表主要论文《辽河文明与"红山古国"和"燕亳古国"的文化反思》（《渤海大学学报》2021年第1期），文中再次明确论证夏家店下层文化非"先商"，应为"燕亳"，并得到考古学家（夏商周断代工程首席专家）李伯谦先生的肯定。

夏，通化师范学院孙炜冉来沈专访："立足东北交通研究，洞悉秦汉东北民族。"

2022年

上半年：时年七十八岁。《东北亚考古践行录》和《长白山区系考古与民族要论》，分别交送辽海出版社和辽宁人民出版社出版。辽宁省博物馆决定出版个人学术文集。由学生都惜青、么乃亮、温科学协助整理《三古研究集林》总目（三卷160余篇）和《咏史雅赋》（20篇）。

至本年度，从20世纪"七五"规划至"十四五"规划，已完成国家研究项目十项。出版专著专集十八部。

么乃亮、温科学　整理

附录2：
高句丽渤海研究学人简介

姓名：王绵厚（Wang Mianhou）

出生日期：1945年5月

性别：男

国籍：中国

民族：汉族

籍贯：辽宁省海城市

【学历】

1961.9—1964.6　腾鳌高中（海城五中）　高中学生

1964.9—1969.6　北京大学历史系　考古专业　史学学士

1983.9—1984.6　吉林大学古文献研究班

【工作经历】

1972　辽宁省博物馆　馆员

1975　辽宁省博物馆　研究室副主任

1992　辽宁省博物馆　党委书记、常务副馆长

1995　辽宁省博物馆　馆长

　　　辽宁省博物馆学会　理事长

　　　中国博物馆学会　理事

　　　中国辽金契丹女真史学会　副会长

　　　辽宁社会科学院　特邀研究员

2009　沈阳市文史研究馆　馆员

2020　辽宁政协文史研究馆　馆员

【学术兼职/荣誉称号】

东北师范大学　客座教授

辽宁大学　客座教授

渤海大学　客座教授

大连大学　客座教授

燕山大学　客座教授

享受国务院特殊津贴

【获奖】

2006.6.30　《高句丽古城研究》曾获首届辽宁省哲学社会科学一等奖（省政府）。

2019.5.　《中国东北与东北亚古代交通史》获得第七届中华优秀出版物奖图书奖。

【科研项目】

1989年，与孙进己等完成出版国家"七五"规划项目《东北历史地理》前二卷。

1990年，完成出版《东北古代交通》（"七五"规划项目）。

1984年，完成出版辽宁省"八五"重点项目《秦汉东北史》。

2002年，完成出版国家文物局边疆考古项目《高句丽古城研究》。

2014年，与刘厚生先生等完成出版东北工程项目《中国长白山文化·考古编》。

2016年，完成出版国家文物局文化遗产研究项目《中国东北与东北亚古代交通史》。

2017年，完成出版国家文物局国家长城资源调查项目《辽宁燕秦汉长城资源调查报告》。

2018年，出版辽宁省教育厅项目《东北亚走廊考古民族与文化八讲》。

2020年，完成国家社科基金前期规划项目《长白山区系考古与民族要论》（待出版）。

【研究成果】

● 专著（2022年）：

合著：《东北历史地理》，黑龙江人民出版社，1989年。

合著：《东北古代交通》，沈阳出版社，1990年。

专著：《秦汉东北史》，辽宁人民出版社，1994年。

专著：《东北古族古国古文化研究》（中卷），黑龙江教育出版社，2000年。

专著：《高句丽古城研究》，文物出版社，2002年。

专著：《高句丽与濊貊研究》，哈尔滨出版社，2004年。

专著：《辽宁文化通史·秦汉卷》，大连理工大学出版社，2009年。

合校注：《陪都纪略》，沈阳出版社，2009年。

合著：《辽宁省明长城资源调查报告》（总撰稿），文物出版社，2011年。

合校注：《陪都景略》，沈阳出版社，2013年。

合著：《东北历史地理》，黑龙江人民出版社，2013年。

合著：《中国长白山文化》（撰写考古篇），吉林出版集团有限责任公司，2014年。

合著：《中国东北与东北亚古代交通史》，辽宁人民出版社，2016年。

合著：《辽宁省燕秦汉长城资源调查报告》（主编兼总撰稿），文物出版社，2017年。

专著：《东北亚走廊考古民族与文化八讲》，黑龙江人民出版社，2017年。

专著：《东北亚考古践行录》，辽海出版社，2021年。

专著：《辽宁文化通史·秦汉卷》（修订本），大连理工大学出版社，2021年。

专著：《长白山区系考古与民族要论》，辽宁人民出版社，2022年。

● 论文类：

王绵厚：《高句丽族称探源》，吉林大学古文献研究班，1984年（结业论文）。

王绵厚、冯永谦：《明代管理努儿干的历史新证》，《文物》1978年第11期。

王绵厚：《张成墓碑与元代水达达路》，《社会科学辑刊》1981年第3期。

王绵厚：《大凌河水系历史地理考辨——兼与张博泉同志商榷》，《社会科学战线》1982年第1期。

王绵厚：《跋明〈新建望海寺碑记〉》，《辽宁师范学院学报（社会科学版）》1982年第5期。

曹婉如、薄树人、郑锡煌、王绵厚、曹者祉、周铮、姚义田、赵金敏、胡铁珠：《中国现存利玛窦世界地图的研究》，《文物》1983年第12期。

王绵厚：《〈大元混一方舆胜览〉辽阳行省地理疏证》，《黑龙江文物丛刊》1984年第4期。

王绵厚：《明彩绘本〈九边图〉研究》，《北方文物》1986年第1期。

王绵厚：《后晋末帝北迁路经地名考》，《社会科学辑刊》1988年第6期。

王绵厚：《关于锦西台集屯三座古城的历史考察——兼论先秦"屠何"与"汉徒河"》，《社会科学战线》1990年第3期。

王绵厚：《唐末契丹进入辽东的历史考察》，《社会科学辑刊》1993年第2期。

王绵厚：《关于汉以前东北"貊"族考古学文化的考察——兼论大石棚和石棺墓文化的族属与时代》，《文物春秋》1994年第1期。

王绵厚：《利玛窦〈坤舆万国全图〉和〈两仪玄览图〉的比较研究》，《辽海文物学刊》1995年第1期。

王绵厚：《博物馆改革中的效益观》，《中国博物馆》1995年第1期。

王绵厚：《辽宁省博物馆学会第一届理事会工作回顾与总结》，《辽海文物学刊》1995年第2期。

王绵厚：《辽海地区世存古代印玺概说》，《辽海文物学刊》1996年第2期。

王绵厚：《新城、南苏、木底道与高句丽南北二道的关系》，《社会科学战线》1996年第5期。

王绵厚：《高句丽的城邑制度与都城》，《辽海文物学刊》1997年第2期。

王绵厚：《关于通化万发拨子遗址的考古与民族学考察》，《北方文物》2001年第3期。

王绵厚：《高句丽的城邑制度与山城》，《社会科学战线》2001年第4期。

王绵厚：《辽代佛学字书〈龙龛手镜〉考略》，《社会科学辑刊》2001年第6期。

王绵厚：《高夷、濊貊与高句丽——再论高句丽族源主体为先秦之"高夷"即辽东"二江"流域"貊"部说》，《社会科学战线》2002年第5期。

王绵厚：《关于确认高句丽历史地位的三要素》，《东北史地》2004年第1期。

王绵厚：《先秦时期中国东北三大土著族系及考古遗存新论》，《东北史地》2004年第5期。

王绵厚：《唐泉男生泉献诚父子墓志补释》，《辽宁省博物馆馆刊》第1辑，辽海出版社，2006年。

王绵厚：《高句丽起源的国内外代表性观点解析——再论高句丽族源主体为辽东"二江"和"二河"上游"貊"部说》，《社会科学辑刊》2006年第1期。

王绵厚：《辽东"貊系"青铜文化的重要遗迹及其向高句丽早期文化的传承演变——关于高句丽早期历史的若干问题之四》，《东北史地》2006年第6期。

王绵厚：《高句丽建国初期的"卒本夫余"与"涓奴""桂娄"二部王族的兴衰递变——关于高句丽早期历史的若干问题之五》，《东北史地》2007年第

5期。

王绵厚：《高句丽古城研究》，《辽宁省哲学社会科学获奖成果汇编（2003—2004年度）》，2007年。

王绵厚：《北国古都十咏》，《文化学刊》2007年第3期。

王绵厚：《试论草原文明的形成及其独特历史地位》，《文化学刊》2007年第4期。

王绵厚：《第三次全国文物普查相关专业标准培训纲要》，《辽宁省博物馆馆刊》第2辑，辽海出版社，2007年。

王绵厚：《桃李不言　下自成蹊——深切怀念阎万章先生》，《辽宁省博物馆馆刊》第2辑，辽海出版社，2007年。

王绵厚：《关于"三古"研究的文化反思》，《辽宁省博物馆馆刊》第3辑，辽海出版社，2008年。

王绵厚：《西汉时期的玄菟郡"帻沟娄"城与高句丽早期"南北二道"的形成——关于高句丽早期历史文化的若干问题之六》，《东北史地》2008年第5期。

王绵厚：《秦汉时期辽宁地域文化历史定位断想》，《文化学刊》2009年第3期。

王绵厚：《〈汉书·王莽传〉中"高句丽侯驺"其人及其"沸流部"——关于高句丽早期历史文化的若干问题之七》，《东北史地》2009年第5期。

王绵厚：《试论桓仁"望江楼积石墓"与"卒本夫余"——兼论高句丽起源和早期文化的内涵与分布》，《东北史地》2009年第6期。

王绵厚：《再论千山和龙岗山脉在辽东考古学文化分区上的意义与高句丽起源》，《辽宁省博物馆馆刊》，辽海出版社，2010年。

王绵厚：《辽代沈州属下未辨三县文献与考古学探证》，《辽金历史与考古》第3辑，辽宁教育出版社，2011年。

王绵厚：《关于传承和保护沈阳城市文脉的断想》，《沈阳故宫博物院院刊》第11辑，现代出版社，2011年。

王绵厚、朴文英：《〈中国东北与东北亚古代交通史〉概介》，《辽宁省博物馆馆刊》，辽海出版社，2011年。

王绵厚：《关于辽沈历史上"北趋甬道"交通地理的考察——辽宁地域文化交通地理在沈阳地区的一段历史个案解析》，《辽宁大学学报（哲学社会科学版）》2013年第2期。

王绵厚：《立足地域文化研究前沿——把握东北史研究的若干重大问题》，《东北史地》2013年第1期。

王绵厚：《北镇龙岗耶律宗政墓北邻辽墓发现的考古学窥探》，《辽金历史与考古》第4辑，辽宁教育出版社，2013年。

王绵厚：《沈抚交界处"青桩子"古城的新发现及考古学意义——兼论秦汉辽东郡"中部都尉"与"侯城县"的关系》，《东北史地》2014年第1期。

王绵厚、都惜青：《略论辽代契丹族的车舆骑射和交通文化》，《辽金历史与考古》第5辑，辽宁教育出版社，2014年。

王绵厚：《〈陪都景略〉和〈陪都纪略〉与盛京地方史》，《沈阳故宫博物院院刊》第14辑，现代出版社，2014年。

王绵厚：《辽西凌源红山文化玉料产地的考察与思考》，《中国文物报》2014年12月9日第6版。

王绵厚：《燕秦汉"辽东故塞"诸问题考论——从〈史记〉中一段文字的释读谈起》，《中国长城博物馆》2015年第1期。

王绵厚：《〈中国长白山文化〉"考古编"书后》，《中国文物报》2015年5月1日第4版。

王绵厚：《辽西傍海道和大凌河古道的交通地理与相关史迹考察——兼论大凌河古道上商周青铜器窖藏的史因》，《渤海大学学报（哲学社会科学版）》2015年第2期。

王绵厚：《扶余城、扶余府与扶余川再考论》，《东北史地》2015年第6期。

王绵厚：《间山赋》，《辽金历史与考古》第六辑，辽宁教育出版社，2015年。

王绵厚：《岁月诗痕：我的考古学人生之旅》，《文化学刊》2015年第12期。

王绵厚：《〈高句丽古城考鉴〉序》，《高句丽与东北民族研究》，2016年。

王绵厚：《从康乾以前文献碑记再谈"曹雪芹关外祖籍"之"沈阳说"——兼对"辽阳说"和"铁岭说"的辨析》，《辽宁大学学报（哲学社会科学版）》2016年第2期。

王绵厚：《玄菟郡的"三迁"与高句丽的"南北二道"》，《东北史地》2016年第4期。

王绵厚：《论历史文化名镇牛庄的历史地位与区位优势》，《辽宁省博物馆馆刊》2015年第1期。

王绵厚：《从海昏侯墓出土的金饼题字看"海昏"的寓意》，《中国文物报》2017年9月8日第6版。

王绵厚：《中国东北地区的"三大地域文化"》，《地域文化研究》2017年第1期（创刊号）。

王绵厚：《试论曹操北征"三郡乌桓"的辽西古廊道与交通文化》，《广西民族大学学报（哲学社会科学版）》2017年第5期。

王绵厚：《〈长白山区系考古与民族论纲〉绪论》，《黑龙江社会科学》2018年第6期。

王绵厚：《关于辽西三大考古文化相关问题的再思考——红山文化玉料产地、夏家店下层文化与"燕亳"、商周青铜器窖藏史因》，《渤海大学学报（哲学社会科学版）》，2018年。

【国外学术交流】

1999年冬，应日本东洋文库东亚研究所邀请，专赴东京、大阪两地讲学，演讲题目为《高句丽古城研究若干问题》。同时考察京都、奈良、鬼城等史迹。

1997年应韩国京畿道博物馆邀请进行业务考察，在韩作《关于平壤三城一宫的地理考察》学术报告。

1996年，受新加坡亚洲拍卖行邀请考察国立美术馆等文物和艺术品。

1994年，应韩国立博物馆邀请，考察汉城、光州、公州、庆州、扶余等史迹。

【社会活动】

1970年，首次调查西丰城子山山城和开原七鼎龙潭寺山城。

1971年，先后公余调查开原八棵树和马家寨高句丽山城（后者为新发现）。

1976年，首次与吉林市博物馆李健才先生调查吉林船厂和东团山高句丽夫余史迹。这是"文化大革命"辽吉学者最早调查东团山遗址。李先生当时提出该地很可能是汉代夫余王城。此见为后续发掘证实，也为笔者持之不疑近50年。

1978年初，为定稿《明代管理奴儿干的历史新证》，赴辽阳等地调查包括燕州城、东京城等史迹。

1980年，调查塔山城、燕州城、营城子、析木城等。同年与徐秉琨先生等调查辽东凤凰山城、安平城、九连城、虎山等，首次调查确认本溪威宁营遗址。

1981年，与阎万章先生调查（辽东半岛）塔山山城、燕州城、青石岭、熊岳城、汤池堡、陈屯古城等。

1982年，与阎万章先生调查辽北铁岭催阵堡山城与昌图四面城、八面城、明边墙。是年，启动国家"七五"规划项目《东北古代交通》编写，开始调查辽西大凌河古道和辽东高句丽南北二道及古城。

1983年，与省地名办薛作标等，调查沈阳、抚顺地区的辽代古城和上伯官屯、海龙、新宾等地"渤海朝贡道"和"新城—玄菟道"史迹。

1984—1985年，集中时间与孙力、徐家国、李健才等调查辽东高尔山城、五龙山城、得胜堡、东洲、白旗堡、五女山城、下古城、国内城、丸都城、高俭地、赤柏松等20余处遗迹。1985年夏，参加吉林市辽金史会议，会间与李健才、王侠再访东团山南城子和龙潭山古城，确认夫余王城。

1986—1987年，先后与孙力、李健才先生等调查新宾太子城、松彬山城、庙后山等地，确认太子城为"濊貊"故城。

1988年8月，与中国文物展览代表团访问美国。先后考察西雅图、旧金山、洛杉矶、华盛顿、纽约等多家博物馆图书馆和斯坦福大学等。并赴加拿大温哥华。

1988至1989年，在辽东、辽西和黑龙江、吉林等地，继承调查史迹（如渤海上京、阿城、宾县、通化、牡丹江、通辽、朝阳、阜新等），启动《秦汉东北史》编写。

1990年，夏与张泰湘先生首次调查渤海上京龙泉府和敦化"旧国"泥河石湖古城，秋参加在大连召开的第二次环渤海国际考古学术讨论会，提交《辽东梁貊与貊城》。后修改稿发表于《中国考古学会第十四次年会论文集》。

1992年，参加石家庄召开的第三次环渤海国际考古学术讨论会，提交《关于汉以前辽东貊族考古学文化考察》。首次明确提出，辽东貊系石棚、石盖墓、石棺墓，是高句丽文化的"先基"。

1994年，应韩国立博物馆邀请，考察汉城、光州、公州、庆州史迹。为对比高句丽史迹准备。

1995年，参与《高句丽渤海研究集成》六卷编写。

1996年，赴新加坡考察亚洲拍卖行艺术品和新加坡艺术博物馆。

1997年，应韩国京畿道博物馆邀请业务考察，在韩作《关于平壤三城一宫的地理考察》学术报告。

1999年春，辽宁省博物馆学会在旅顺召开代表大会，被选为学会理事长。会后考察营城子和大黑山山城。冬，应日本东洋文库东亚研究所邀请，专赴东京、大阪两地讲学，演讲题目为"高句丽古城研究若干问题"。同时考察京都、奈良、鬼城等史迹。

2000年，参加沈阳召开的全国考古会议，会议期间，《高句丽古城研究》书稿经宿白、徐苹芳等专家审阅，得到徐苹芳先生亲阅并肯定书稿。

2004年春，为五女山城申遗与梁志龙考察五女山。5月，在沈阳接待联合国派往中国的申遗专家——日本考古学家西谷正，恳谈甚欢。当年申遗成功，秋应桓仁县政府邀请，赴该县讲学。会后考察龙头山石盖墓和望江楼。

2005—2010年间，退休后应聘在国家文物局第三次全国文物普查和全国长城调查项目验收专家组，先后考察十余省区文物史迹。同时先后参与"东北工程"和省文物专家组工作，历经近十年时间的考古再调查。

2011年，被省文物局聘为明长城调查报告和燕秦汉长城调查报告的总撰稿人和主编之一，主持完成两部长城考古报告的编写（至2017年完成）。

2014—2021年间，进入70岁以后的业务成果整理期。历年主要有：

2014年修改定稿燕秦汉长城调查报告。

2015年，开始整理自撰《三古斋诗》和《三古研究集林》总目（学术文集）。

2016年出版《中国东北与东北亚古代交通史》（获第七届中华优秀图书奖）。

2017年出版《东北亚走廊考古民族与文化八讲》（黑龙江人民出版社）。

2018年申报国家社科基金重点专项《长白山区系考古民族论纲》。至2021年度，已完成前期成果《长白山考古民族要论》（十二章）和《东北亚考古鉴行录》（六十篇）。

2022年，辽宁省博物馆决定出版个人学术文集。学生都惜青、么乃亮、温科学帮助整理《三古研究集林》（三卷）。

（长春师范大学郑春颖整理）

附录3：
新世纪以来参与三项国家重大文化遗产研究保护工程的二十年回忆

读2021年8月《中国文物报》上刊登的清华大学教授吕舟先生文章《中国与第44届世界遗产大会》。文章中提到长城保护工程被誉为"世界遗产保护管理的具有示范性的案例"，并配上一张中国万里长城的照片。这使我不禁想起，自21世纪以来近20年间先后全程参与的包括长城资源调查在内的三项国家工程。这就是与高句丽文化遗产申遗准备几乎同时启动的东北边疆历史与现状系列研究工程（简称东北工程）、第三次全国文物普查和历时三年的全国长城资源调查。回顾往昔，历历在目、恍如昨日。以下按时间顺序，择取亲自经历的业务践行做片断回忆，以留下那难以忘怀的历史岁痕。

一、高句丽遗产申遗前后的考古践行岁月

进入21世纪的第一个五年计划，国家启动以东北边疆高句丽、渤海为主的文化遗产工程。它的提出是在21世纪初，正式启动是在2003年。当时按照统一规划，在国家和东北三省都成立了项目办公室。机缘巧合，2002年底我在总结几十年高句丽古城考古实践基础上，出版了《高句丽古城研究》（由文物出版社出版）一书，这使我作为特聘专家参与了近十年的研究历程。其中包括几乎所有在三省召开的相关专业会议和专题考察，以及两次在北京举办的中韩专家专题讨论会。并且具体承担了两项专题研究项目：《中国长白山文化》（执笔考古编，2014年出版）和《高句丽的族源与疆域》（2007年结项）。也是在这一时期，迎来了2004年在中国苏州召开的第28届世界遗产大会。当时中国申报的重要项目之一，即"高句丽王城、王陵和贵族墓葬"。为此，从2002年底辽宁开始启动申遗文本的讨论、编写。我几乎参加了全程准备工作，包括2004年初，为对照申报内容完善展示现场，奉派与梁志龙先生等踏雪重勘桓仁五女山山城、审议五女山博物馆内容与展示。其后并与魏存成、辛占山先生等专门接待联合国来华审察高句

丽文化遗产状况的日本著名考古学家西谷正等。也包括当年10月申遗成功后，奉派去五女山城所在的桓仁，为全县干部作"世界文化遗产的历史价值"的专题讲座。无疑这一段经历，也是我退休前后时逢花甲之年重新学习的难得机会。当年在沈阳辽宁友谊宾馆，西谷正先生谬赞了拙著《高句丽古城研究》，他说：他从未去过五女山，但在《高句丽古城研究》中已知五女山的盛名。同道鼓励，拙著《高句丽古城研究》还被授予首届辽宁省哲学社会科学成果奖（省政府奖）一等奖。

二、第三次文物普查

人生有些机遇是可遇而不可求的。进入21世纪，我刚退休时经历的全国第三次文物普查和长城资源调查大体如此。2005年春节，接到时任中国文物研究所（今中国文化遗产研究院）副所长、北大校友荣大为的电话。电话中谈起国家文物局同时有几个项目组设在所内，人手不够，询问能否退休后来帮个忙。我当即说："北京那么多专家，何必外请？"大为笑说："电话中不好细说，头几天碰到徐苹芳先生并商议此事。他说审读过你的《高句丽古城研究》，觉得这方面调查少不了，推荐了你。"这使我想起2001年去文物出版社交书稿时，肖大桂告诉我：请徐先生审过稿，徐先生给予中肯的评价。老一辈学者对后学的奖励使我至今难忘。是年五一节后，我如邀来到位于文博大厦的文研所。当时在文博大厦14楼同时有国家文物局的三个项目组：全国一级文物保护单位和馆藏一级文物建档备案项目组、第三次全国文物普查前期工作项目组和长城资源调查项目组。刚到京，当时具体负责项目日常工作的荣大为所长安排我做全国馆藏一级文物建档编目工作。至2005年底前后，我与所里几位年轻的专业人员用大约10个月时间，在通览5万多份全国各省市上报的一级文物档案基础上，完成了12册建档总目录初编。在这一浩繁的文物编目过程中，我的最大业务收获就是了解了大部分全国一级文物的档案信息。这一得天独厚的经历，可谓胜读十年书。

2006年元旦以后，与同时聘职的北大学兄魏正瑾等，一并转入刚刚启动的全国第三次文物普查项目组。在项目组的近两年时间里，我参与编写文物普查的各项专业标准，并先后赴十余个省（自治区、直辖市）进行普查前期的文物调研。其中许多文物史迹，如山西、河南、甘青、宁夏、内蒙古、湖南、福建、广西等省区一些重要文保单位，都是从业几十年只闻其名、无缘亲见的胜迹。这是我在花甲之年后，大开文物眼界的一次历练。特别是2007年，应邀赴河南、广西、陕西、四川重庆等省（自治区、直辖市）为"三普"培训班讲课，并考察各地部分文物普查试点项目。名义上是代表项目组"指导工作"，其实我自己明白，每到一地都是一次在当地同行参与下的再学习过程。比如2005年6月，与荣大为首次参观考察山西晋南陶寺遗址后，不仅为它的恢宏所震撼，而且从其出土文物结合头一年曾去山西博物院参观陶寺、东下冯出土的典型陶器，进一步认识到辽西大凌河流域同期稍晚的夏家店下层文化（即我考为"燕亳文化"）出土陶器的受中州（汾河流域）陶寺影响较大。找到了夏家店下层文化为什么接受本地红山文化因素较少，而接受陶寺一类陶艺较多的渊源。参照学界多数专家意见（如邹衡、伯谦师），虞夏（尧舜）之中心应在山西（陶寺—石峁），而先商故地应在漳河和河南登封王城岗一带，则更对我的夏家店下层文化非"先商说"而为夏商北土的"燕亳说"增强了信念。这一经历使我的眼界由从业几十年偏重的东北三省，进一步开拓至中州河洛和西北西南边疆省份。又如在参观考察河南郑州商城、安阳殷墟和山西陶寺等遗址后，更深信司马迁在《史记》中记载的"三代之居，皆在河洛之间"。反思"商源辽河"，并无考古学实证，进而坚定了"夏家店下层文化为燕亳"的学术观点。这是我在花甲之岁后，专业上的又一次补课。

三、长城资源调查

这一文化遗产项目的参与，几乎与第三次文物普查同时。就个人的专业经历看，从业辽博期间为修订《辽宁史迹资料》、编写《秦汉东北史》等，也对辽宁长城史迹已进行过多次调查。这次参与全国长城资源调查，可能是因为同在文物普查前期工作项目组共事近三年的原因。大为和吴加安先生（曾任文研所领导），2008年邀我参与长城资源调查专家验收组。2008年4月，开始在山西召开全国长城资源调查验收培训会议。我除了参加在山西太原召开的全国长城资源调查验收培训会议外，还亲自参与了宁武关和雁门关等地的长城段落考察。一个月后，我与大为、加安先生等组成长城资源调查验收专家组，并先后赴西北四省区进行明长城资源调查验收实践。特别是在山西、宁夏、青海长城验收中，我发现他们有些段落的长城史迹，保存得竟远好于辽海。总之，此次参加长城资源调查项目，使我进一步亲身领略了中华长城"东穷碧海群山立，西照黄河落日明"的雄姿和史迹的丰富。

在21世纪初的长城资源调查中，除北京项目组工作外的又一重要经历是，从2010年到2017年的近十年中，受辽宁省文物局委托主持燕秦汉长城报告和明长城报告的编写工作。这是与一线调查同仁共同亲历的两项带有研究性质的文化工程。为完成这一任务，在亲自起草全部编写提纲、系统参与调查资料整理和赴各调查队检查工作的同时，先后两次与省文物专家组成员补充调查了十余处关键长城史迹（由我确定复察地点）。通过这两次调查，辽宁长城报告得到进一步的充实完善。整理两部报告的前后十年，对我的中华长城史迹和长城文化的认知，无疑又是一次理性的升华。令人欣慰的是，我参与主编并总撰稿的《辽宁省燕秦汉长城资源调查报告》，被中国考古学会理事长王巍先生在2020年底《中国文物报》上总结为"十三五"期间，中国秦汉考古学的重要成果之一。

行文至此，我想起古人云"十年磨一剑"。回首21世纪以来的20余年经历，在退休前后上述参与的三项国家文化遗产保护研究工程，或可谓20年"磨三剑"。逝水流年，物去人非（当年徐苹芳、荣大为等师友均已作古）。这些回忆也伴随着我的考古践行之路，从花甲之岁步向耄年。

三古研究六十年沧海拾贝（后记）

在本书付梓之际，回忆近六十年走过的从学习到从业之路，用唐代古文大师韩愈的话，可概括为一句话："道之所存，师之所存也。"即在学习和从业的道路上，在实践和人文环境中，不断加深对"道"的认知，同时在各个阶段不断得到师友的提携和传教。而这些帮助，最早的可追溯至20世纪50年代。故乡海城县腾鳌东甘村小学的付恒文老师，时为鞍山师范毕业的师长，是我从小学四五年级开始初读唐诗的启蒙者。其后进入海城五中（腾鳌中学）的六年，又先后有初中时代的张秀清老师和高中时代的袁大方、都长贵等老师的厚爱。特别是已故高中语文老师袁大方，是最早教我读《古文观止》和《唐宋八家文钞》的师长。他还指导我填报考取北京大学的志愿书，使我终生难忘。正是这些青少年时代"求道"人生路上的指路人引导，方使我在19岁迈进北京大学，开启了从事考古专业的关键一步。

回忆进入北京大学历史系考古专业至今的近六十年甲子之岁，个人的学习和从业历程，除就学和工作的社会实践外，正如我的学生都惜青等人曾撰文总结，用"探索中国东北三古研究六十年"可概言之。而个人体会，这六十年从学习耕耘、专业探索的角度，又可列为三块主要耕耘的热土和五个主要专业领域。

从个人从业经历的时间上看，第一块学习耕耘的热土，是与北京大学学习阶段有启蒙渊源的辽北开铁地区和辽东二江（鸭绿江、浑江）和二河（太子河、苏子河）流域。1965年，我读大学二年级。在北大考古专业资料室，巧遇时任教研室副主任的宿白先生和负责图书的阎文儒先生。两位先生都是辽宁人，宿白先生祖籍沈阳，阎先生祖籍义县。交谈中，二位前辈因乡缘情怀对我这个小老乡格外关照。问我学考古知道不知道辽阳的金毓黻先生。我说小时只知道辽阳有"压倒三江"的王尔烈。二位先生说在东北学历史考古首先应知道金毓黻,并当场推荐借阅了《东北通史》。初读东北史方知秦开却胡、燕王喜败辽东、毌丘俭征高句丽和契丹兴起等史事。学生时代这一带有乡缘情结的经历,使我初立仿效金毓黻等先贤的雏志。这为四年后("文化大革命"中)我在辽北开原等待分配时,探访《东北通史》中的开原咸州(即初寻乡邦史迹的开原老城之行)埋下种子。此后的两年中,我公余踏察西丰城子山和开原马家寨山城等,也完全是这种"乡缘"驱动的。故30多年后(2008年),同道学人铁岭市博物馆副馆长周向永先生,在《辽沈晚报》著文称我是第一个作为专业的考古工作者对这处山城(马家寨山城)进行田野调查的人。这实则是对我的一种带有偶然机缘的谬奖。但这些乡缘情怀的调查,确是我入辽宁省博物馆后,真正开始高句丽古城考古调查以及辽东青铜文化与高句丽起源关系等研究的启蒙奠基期,从而可算从业考古践行的第一方热土。而以1971年偶然机遇发现的马家寨山城而论,这一傍邻柴河的重要高句丽山城,确实证明了至少在隋唐以前,辽北地区已存在着土著民族聚邑及其丰富的考古学文化。

  考古践行的第二方热土是辽西大凌河流域。这是我从1972年调入辽宁省博物馆参与丰下发掘后,最早从事考古实践的启蒙地之一。与辽东高句丽古城调查一样,均开始在20世纪70年代初。入辽博不到一个月的1972年春,我即奉派参加辽宁省首届考古培训班在北票丰下夏家店下层遗址的全程发掘。名义上参与业务指导,实际上对我一个"文化大革命"期间在校未参加考古实习的考古毕业生来说,是一次真正的考古实习。次年,又参加北京古脊椎动物与古人类研究所张森水先生主持的朝阳鸽子洞发掘。其后,大凌河流域的考古调查,是在20世纪80年代初启动《东北古代交通》编写之后,先后与邓宝学等重点对大凌河南源的建昌要路沟一线、建昌东大杖子、喀左北洞、喀左土城子、喀左黄道营子、朝阳水泉、凌源安杖子、凌源后城子、凌源三十家子和北源的朝阳大庙乡土城子、朝阳大青山、朝阳邓杖子及敖汉大甸子等进行专题调查。特别是1975年在刘观民先生指导下调查敖汉大甸子,对我认识这一考古学文化印象深刻。其后40年来的辽西考古调查,总计十余次(见《东北亚考古践行录》)。辽西这十余次考古调查和二次参与考古发掘,集中围绕三个专题,即大凌河古道的交通地理、大凌河古道出土的商周青铜器的埋藏性质和时代（燕王喜说）、对夏家店下层文化与"燕亳"的历史定位。由此我形成并提出的与主流看法不同的上述"辽西三大考古问题"的理论见解和实践基础，有些已得到后续考古发现研究的印证和同业认同。

从业考古践行的第三块热土，即纵贯东北三省的长白山区系考古与民族。驱动这一考古实践的动因主要有两个。一是如上述从20世纪七八十年代开始对高句丽、夫余、渤海等史迹的调查（因该三项全在长白山区系）。二是三项国家课题的研究所需，即：①中国东北与东北亚交通研究所需，对高句丽南北道、夫余契丹道、渤海朝贡道的调查；②21世纪初，与刘厚生先生等启动《中国长白山文化》编写的调查；③2018年启动的国家社科基金重点专项《长白山区系考古与民族论纲》的编写。这三大国家课题的研究先后历时30余年，使我对长白山文化从局部的地域文化，渐进渐深地认识到应该是东北亚核心区域具有原生型特点的独立文化区。作为新世纪东北"考古中国"的重大项目之一，长白山区系考古与民族的研究，应是东北亚区域一座有待深入开发的"学术冰山"。

在简要回顾从业历程的三块考古践行热土后，反思半个多世纪的职业生涯，基本供职在文博行业。专业层面上的研究领域，除了依托这三块考古践行热土外，主要是结合十余项国家和省级研究规划课题，重点关注如下五个领域。

其一，三古研究的第一项——东北古地理和东北亚交通史研究。这是起步于20世纪70年代，由历代（重点是汉、高句丽、辽）古城址调查开始的专题研究。其成果除相关论文外，主要有三本专著：1989年的《东北历史地理》、1990年的《东北古代交通》和2016年的《中国东北与东北亚古代交通史》。在《中国东北与东北亚古代交通史》中，明确指出辽西大凌河古道、傍海道、辽东高句丽南北二道和橐离—夫余—契丹（鲜卑）古道，是中国东北三大民族和文化廊道。略感欣慰的是，这部专著还获评国家2019年第七届中华优秀出版物奖（图书奖）。这是对个人在该领域几十年专业探索的社会认同。

其二，高句丽古城考古调查及辽东青铜文化与高句丽起源关系及夫余史迹研究。这是与古城调查几乎同步的专题研究，是我倾注心力最多的研究之一。其代表性成果，除近50篇论文外，也主要反映在三部专著和专集中，即2002年出版的《高句丽古城研究》、2004年出版的《高句丽与濊貊研究》、2017年出版的《东北亚走廊考古民族与文化八讲》。其中国家文物局边疆民族考古项目的《高句丽古城研究》，首次提出貊族居住的辽东"二江"和"二河"上游是高句丽起源的核心地区。该书分别获2003年全国文博十佳图书提名奖和2006年首届辽宁省社会科学成果（省政府奖）一等奖。

其三，长白山区系考古与民族研究。这一综合研究与前两项相比，虽起步较晚，但其基础亦是先期进行的夫余、高句丽史迹调查和东北历史地理研究。同时，与20世纪90年代初以来的几项国家课题研究息息相关，即1991年启动的《关东文化大辞典》（合著）、2002年启动的《中国长白山文化》（独立执笔考古编）、2018年启动的国家社科基金重点专项《长白山区系考古与民族论纲》。这三部著作，亦各相隔10余年。30年间我对长白山区系考古、民族与文化的认识，也在东北史、交通史和夫余、高句丽等民族研究基础上不断升华，逐渐形成了自己的识知体系。诸如：长白山区系为东北亚独立文化区；辽东"二江"和"二河"流域为高句丽起源和早期山城、五部的中心；长白山区系以山系、水系、族系和考古学文化交织形成的独立地域特色；南貊与北濊的考古学文化分区的论证和认同；长白山区系"三纵三横"的山系文化分区；辽宁系青铜短剑文化主体的"南貊说"等。这些问题虽然有些尚未在学界形成共识，但确是中国东北和东北亚大区域考古、民族与文化研究的热点和焦点，预示着对这一特殊跨国区域考古文化研究具有前瞻意义。

其四，秦汉东北史研究。这一研究的基础也是上述对东北古地理、古民族的研究实践，并分别与两项省级规划有关。一是辽宁"八五"社科规划之《秦汉东北史》（1994年）；二是省重点文化工程之《辽宁文化通史·秦汉卷》（2009年）。前者是个人专著，后者为丛书的组成之一，是在前者基础上的深化研究。此外，还包括在东北（辽宁）秦汉史研究基础上提出的东北三大地域文化论以及汉郡文化的划时代意义等。其中东北三大地域文化论，区别于传统的东北民族"四系说"，提出辽西之燕亳、辽东之濊貊、长白山北系之肃慎方为东北土著三大族系，东胡系为后进入辽西的草原民族。进入2021年，我与学生么乃亮、都惜青、温科学决定启动《秦汉东北史新编》。以上种种可为东北史深入研究抛砖引玉。

其五，辽海长城史迹与长城文化。该项研究与上述不同是，不是最初由个人动议启动的研究，而是由国家或省里专题规划，个人应聘承担任务所为。主要是在21世纪初应聘于国家文物局项目组，先后参与的第三次全国文物普查和国家、辽宁省长城调查验收专家组工作。并从2008年开始，受辽宁省文物局委托，主笔两部辽宁省长城资源调查报告的编写。在《辽宁省燕秦汉长城资源调查报告》中，作为总撰稿人，总结自20世纪80年代初以来对本溪威宁营汉墩台的早期发现和21世纪青桩子古城的发现，提出汉昭帝以后第二玄菟郡障塞与燕秦故塞应在浑河支流拉古河一线分途等论断。从主持这一工作的中国文化遗产研究院同仁处了解，这两部调查报告均为国内出版较早、质量较高的代表性著作。而2020年底，中国考古学会理事长王巍先生在《中国文物报》刊发的总结报告中，将《辽宁省燕秦汉长城资源调查报告》系列为"十三五"期间中国考古学重要的学术成果之一。这是对所有长城资源调查研究和编写报告人员前后十年辛苦的莫大鼓励。

以上简要回眸了近60年的甲子学习、从业之路。广阔的关东辽海大地和辽沈文博事业，不仅是我的桑梓之地，也是我个人成长的平台。聊以自慰的是，仅21世纪以来特别是退休后20年间，先后承担完成了国家级研究项目6项。其中出版的《高句丽古城研究》《中国东北与东北亚古代交通史》《长白山区系考古与民族要论》三部拙著，尽管多有缺憾，却是本学术领域的开篇之作。献此微薄之力，是赤子之责。点滴收获，堪称在中国东北和东北亚这一大区域内考古、民族和文化浩瀚史迹研究中学习践行的"沧海拾贝"。浅述恕有自诩和挂一漏万之舛误，敬希方家指正。

在结束这篇追忆文字时，最后想加一段不算结语的赘言：

在我的从业回忆文集——《东北亚考古践行录》中有一篇《我在第二故乡开原业余考古记事三题》的小文。文章开篇曾引唐代古文大师韩愈的名言："道之所存，师之所存也。"旨在引出在北大考古系就学时，由业师宿白先生和阎文儒先生最早荐读《东北通史》的启蒙之功。在我的成长道路上，除了大、中、小学诸师长的"传道"外，地方上的资深文物工作者，如邓宝学、徐家国、刘谦、张喜荣等先生，在我早年辽东、辽西调查时助益颇多。其中如朝阳市博物馆的邓馆长，先后两次引领我调查十二台子、北洞、安杖子等多地史迹。

除这些师长和同仁外，从业后的几位学术前辈亦没齿不忘。这就是复旦大学的谭其骧先生、吉林大学的金景芳先生以及辽宁省博物馆的李文信先生和阎万章先生。其中，谭先生虽然只谋面两次，不敢忝列门下。但1986年在他上海寓所里的当面聆教，以及1989年经葛剑雄兄联系为余《东北古代交通》题名，都使我终生难忘。直到谭老过世30年，我在新著《长白山区系考古与民族要论》中，将山系和水系作为地域和考古学文化的分区坐标依据之一，在很大程度上还是受到早年拜读其关于《山经》和《水经》论著的启发。金景芳先生则是我将近不惑之岁时攻读古文献专业的亲授业师，是他亲口教诲不管搞哪段历史，《史记》和《资治通鉴》应是必读之书。这使我在而立之年后，方深悟学考古的应首先过古文献这一关。而且时至今日，我在考古研究中依然重视文献学的应用。至于李文信先生和阎万章先生，不仅是我的同道师长，与我还各有两代情缘。文信先生的长子李仲元，迄今仍是我省、市二级文史馆的挚友。而与阎万章先生不仅同室共职十年，是兼有师友之情的长者，而且我在北大读书时引领我习知东北史的阎文儒先生，正是他的堂叔。这或许应了我在回忆1970年开原业余考古时写下的即情诗文："燕园一别浪迹身，独往荒城作古吟。龟筮有灵终难卜，不惮命乖靠酬勤。"我平生不相信命运因果，而相信情缘和机缘。感念一个甲子之岁，从业路上的众多师友偕行并以此感念所有在从业路上帮助过我的一切良师益友。

在《长白山区系考古与民族要论》付梓之际，我要感谢中国历史研究院中国边疆研究所范恩实等同志，在《长白山区系考古与民族论纲》立项和研究中的大力支持。感谢辽宁省文化演艺集团特别是辽宁省博物馆领导的大力支持，以及我的学生温科学、都惜青、么乃亮等在编写、资料查询、打印方面的合作。特别感谢辽宁人民出版社领导和编辑等付出的巨大辛劳。

值此建党百年之际，仅以此尝试之作，迎接"考古中国"的开局之年。

写于2021年小雪之际